Löwe-Hellweg-Rosenberg

Strafprozeßordnung nebst Gerichtsverfassungsgesetz

19. Auflage

Ergänzungsband

enthaltend das

Gesetz zur Änderung von Vorschriften des Strafverfahrens und des Gerichtsverfassungsgesetzes

vom 28. Juni 1935

sowie die seit Erscheinen der 19. Auflage ergangenen Änderungen und Neuerungen

von

Hans Gündel
Senatspräsident am Reichsgericht

Dr. jur. h. c. Fritz Hartung
Reichsgerichtsrat

Emil Niethammer
Reichsgerichtsrat

Berlin und Leipzig 1936

Walter de Gruyter & Co.

vormals G. J. Göschen'sche Verlagshandlung — J. Guttentag, Verlagsbuchhandlung — Georg Reimer — Karl J. Trübner — Veit & Comp.

Vorwort.

Die Änderungen der Vorschriften des Strafverfahrens und der Gerichtsverfassung haben mit dem wichtigen Gesetz vom 28. Juni 1935 ihren Abschluß gefunden. Bis die im Werk befindliche neue Verfahrensordnung in Kraft tritt, muß noch lange Zeit verstreichen. Unter diesen Umständen haben die Verfasser und der Verlag sich dazu entschlossen, die im Februar 1934 herausgegebene neunzehnte Auflage des Hauptwerks zu ergänzen.

Der Ergänzungsband enthält alle seitdem eingetretenen gesetzlichen Änderungen. Er erläutert die neuen Vorschriften und trägt für die übrigen Vorschriften alles nach, was Rechtsprechung und Rechtslehre inzwischen über ihre Anwendung neu ausgeführt haben.

Bearbeitet haben:

Gündel: die §§ 1—47, 151—212, 359—373, 407—429 und 449—474 StPO.,

Hartung: die §§ 48—136 StPO. sowie das GVG.,

Niethammer: die Einleitung sowie die §§ 137—150, 213—358, 374—406 und 429a—441 StPO.

Leipzig, Ende Oktober 1935.

Gündel. Hartung. Niethammer.

Einleitung.

§ 2. Zur Entstehungsgeschichte der Strafprozeßordnung und des Gerichtsverfassungsgesetzes.

S. 11 nach Zeile 25:

Der Verordnung vom 14. Juni 1932 folgten weitere die StPO. und das GVG. betreffende Verordnungen des Reichspräsidenten nach. Die Verordnung zum Schutze des deutschen Volkes vom 4. Februar 1933 (RGBl. I 35) dehnte in § 24 die Zulässigkeit des Verfahrens nach § 212 StPO. aus. Die Verordnung gegen Verrat am deutschen Volke und hochverräterische Umtriebe vom 28. Februar 1933 (RGBl. I 85), deren Inhalt in das später noch zu erwähnende Gesetz vom 24. April 1934 übernommen wurde, traf insbesondere Vorschriften über den Ermittlungsrichter des Reichsgerichts; sie bestimmte überdies, daß die Voruntersuchung in den zur Zuständigkeit des Reichsgerichts gehörenden Strafsachen bei einfachem Tatbestand entfällt. In derselben Richtung bewegte sich die Verordnung zur Beschleunigung des Verfahrens in Hochverrats- und Landesverratssachen vom 18. März 1933 (RGBl. I 131); sie ermöglichte die Überweisung von Hochverratssachen an die Oberlandesgerichte und ordnete die Einschränkung der Voruntersuchung für die zur Zuständigkeit der Oberlandesgerichte gehörenden Strafsachen sowie den Wegfall des Eröffnungsbeschlusses in den vor dem Reichsgericht oder vor den Oberlandesgerichten zu verhandelnden Sachen an; auch diese Verordnung ging hernach in dem schon genannten Gesetz vom 24. April 1934 auf.

Die Reichsregierung schuf in der Verordnung zur Bildung von Sondergerichten vom 21. März 1933 (RGBl. I 136) für den Bezirk jedes Oberlandesgerichtes Sondergerichte zur Aburteilung gewisser, nicht in die Zuständigkeit des Reichsgerichts oder der Oberlandesgerichte fallender politischer Verbrechen und Vergehen; sie regelte das in diesen Sachen zu beobachtende Verfahren; während sie gegen die Entscheidungen der Sondergerichte kein Rechtsmittel zuließ, erleichterte sie die Wiederaufnahme zwecks Nachprüfung im ordentlichen Verfahren.

Das Gesetz über die Neuwahl der Schöffen, Geschworenen und Handelsrichter vom 7. April 1933 (RGBl. I 188) verkürzte die bis zum 31. Dezember 1934 laufende Wahlperiode der Schöffen und Geschworenen so, daß sie mit dem 30. Juni 1933 ihr Ende erreichte (RGSt. **67** 364). Im Gesetz über das Gerichtswesen in Berlin vom 1. Juni 1933 (RGBl. I 329) wurde die Übertragung amtsgerichtlicher Geschäfte für die Bezirke mehrerer Amtsgerichte auf eines von ihnen bestimmt. Das Gesetz gegen Verrat der deutschen Volkswirtschaft vom 12. Juni 1933 (RGBl. I 360) ordnete an, daß das Abwesenheitsverfahren nach §§ 277 ff. StPO. gegen Angeklagte stattfindet, denen ein Verbrechen oder Vergehen im Sinn des Gesetzes zur Last gelegt wird; diese Vorschrift wurde durch die Umgestaltung des Verfahrens gegen Flüchtige im Gesetz vom 28. Juni 1935 entbehrlich und deshalb gestrichen. Die Verordnung zur Vereinfachung der Zustellungen vom 17. Juni 1933 (RGBl. I 394) änderte die §§ 35, 146, 218 und 378 StPO. sowie den § 87 GVG.; sie beeinflußte das Strafverfahren auch im übrigen. Das Gesetz zur Änderung der Vorschriften des Gerichtsverfassungsgesetzes über die Präsidien der Gerichte vom 4. Juli 1933 (RGBl. I 451) verbesserte den Inhalt der §§ 62 bis 64 GVG. und änderte im neuen § 64a die Zusammensetzung und das Verfahren der Präsidien.

Die **Militärgerichtsbarkeit**, deren Wiedereinführung zunächst durch das Gesetz vom 12. Mai 1933 (RGBl. I 264) bestimmt worden war, trat gemäß § 1 des Einführungsgesetzes zur Militärstrafgerichtsordnung vom 4. November 1933 (RGBl. I 921) mit Wirkung vom 1. Januar 1934 wieder allgemein in Kraft. Die gleichfalls am 4. November 1933 bekanntgemachte Militärstrafgerichtsordnung (RGBl. I 924) schrieb den Umfang und die Ausübung der Militärstrafgerichtsbarkeit und das Verfahren vor den Militärgerichten vor. Ausführungsbestimmungen hierzu ergingen in der Verordnung vom 21. November 1933 (RGBl. I 989).

Im Gesetz gegen gefährliche Gewohnheitsverbrecher und über Maßregeln der Sicherung und Besserung vom 24. November 1933 (RGBl. I 995) leitete die Reichsregierung den Kampf um die Säuberung und Reinhaltung des Volkskörpers auf dem Boden des Strafrechts ein. Die durch dieses Gesetz erforderlichen einschneidenden und umfassenden Änderungen des GVG. und der StPO. erfolgten im Ausführungsgesetz vom 24. November 1933 (RGBl. I 1000); unter den hierin enthaltenen Vorschriften erlangte vornehmlich die des Art. 14, die für den Übergang die Anordnung der Sicherungsverwahrung und der Entmannung im besonderen Sicherungsverfahren ermöglichte, eine große Bedeutung.

Das Gesetz zur Einschränkung der Eide im Strafverfahren vom 24. November 1933 (RGBl. I 1008) suchte dem Mißstand abzuhelfen, der im Zwang zu überflüssigen Eidesleistungen beruhte; es ersetzte die §§ 57 bis 66 StPO. durch neue Vorschriften, die teils — wie die §§ 60, 61 Nr. 1, 3 und 4, 62 — durchaus zu billigen sind, teils — wie der § 61 Nr. 2, 5 und 6 — gewichtigen Bedenken unterliegen.

Für die Erledigung von Strafsachen bei Aufhebung von Gerichten der Länder wurde im Gesetz über die Zuständigkeit der Gerichte bei Änderung der Gerichtseinteilung vom 6. Dezember 1933 (RGBl. I 1037) Vorkehr getroffen. Durch das Gesetz zur Überleitung der Rechtspflege auf das Reich vom 16. Februar 1934 (RGBl. I 91) verfügte die Reichsregierung unter anderem, daß alle Gerichte im Namen des deutschen Volkes Recht sprechen. Die im Gesetz über Reichsverweisungen vom 23. März 1934 (RGBl. I 213) erklärte Aufhebung der im § 42 m bestimmten Sicherungsmaßregel hatte eine Änderung der hierauf bezüglichen Vorschriften, namentlich der §§ 154 a Abs. 3 und 456 a Abs. 1 StPO. zur Folge. Das Gesetz zur Änderung von Vorschriften des Strafrechts und des Strafverfahrens vom 24. April 1934 (RGBl. I 341), das die Vorschriften des StGB. über Hochverrat und Landesverrat neu faßte und die des Gesetzes gegen den Verrat militärischer Geheimnisse vom 3. Juni 1914 einarbeitete, ordnete zugleich an, daß ein nur zum Teil aus Berufsrichtern zusammengesetzter Volksgerichtshof zur Aburteilung von Hochverrats- und Landesverratssachen gebildet wird, beendete also die auf § 134 GVG. beruhende Zuständigkeit des Reichsgerichts für die Untersuchung und Entscheidung bestimmter Strafsachen in erster und letzter Instanz. Dasselbe Gesetz traf besondere Vorschriften für das Verfahren in solchen Sachen und griff auch im übrigen allgemein in einzelne Vorschriften der StPO. ein, wobei es das Haftprüfungsverfahren ausschaltete. Ihm folgte das Gesetz zur Änderung des Gerichtsverfassungsgesetzes vom 13. Dezember 1934 (RGBl. I 1233) mit Bestimmungen über die Befreiung von der deutschen Gerichtsbarkeit, über die Berufung des Vertrauenausschusses zur Wahl der Schöffen und Geschworenen und über die der Strafvollstreckung dienende Rechtshilfe nach. Im dritten Gesetz zur Überleitung der Rechtspflege auf das Reich vom 24. Januar 1935 (RGBl. I 68) ordnete die Reichsregierung unter anderem an, daß mit dem 1. April 1935 die Justizbehörden der Länder Reichsbehörden und die Justizbeamten der Länder unmittelbare Reichsbeamte werden. Das Gesetz über Devisenbewirtschaftung vom 4. Februar 1935 (RGBl. I 106) nahm verfahrensrechtliche Vorschriften auf, die sich mit der Aburteilung von Devisenzuwiderhandlungen im Schnellverfahren nach § 212 StPO. und mit der Unterwerfung des Beschuldigten unter die von der Devisenstelle festgesetzte Strafe befaßten. Die Gerichtsferien wurden durch das Gesetz vom 7. März 1935 (RGBl. I 352) beseitigt.

Die Verordnung zur einstweiligen Regelung der Gerichtsverfassung vom 20. März 1935 (RGBl. I 403), die sich auf Art. 5 des Ersten Gesetzes zur Überleitung der Rechtspflege auf das Reich stützte, regelte die Gliederung der Gerichte, die Bestellung der aufsichtsführenden Amtsrichter, die Verteilung der Geschäfte bei den Amtsgerichten, den Landgerichten und den Oberlandesgerichten sowie die Wahrnehmung richterlicher Geschäfte durch Hilfsrichter.

Während die zuvor angeführten, nach der Verordnung über Maßnahmen auf dem Gebiet der Rechtspflege vom 14. Juni 1932 ergangenen Gesetze und Verordnungen die StPO. und das GVG. zwar in einzelnen Stücken abänderten, aber die diesen Gesetzen eigentümlichen Grundsätze doch im wesentlichen aufrechterhielten, eröffnete die Reichsregierung den Übergang zu der von ihr beabsichtigten völligen Umgestaltung des Verfahrensrechts im Gesetz zur Änderung von Vorschriften des Strafverfahrens und des Gerichtsverfassungsgesetzes vom 28. Juni 1935 (RGBl. I 844) in Anlehnung an das zugleich erlassene Gesetz zur Änderung des Strafgesetzbuchs (RGBl. I 839). Sie bestimmte, wie zu verfahren ist, wenn es sich um Rechtsschöpfung durch entsprechende Anwendung der Strafgesetze oder um Wahlfeststellung handelt, räumte dem Gericht eine freiere Stellung bei Beweiserhebungen ein und hob die in den §§ 331, 358 und 373 StPO. enthaltenen einseitigen Bindungen des Rechtsmittelgerichts auf. Dasselbe Gesetz befreite das Reichsgericht von der Bindung an alte Urteile, ordnete die Bildung großer Senate beim Reichsgericht an, beseitigte die notwendige Voruntersuchung, führte Hilfsuntersuchungsrichter ein, ließ die Untersuchungshaft zur Sicherung vor Verbrechen zu, regelte das Verfahren gegen Flüchtige und schrieb das Verfahren bei Verletzung der Wehrpflicht vor. Es trat am 1. September 1935 in Kraft.

Inzwischen hatte der Reichsminister der Justiz in der Allgemeinen Verfügung vom 13. April 1935 „Richtlinien für das Strafverfahren“ — Amtl. Richtl. — aufgestellt. Diese stützten sich auf die Erfahrungen der Justizverwaltungen. Sie geben dem Staatsanwalt Anleitungen für die Regelfälle. Der Strafrichter kann sich ihrer als eines wertvollen Hilfsmittels für die Auslegung der Verfahrensvorschriften bedienen.

§ 3. Reformversuche.

S. **18** nach Zeile 34:

Der Staatsumschwung vom Frühjahr 1933 machte die Bahn für einen Neubau des Verfahrensrechts frei. Das Ziel stand fest. Die Verfahrensordnung mußte als ein starkes Machtmittel zur Bekämpfung des Verbrechertums ausgestaltet, ihre Vorschriften mußten einfach, klar und allgemeinverständlich gefaßt werden. Sie mußten eine schnelle und zuverlässige Arbeit der Staatsanwaltschaften und der Gerichte mit dem Ergebnis gerechter Entscheidung und Vollstreckung sicherstellen. Alle irgendwie entbehrlichen Förmlichkeiten waren zu vermeiden. Es galt demnach einen völlig neuen Entwurf zu schaffen. Was die früheren Entwürfe aus anderen Gedanken heraus geboten hatten, konnte für diesen Entwurf nur mit Vorsicht verwertet werden.

Der Reichsminister der Justiz erteilte noch im Jahr 1933 einer von ihm einberufenen Kommission den Auftrag zur Ausarbeitung des Entwurfs einer Strafverfahrensordnung und eines Gerichtsverfassungsgesetzes. Die Kommission nahm ihre Tätigkeit Anfang November 1933 auf und schloß den in erster Lesung beratenen Entwurf Mitte Dezember 1934 ab.

§ 4. Hauptbegriffe des Strafprozesses.

S. **27** nach Zeile 16:

Die Rechtsprechung des Reichsgerichts über die Prozeßvoraussetzungen ist inzwischen in der Richtung, die der vorliegende Abschnitt bezeichnet, weiter vorgeschritten. Die hernach angegebenen Urteile sind besonders zu beachten:

S. **27** Zeile 30 nach **66** 173,: **67** 55, 323, **68** 19, 107;

S. **27** Zeile 40 nach **65** 165, 166,: **66** 212;

S. **32** Zeile 4 nach bestimmt: (RGSt. **68** 291; RG. JR 1935 HRR. Nr. 87).

S. **32** Zeile 33 nach **41** 152, 155,: **67** 59, **68** 107, 291; RG. JR. 1935 HRR. Nr. 87, IV 526/34 vom 18. Mai 1934);

S. **35** Zeile 8 nach **66** 256,: **67** 58).

S. **37** Zeile 15 nach prüfen: (RGSt. **67** 53 — RGSt. **37** 55, 56 ist aufgegeben —;

S. **37** Zeile 29 nach **66** 19,: **67** 56).

S. **38** Zeile 9 nach **64** 42 und 164,: **68** 19, **69** 171;

S. **41** Zeile 26 nach **61** 45, 46,: **68** 124;

Strafprozeßordnung.

1. Buch. Allgemeine Bestimmungen.

1. Abschnitt. Sachliche Zuständigkeit der Gerichte.

§ 1.

S. 72 nach der letzten Zeile:

6. Das Verfahren auf nachträgliche Anordnung der Sicherungsverwahrung (Art. 5 Ziff. 2, 3 des Ges. gegen gefährl. Gewohnheitsverbr. usw. v. 24. Nov. 1933; Art. 14 AusfGes.) ist ein selbständiges Verfahren. Hat auch das frühere Verfahren vor dem Schöffengericht gespielt, so kann der StA. durch die Einreichung der Anklageschrift die Zuständigkeit der Strafkammer begründen. RG. JR. 1935 HR. Nr. 88; Dresden JW. **63** (1934) 1195.

§ 2.

S. 73 nach Zeile 39:

Die Verbindung ist auch bei dem Volksgerichtshof zulässig. Nach dem Ges. zur Änderung des Strafrechts und des Strafverfahrens v. 24. April 1934 (RGBl. I 341) Art. III § 3 Abs. 3 kann, wenn mit einem Verbrechen oder Vergehen, das zur Zuständigkeit des Volksgerichtshofs gehört, eine andere strafbare Handlung in tatsächlichem Zusammenhange steht, das Verfahren wegen dieser im Wege der Verbindung bei dem Volksgerichtshof anhängig gemacht werden.

§ 4.

S. 76 nach der letzten Zeile:

Wird gegen mehrere Teilnehmer je in getrennten Verfahren die Hauptverhandlung teilweise durchgeführt und dann die Verbindung beschlossen, so ist es unzulässig, das Ergebnis der früheren Verhandlungen gegen einen Angeklagten zu verwerten, der in ihr nicht anwesend war. RGSt. **67** 417.

§ 5a.

S. 78 neuer § 5a: S. Komm. S. 1445.

§ 6.

S. 79 zu Note 3:

Die sachliche Zuständigkeit — auch der Vorinstanzen — ist in jeder Lage des Verfahrens, auch vom Revisionsgericht, von Amts wegen zu prüfen. So die neuere Rechtspr. des RG. (s. Komm. S. 500 Note 17b): RGSt. **66** 256, **67** 58; Düsseldorf DRZ. 1934 Nr. 417, 425; Dresden JW. **57** (1928) 2375, **64** (1935) 963. A. M. Weber JW. **64** (1935) 893.

2. Abschnitt. Gerichtsstand.

Vorbemerkungen.

S. 80 zu Note 1c:

Für Angehörige der Wehrmacht gelten jetzt die Vorschr. der Militärstrafgerichtsordnung v. 4. Nov. 1933 (RGBl. I 921) §§ 1—12.

§ 7.

S. **83** zu Note 2a:

Begehungsort einer Straftat ist jeder Ort, wo irgendeine zu ihrem Tatbestand gehörige Tätigkeit entwickelt ist. RG. JW. **62** (1933) 444.

§ 12.

S. **95** Zeile 2 nach **18** 415: : ebenso Düsseldorf DRZ. 1933 Nr. 270).

§ 16.

S. **103** § 16 erhält folgende Fassung:

§ 16. Der Angeschuldigte muß den Einwand der Unzuständigkeit in der Hauptverhandlung bis zur Verlesung des Beschlusses über die Eröffnung der Hauptverhandlung geltend machen.

Durch das Ges. zur Änderung von Vorschriften des Strafverfahrens und des Gerichtsverfassungsgesetzes v. 28. Juni 1935 (RGBl. I 844) Art. 4 Nr. 1h sind in der bisherigen Fassung des § 16 die Worte „bis zum Schlusse der Voruntersuchung, falls aber eine solche nicht stattgefunden hat" gestrichen worden.

Amtliche Begründung: Die im bisherigen Recht vorgesehene Möglichkeit, daß die Strafkammer auf Einwand des Angeschuldigten über die Zuständigkeit des Untersuchungsrichters entschied, ist durch die Neufassung des § 179 und durch die Streichung der §§ 180—183 beseitigt. Das mit dem gestrichenen Satzteil des § 16 verfolgte Ziel, möglichst schon während der Voruntersuchung eine gerichtliche Entscheidung über die Zuständigkeit herbeizuführen, ist daher gegenstandslos geworden. Es hätte jetzt keinen Sinn mehr, den Angeschuldigten zu nötigen, den Einwand der Unzuständigkeit bereits während der Voruntersuchung geltend zu machen, obwohl er in diesem Verfahrensabschnitt eine gerichtliche Entscheidung über seinen Einwand nicht herbeiführen kann.

Der Angeschuldigte kann nunmehr, auch wenn eine Voruntersuchung stattgefunden hat, den Einwand der Unzuständigkeit in der Hauptverhandlung bis zur Verlesung des Eröffnungsbeschlusses geltend machen.

§ 17.

S. **108** § 17 ist gestrichen durch das Ges. v. 28. Juni 1935 Art. 4 Nr. 1i.

Amtliche Begründung: Für eine förmliche Entscheidung, die die Zuständigkeit für die Voruntersuchung feststellt, ist nach der Neufassung des § 179 und infolge Streichung der §§ 180 bis 183 kein Raum mehr gegeben. § 17 ist daher gegenstandslos.

3. Abschnitt. Ablehnung und Ausschließung der Gerichtspersonen.

§ 22.

S. **114** zu Note 1:

Da die StPO. das Verfahren nur für die ordentliche streitige Gerichtsbarkeit regelt, gilt § 22 unmittelbar nur für diese. Er ist aber auch anzuwenden, soweit für Sondergerichte die Vorschriften der StPO. entsprechend anwendbar sind, so nach § 6 VO. über die Bildung von Sondergerichten v. 21. März 1933 (RGBl. I 136) und nach Art. III § 5 des Ges. v. 24. April 1934 (RGBl. I 341) für den Volksgerichtshof. Aber auch soweit eine solche ausdrückliche Regelung nicht getroffen ist, z. B. wenn ein ordentliches nach einem Sondergericht oder umgekehrt mit der Sache befaßt worden sind, muß das gleiche gelten. Hümmer JW. **64** (1935) 2378.

S. 115 zu Note 5b:

Als „verletzt" ist nur der durch die Tat unmittelbar Betroffene anzusehen; RGSt. **67** 220, **69** 127. Der Begriff des Verletzten ist hier der gleiche wie im § 61 Nr. 2 n. F. (Komm. S. 1478), RGSt. **69** 127.

S. 115 Zeile 37 nach **37** 415: **67** 219.

S. 117 zu Note 15:

Über den Begriff der „Sache" s. Hümmer JW. **64** (1935) 2378.

S. 117 zu Note 16:

In dem Verfahren zur nachträglichen Anordnung der Sicherungsverwahrung darf als Richter nicht tätig werden, wer bei dem früheren Urteil, von dem nach Art. 5 GewVerbrGes. auszugehen ist, als Beamter der Staatsanwaltschaft mitgewirkt hatte: RGSt. **69** 257.

§ 23.

S. 120 Zeile 2 nach **57** 1145).: Ein die Ausschließung bei der Entscheidung im Berufungsverfahren rechtfertigender Grund liegt nicht darin, daß der Richter an Beschlüssen in der Beschwerdeinstanz mitgewirkt hat: RG. JW. **62** (1933) 444.

S. 120 Zeile 7 nach Nr. 1527).: Der Antrag auf Wiederaufnahme des Verfahrens ist kein Rechtsmittel. RG. JW. **61** (1932) 2919.

S. 120 Zeile 22 nach RG. GA. **58** 455: RGSt. **68** 375).

§ 24.

S. 124 Zeile 26 nach **9** 846: RGSt. **66** 385). Fühlt der Verteidiger sich durch eine persönliche Auseinandersetzung mit dem Vorsitzenden gekränkt, so besteht für den Angeklagten kein Grund, der Unparteilichkeit des Vorsitzenden zu mißtrauen. JR. 1933 HR. Nr. 555. Die Zugehörigkeit eines Schöffen zu einer politischen Partei und seine führende Stellung in ihr kann die Besorgnis der Befangenheit rechtfertigen, wenn die Tat in engem Zusammenhang mit den Belangen der Partei stand: RG. JR. 1933 HR. Nr. 448.

S. 124 zu Note 6b:

Abgesehen von der Namhaftmachung der Gerichtspersonen ist das Gericht nicht verpflichtet, dem Angeklagten tatsächliche Unterlagen zur Begründung eines Ablehnungsgesuchs zu liefern: RG. JW. **62** (1933) 964. Zur Begründung der Revision, die einen Verstoß gegen § 24 Abs. 3 Satz 1 rügt, bedarf es nicht der Angabe, welche Ablehnungsgründe geltend gemacht worden wären: RG. RGSt. **66** 10.

§ 28.

S. 131 zu Note 4:

Abs. 2 gilt nicht nur dann, wenn gegen das Urteil ein Rechtsmittel zulässig ist; er schließt die Beschwerde unter allen Umständen aus: BayObLG. JW. **62** (1933) 465; DRZ. 1933 Nr. 125.

§ 30.

S. 133 zu Note 4:

Eine Entscheidung nach § 30 ist auch nach Verlesung des Eröffnungsbeschlusses zulässig: RGSt. **67** 276.

§ 31.

S. **134** zu Note 2:

Hat ein Urkundsbeamter, der kraft Gesetzes ausgeschlossen war, in der Hauptverhandlung mitgewirkt, so begründet das für sich allein nicht die Revision, da das Urteil nicht auf dem Protokoll beruht. Entscheidend ist, wieweit es bei der Prüfung der Revisionsrügen auf den Inhalt des mangelhaften und daher nicht beweiskräftigen Protokolls ankommt: RGSt. 68 272.

4. Abschnitt. Gerichtliche Entscheidungen und ihre Bekanntmachung.

§ 33.

S. **138** zu Note 2a:

Vor dem Beschluß über die Ausschließung der Öffentlichkeit für die Verkündung der Urteilsgründe sind die Beteiligten zu hören: RGSt. **69** 175.

§ 34.

S. **140** zu Note 1a:

§ 34 gilt auch für das Urteil nach § 329 StPO. (Verwerfung der Berufung), das das Vorliegen seiner Voraussetzungen hinreichend begründen muß: RG. JW. **62** (1933) 224. Ebenso für das Verwerfungsurteil nach Teil I Kap. 1 Art. 7 § 1 der NotVO. v. 14. Juni 1932, vgl. § 417: Dresden JW. **62** (1933) 2296.

§ 35.

S. **142** zu § 35: Durch die VO. zur Vereinfachung der Zustellungen v. 17. Juni 1933 (RGBl. I 394) ist dem Abs. 2 Satz 1 folgender Satz 2 angefügt worden:

Wird durch die Bekanntmachung der Entscheidung keine Frist in Lauf gesetzt, so genügt formlose Mitteilung; dies gilt nicht für die Mitteilung von Urteilen.

Danach ist das Zustellungserfordernis für alle die Fälle beseitigt, wo durch die Bekanntgabe der Entscheidung keine Frist in Lauf gesetzt wird. Jonas JW. **62** (1933) 1568. In Betracht kommen hier vor allem Benachrichtigungen von Terminen z. B. in den Fällen des § 224 StPO.

S. **142** zu Note 5:

Eine Bekanntgabe des Zeitpunktes der Urteilsverkündung ist nur geboten, wenn diese ausgesetzt wird, nicht aber, wenn die Beratung sich an die Verhandlung anschließt: RG. JW. **62** (1933) 434.

S. **143** zu Note 10:

Über die Akteneinsicht hat das Gericht zu entscheiden, das die Entscheidung erlassen hat, und zwar auch nach Rechtskraft der Entscheidung. BayObLG. JW. **62** (1933) 526.

§ 37.

S. **146** zu Note 2:

Das Haager Abkommen über den Zivilprozeß v. 17. Juli 1905 ist kein Teil der ZPO., es ist im Strafprozeß nicht anwendbar: RGSt. **67** 225.

S. **148** zu Note 14a:

Die Beziehungen des Inhabers zu einer Wohnung werden durch seine Flucht oder sein Verborgenhalten wegen strafgerichtlicher Verfolgung nicht ohne weiteres beseitigt: RG. JR. 1932 HR. Nr. 2327.

5. Abschnitt. Fristen und Wiedereinsetzung in den vorigen Stand.

§ 44.

S. **160** Zeile 21 nach BayObLGSt. **9** 174: RGSt. **67** 197). Unzureichende Rechtsmittelbelehrung als Wiedereinsetzungsgrund (BayObLG. DRZ. 1934 Nr. 49). Irrtum des Urkundsbeamten über die bei dem Rechtsmittel zu beachtenden Förmlichkeiten ist unabwendbarer Zufall (RGSt. **68** 298). Einen solchen kann auch eine unzutreffende Auskunft des Verteidigers für den Angeklagten darstellen (KG. JW. **62** [1933] 1784). Nicht dagegen die Unkenntnis über die Revisionsbegründungsfrist (RG. JR. 1933 HR. Nr. 1629).

S. **161** Zeile 45 nach Entsch. **1** 163: RGSt. **67** 265, **68** 298).

S. **162** zu Note 4c:

Der Ansicht, daß Fristversäumnis durch den Wahlverteidiger für den Angeklagten regelmäßig ein unabwendbarer Zufall sei (Breslau DRZ. 1934 Nr. 418) kann nicht beigetreten werden. Die unrichtige Bezeichnung des Rechtsmittelklägers durch den Verteidiger kann als unabwendbarer Zufall gelten (KG. JW. **63** [1934] 1681), dagegen nicht das Versehen des Verteidigers, der eine Revisionsbegründung nur in der Abschrift, nicht aber in der bei Gericht eingereichten Urschrift unterschrieben hat (RG. JW. **63** [1934] 172).

S. **162** Zeile 44 nach erlangt habe: (RGSt. **66** 350).

§ 45.

S. **163** zu Note 5:

Auch die Glaubhaftmachung des Wiedereinsetzungsgrundes muß innerhalb der Frist beigebracht werden (Rostock JR. 1932 HR. Nr. 1802).

S. **164** zu Note 7:

Die Ausführungen über Militärstrafsachen sind durch den Erlaß der MStGO. v. 4. Nov. 1933 hinfällig geworden.

6. Abschnitt. Zeugen.

Vorbemerkungen.

S. **166** Zeile 6 von unten nach **52** 289: RG. GA. n. F. **1** 346.

S. **167** zu Zeile 26: Jetzt § 60 Nr. 3. S. Anhang z. 19. Aufl. S. 1477.

S. **167** Zeile 36 Zusatz:

An diesem Rechtszustand hat auch Art. 4 des Ges. z. Änd. v. Vorschriften des Strafverfahrens v. 28. Juni 1935 (RGBl. I 844) nichts geändert.

S. **170** zu Note 4:

Vgl. den Aufsatz von S c h o r n Verfahrensbeteiligte als Zeugen. GA. **77** 251.

S. **170** Zeile 5 von unten. Zusatz:

Amtl. Richtl. Nr. 92 weisen darauf hin, daß es sich u. U. auch empfehlen könne — vorbehaltlich natürlich der Vorschriften über die Unmittelbarkeit der Beweisaufnahme in der HV. —, auch von Zeugen und Sachverständigen **schriftliche Auskünfte** einzuholen. Für das Hauptverfahren hat das nur für den Freibeweis zu Verfahrensfragen (Vorbem. 1 letzt. Abs. z. 6. Abschnitt) Bedeutung.

S. **171** zu Zeilen 1—2: S. jetzt 19. Aufl. Anhang S. 1481 Note 9o zu § 61 n. F.

S. **171** Zeile 21 nach (1931): ; Weber Zeugen, die nicht genannt sein wollen. „Polizei" 1934 133.

S. **171** Zeile 35 nach Jugendgerichte): , Scheunert Das Kind als Zeuge. DJZ. 1934 711).

§ 48.

S. **172** zu Note 1 Abs. 2: Vgl. jetzt Amtl. Richtl. §§ 88, 89.

S. **173** zu Note 7:

Vgl. den Zusatz zu § 51 (S. 176 nach Zeile 44).

S. **173** zu Zeilen 27—31. Note 8 erhält folgende Fassung:

8. Über den Begriff **„Militärbehörde"** enthalten die Ausführungsbestimmungen zur MStGO. v. 21. November 1933 (RGBl. I 989) zu § 14 EGMStGO. (vgl. auch zu § 3 MStGO.) folgende Vorschrift:

> Unter Militärbehörden ist zu verstehen: a) im Reichsheer bei Soldaten oder Militärbeamten eines Regiments oder selbständigen Verbands der Kommandeur, sonst das Wehrkreiskommando, dem sie unterstellt oder in dessen örtlichem Bereich sie dienstlich untergebracht sind, bei Soldaten oder Militärbeamten des Reichswehrministeriums jedoch dieses; b) in der Reichsmarine bei Soldaten oder Militärbeamten eines Schiffs oder Fahrzeugs, das planmäßig einen Ersten Offizier hat, der Kommandant, einer Halbflottille der Halbflottillenchef, eines Landmarineteils der Kommandeur, sonst das Marinestationskommando, dem sie unterstellt sind, oder zu dessen Bereich sie gehören, bei Soldaten oder Militärbeamten des Reichswehrministeriums jedoch dieses.

S. **173** nach Zeile 36:

10. Für das **militärgerichtliche Verfahren** vgl. § 106 MStGO. v. 4. Nov. 1933 (RGBl. I 924).

§ 49.

S. **173** nach Zeile 41:

Vgl. jetzt § 1 des **G. über das Staatsoberhaupt des Deutschen Reiches v. 1. August 1934** (RGBl. I 747):

> Das Amt des Reichspräsidenten wird mit dem des Reichskanzlers vereinigt. Infolgedessen gehen die bisherigen Befugnisse des Reichspräsidenten auf den Führer und Reichskanzler Adolf Hitler über. Er bestimmt seinen Stellvertreter.

Vgl. ferner **§ 6 Satz 3 des Zweiten G. zur Gleichschaltung der Länder mit dem Reich v. 7. April 1933** (RGBl. I 173): „Soweit Landesverfassungen das Amt eines Staatspräsidenten vorsehen, treten diese Bestimmungen mit der Ernennung eines Reichsstatthalters außer Kraft." Die Reichsstatthalter sind in den hier fraglichen Ländern nicht etwa i. S. des § 49 an die Stelle des Staatspräsidenten getreten; ihr Amt ist vielmehr ein Reichsamt und in einem eigenen Gesetz besonders geregelt. § 49 findet auf sie keine Anwendung.

§ 50.

S. 174 nach Zeile 41:

Vgl. ferner **§ 9 Abs. 3 des Reichsstatthaltergesetzes v. 30. Jan. 1935** (RGBl. I 65):

Auf das Amt des Reichsstatthalters finden die Vorschriften des Reichsministergesetzes vom 27. März 1930 (RGBl. I 96) sinngemäß Anwendung.

Damit ist auch § 9 Abs. 3 des Reichsministerges. für die Reichsstatthalter anwendbar geworden.

Der Reichsrat ist durch das Ges. v. 14. Febr. 1934 (RGBl. I 89), der Reichswirtschaftsrat durch das Ges. v. 23. März 1934 (RGBl. II 115), die Landtage der deutschen Länder sind durch das Ges. v. 30. Jan. 1934 (RGBl. I 75) beseitigt worden.

S. 176 zu Zeilen 1 ff.:

Zu den Noten 6—8 vgl. die vorstehenden Bemerkungen.

§ 51.

S. 176 Zeile 44 Zusatz:

Vgl. **§ 14 EG.MStGO. v. 4. November 1933** (RGBl. I 921):

Ordnungsstrafen und Zwangsmaßnahmen, die gegen Angehörige der Wehrmacht als Zeugen oder Sachverständige nach §§ 51, 70, 77 der StPO. oder nach §§ 380, 390, 409 der ZPO. erforderlich werden, sind von den allgemeinen Gerichten festzusetzen und, soweit sie nicht in Freiheitsentziehung bestehen, zu vollstrecken; anderenfalls haben sie die Militärbehörden um die Vollstreckung zu ersuchen.

Damit ist **Abs. 4 des § 51 gegenstandslos geworden**, desgl. die Note 21 des Kommentars.

Wegen des Begriffes der **„Militärbehörden"** vgl. den Zusatz zu § 48 Note 8.

S. 178 Zeile 18 Zusatz:

Vgl. auch Wulle Einiges zur Erscheinungs- und Aussagepflicht für Zeugen im Strafprozeß JW. 1934 739. Das Gesetz v. 28. Juni 1935 (RGBl. I 844) hat an diesem Rechtszustande nichts geändert.

S. 178 Zeile 40 Zusatz:

Ein Zeuge kann wegen „Ausbleibens" auch bestraft werden, wenn er vor dem Termin bestimmt erklärt, er werde nicht zum Termin erscheinen, und der Termin deshalb abgesetzt wird (OLG. Königsberg GA. n. F. 2 219).

S. 179 Zeile 25 Zusatz:

Nach einer Entsch. des KG. (JR. 1935 Nr. 574) soll zur Entscheidung darüber, ob die nach § 51 verhängte Ordnungsstrafe unter ein Straffreiheitsges. falle, die StA., nicht das Gericht zuständig sein.

S. 180 Zeile 41 nach dazu.: Vgl. den Zusatz zu S. 176 Zeile 44.

Vorbemerkungen zu §§ 52—55.

S. 181 Zeile 36 nach 57 412: , RG. GA. n. F. 1 345).

S. 181 Zeile 7 von unten vor „einer Person": , die Glaubwürdigkeit

S. **181** Zeile 4 von unten nach 803/31;: RG. GA. n. F. 1 345; RG. v. 26. Sept. 1935 3 D 655/35;

S. **182** Zeile 6: Statt 3 muß es heißen 1—3.

§ 52.

S. **182** zu Note 4b:

Vgl. jetzt § 58 Abs. 2 StPO. i. d. F. des Ges. v. 24. Nov. 1933, S. 1476 der 19. Aufl. des Kommentares.

S. **183** Zeile 5 Zusatz:

Das Gericht hat kein Recht, die Vernehmung und Befragung von sich aus einfach zu unterlassen (RG. JR. 1934 Nr. 1176).

S. **184—185**:

Zu Note 9 vgl. Abs. 1 der Zusätze zu S. 174 (nach Zeile 43); die Vorschriften der Weimarer Verfassung Art. 38, 40a sind für die Mitglieder des Reichstages durch die Änderung der staatsrechtlichen Verhältnisse nicht berührt worden.

S. **185** Zeile 25 nach **63** 302: , RG. v. 13. Dez. 1934 3 D 1115/34;

S. **185** nach Zeile 35:

Darüber, wieweit ein Zeuge, der sein Zeugnis verweigert hat, für das weitere Verfahren als untaugliches Beweismittel angesehen werden kann, vgl. Note 11 c zu § 244 (S. 696 des Kommentars) sowie RG. Deutsche Justiz 1935 1497.

S. **188** Zeile 14 nach 1928 511: ; OLG. Düsseldorf DRZ. 1934 Nr. 357 — kein Verweigerungsrecht des Heiratsschwindlers —).

S. **188** Zeile 29 Zusatz:

Darüber, im welchem Umfange das Gericht verpflichtet ist, die Angabe einer Zeugin nachzuprüfen, sie sei mit dem Angeklagten verlobt, vgl. RG. JW. 1934 3206 Nr. 22.

S. **189** Zeile 29 nach JW. 1924 1609: , Deutsche Justiz 1935 940).

S. **191** Zeile 9. Anstatt 1895 muß es heißen: 1896. Hinter 551 ist einzufügen: , JR. 1935 Nr. 506).

§ 53.

S. **192** Zeile 40 Zusatz:

Für die katholische Kirche vgl. jetzt auch Art. 9 des Konkordats (Bek. v. 12. Sept. 1933 RGBl. II 679).

S. **193** Zeile 3 von unten nach 1913 1133: , RG. JR. 1934 Nr. 1176).

S. **194** Zeile 6 von unten nach [Erl. Diss. 1909] 35.: Hinterthür Zum Berufsgeheimnis Deutsche Justiz 1934 827.

S. **197** zu Zeile 4: Der Begriff des „Redakteurs" entspricht dem des „verantwortlichen Schriftleiters" nach dem SchriftleiterG. v. 4. Okt. 1933 (RGBl. I 713, 1085), das für den Begriff jetzt maßgebend ist. Vgl. dazu den Aufsatz von Lenz Die Bedeutung des Schriftleitergesetzes für die Justiz Deutsche Justiz 1934 505, insbes. 506 rechts Abs. 3.

S. 201 nach Zeile 14:

31. In die neue MStGO. ist die Vorschrift der Nr. 4 nicht übernommen worden (s. § 109 das.). Für das militärgerichtliche Verfahren gelten daher die Vorschriften über das Zeugnisverweigerungsrecht der Presse nicht.

§ 54.

S. 202 nach Zeile 3:

Vgl. ferner **§ 9 Abs. 3 des Reichsstatthalterges. v. 30. Jan. 1935** (RGBl. I 15):

> Auf das Amt des Reichsstatthalters finden die Vorschriften des Reichsministergesetzes v. 27. März 1930 (RGBl. I 96) sinngemäß Anwendung.

Damit sind auch die §§ 8, 9 des Reichsministerges. für die Reichsstatthalter anwendbar.

Wegen des Reichspräsidenten und der Staatspräsidenten vgl. den Zusatz zu S. 173 (oben bei § 49).

S. 202 nach Zeile 26:

Neuerdings ist die Frage erörtert worden, ob Amtswalter der NSDAP. oder SA-Führer als „Beamte" i. S. des § 54 anzusehen seien (vgl. Koch DRZ. 1934 238). Sie dürfte im Anschluß an RGSt. 69 231 zu verneinen sein. Dagegen ist § 54 auf das Verfahren vor den Partei- und SA-Gerichten entsprechend anwendbar, gilt aber auch dort nur für Beamte in dem vorstehend erörterten Sinne.

S. 203 Zeile 24 nach Dienstbehörde zu.: Soweit der Zeuge hiernach nicht befragt werden darf, findet § 245 keine Anwendung (RG. JW. 1935 2378 Nr. 33).

S. 203 Zeile 30 nach (so auch: Amtl. Richtl. Nr. 99 S. 41;

S. 203 Zeile 37: Das Zitat ist zu ersetzen durch: (RGSt. 29 368, RG. JW. 1935 2378 Nr. 33).

S. 203 nach Zeile 41:

Nach Nr. 90 Abs. 3 der Amtl. Richtl. ist die Genehmigung bei der Behörde nachzusuchen, der der Beamte zur Zeit der Einholung der Genehmigung untersteht; dieser bleibt es überlassen, sich mit der Behörde in Verbindung zu setzen, in deren Bereich der Beamte die Tatsache erfahren hat, um die es sich handelt.

S. 204 Zeile 39 Zusatz:

Die Vorschrift ist, soweit sie sich auf Landesregierungen bezieht, durch die Änderung der staatsrechtlichen Verhältnisse bisher nicht berührt worden.

S. 205 nach Zeile 3: Vgl. den Zusatz zu Seite 202 Zeile 3.

§ 55.

S. 206 nach Zeile 10:

Ist der Beschuldigte wegen der Tat rechtskräftig verurteilt worden, so besteht keine Gefahr einer strafgerichtlichen „Verfolgung" mehr, auch nicht, wenn die Strafe noch nicht vollstreckt ist. (So RG. v. 7. Jan. 1935 3 D 1184/32 in einem Falle, in dem die Mutter zugunsten ihrer zum Tode verurteilten Tochter in einem Verfahren gegen eine Person, die der Anstiftung zu dem

Morde beschuldigt wurde, eine falsche Aussage erstattet hatte, um ihre Tochter nachträglich zu entlasten.)

§§ 57—66.

Die §§ 57—66 alter Fassung sind durch die §§ 57—66e in der Fassung des **Ges. z. Einschränkung der Eide im Strafverfahren** v. 24. Nov. 1933 (RGBl. I 1008) ersetzt worden. Dieses Gesetz ist im Nachtrag zur 19. Aufl. des Kommentars **S. 1476ff.** abgedruckt und erläutert worden. Die Ergänzungen, die die seitherige Entwicklung nötig macht, werden bei den neuen Vorschriften zu S. 1476ff. des Kommentares gegeben werden.

§ 67.

S. **230** Zeile 30 nach 2370;: JR. 1934 Nr. 454;

S. **231** Zeile 25 nach „Nr. 28;": JR. 1935 Nr. 771;

S. **231** nach Zeile 25:

Durch das Ges. z. Einschränkung der Eide im Strafverfahren v. 24. Nov. 1933 (RGBl. I 1008) ist der **Voreid** auch für das Strafverfahren nunmehr vollständig abgeschafft und allgemein der **Nacheid** eingeführt worden (vgl. § 59 in der Fassung des gen. Ges. und die Erläuterungen dazu S. 1476f. der 19. Aufl. des Kommentares, sowie die Ergänzungen, die der vorliegende Nachtrag dazu gibt). Durch diese Änderung der gesetzlichen Grundlage haben die Ausführungen in Note 1 zu § 67, die sich auf den Voreid beziehen, ihre Bedeutung verloren.

S. **233** Zeile 34 nach 1925 116: und für das neue Recht RG. v. 17. Juli 1934 1 D 603/34 sowie RG. JR. 1935 Nr. 771). Glaubt der Zeuge irrigerweise, seine neue Aussage auch ohne eine eigene Erklärung unter dem Eide zu erstatten, so kann, wenn er die Aussage wissentlich unrichtig macht, versuchter Meineid vorliegen (RG. v. 17. Juli 1934 1 D 603/34).

S. **233** zu Note 10:

Da durch § 59 (Fassung des Ges. z. Einschränkung der Eide im Strafverfahren — vgl. den Zusatz zu S. 231 nach Zeile 25 —) allgemein der Nacheid eingeführt worden ist, wird die Versicherung nach § 67 gleichfalls stets nachträglich abzunehmen sein; eine Versicherung, die vor der Aussage abgegeben wird, wird (ebenso wie der Voreid — vgl. die Erläuterungen zu § 59 der neuen Fassung S. 1476f. der 19. Aufl. des Kommentares und die Ergänzungen, die der vorliegende Nachtrag dazu gibt —) als wirkungslos zu betrachten sein.

S. **234** Zeile 24 Zusatz:

Dasselbe gilt ferner, wenn das Gericht entgegen den neuen Grundsätzen, nach denen die Versicherung nach der Aussage abzunehmen ist (vgl. den vorstehenden Zusatz zu Note 10), die Versicherung vor der Aussage abgeben läßt.

§ 68a.

Die Vorschrift ist durch das Ges. zur Einschränkung der Eide im Strafverfahren v. 24. Nov. 1933 (RGBl. I 1008) neu eingefügt worden. Sie ist S. 1485 der 19. Aufl. des Kommentars abgedruckt und erläutert worden.

§ 69.

S. **237** Zeile 20 nach **62** 146;: RG. JW. 1934 173 Nr. 22;

S. **237** Zeile 34 nach 273: , RG. JW. 1933 2341 Nr. 16; vgl. auch RG. v. 9. Mai 1933 1 D 1062/32 und v. 19. Mai 1933 1 D 1134/32).

S. **237** Zeile 36 nach 146,: RG. JW. 1933 1729 Nr. 19 = JR. 1933 Nr. 1473, JW. 1934 173 Nr. 22, Deutsche Justiz 1934 1244,

S. **237** Zeile 37 nach Nr. 188).: Die Verletzung der Bestimmung begründet selbst dann die Revision, wenn der Angeklagte der Verlesung einer Aussage, die in dieser Weise fehlerhaft vorgenommen worden ist, in der Hauptverhandlung nicht widersprochen hat (RJ. JW. 1934 173 Nr. 22).

S. **237** Zeile 40 nach I 210/16: , RG. Deutsche Justiz 1934 1244).

S. **237** Zeile 43 nach **66** 113: , **67** 252, RG. v. 8. Okt. 1934 2 D 855/34).

§ 70.

S. **239** nach Zeile 5: Lit. Wulle Einiges zur Aussagepflicht für Zeugen im Strafprozeß JW. 1934 739.

S. **239** Zeile 12 nach bestehen: — auch nach dem Ges. v. 28. Juni 1935 (RGBl. I 839) —

S. **239** Zeile 31 nach ablehnt: (RG. JR. 1935 Nr. 706),

S. **239** Zeile 32 nach beantworten.: Das gilt natürlich nicht, soweit der Zeuge berechtigt ist, das Zeugnis zu verweigern, sofern er davon nur teilweise Gebrauch macht oder den Verzicht auf das Zeugnisverweigerungsrecht nachträglich widerruft (RG. JR. 1935 Nr. 706); vgl. Vorbem. 10 vor § 52 und Note 14 zu § 52.

S. **241** Zeile 3 von unten nach erscheint.: Vgl. jetzt Amtl. Richtl. Nr. 91 S. 42.

S. **242** Zeile 8 nach 991, JR. 1935 Nr. 706;

S. **246** Zeile 1 nach 1169,: BayObLG. DJZ. 1934 82,

S. **246** Zeile 12 Zusatz:

Vgl. jetzt § 14 EGMStGO., abgedruckt in dem Zusatz zu § 51 (S. 176 nach Zeile 44).

S. **246** nach Zeile 13:

Für Mitglieder der Landtage ist die Note gegenstandslos geworden, da die Landtage durch das Ges. v. 30. Jan. 1934 (RGBl. I 75) aufgehoben worden sind.

§ 71.

S. **247** Zeilen 3—11. Zu Note 7:

Vgl. jetzt auch AV. d. RJM. v. 2. Juni 1934 (Deutsche Justiz 724) über **Reisekostenvergütung für . . . Zeugen und Sachverständige** . . . sowie das Reisekostenges. v. 15. Dez. 1933 RGBl. I 1067 und dazu die PreußDurchfBest. v. 23. März, 14. September 1934 (Deutsche Justiz 404, 1176).

7. Abschnitt. Sachverständige und Augenschein.

Vorbemerkungen.

S. **247** Zeile 11 von unten nach **57** 158,: **69** 97;

S. **248** Zeile 26 nach 768—775: ; Frommer Der psychiatrische Sachverständige vor Gericht Deutsche Justiz 1934 351.

S. **248** Zeile 43 nach 1099.: — Hellwig Die Anwendung der Blutgruppenprobe im Meineidsverfahren JR. 1934 115. — Maßfeller Blutgruppenbestimmung in der gerichtlichen Praxis Zeitschrift „Der deutsche Justizbeamte" 1935 517.

S. **248** nach der letzten Zeile:

4. Amtliche Richtlinien. Zum 7. Abschnitt sind die Nrn. 93—99 der Amtl. Richtl. zu beachten, die wertvolle Fingerzeige für die Beurteilung der Notwendigkeit des Sachverständigenbeweises, für die Auswahl der Sachverständigen und für die Technik des Sachverständigenbeweises geben.

§ 72.

S. **249** Zeile 12: Statt §§ 57, 58 muß es jetzt heißen: §§ 60—64; anstatt § 59 muß es heißen: § 58.

S. **249** Zeile 13: Statt §§ 60—67 muß es jetzt heißen: §§ 57, 59, 65, 66—66d, 67.

S. **249** Zeile 14 nach „§ 82 Note 2b.": — Von § 68a ist nur Abs. 2 anwendbar.

S. **249** Zeile 20 Zusatz: Vgl. jetzt Amtl. Richtl. Nr. 93.

S. **249** Zeile 26 Zusatz:

Vgl. über Einholung schriftlicher Auskünfte den Zusatz zu den Vorbem. z. 6. Abschnitt (S. 170 Zeile 6 von unten).

§ 73.

S. **251** Zeile 19 nach „§ 245": und RGSt. **64** 113, RG. JW. 1933 1599 Nr. 22.

S. **251** zu Zeilen 41—42: Die Einrichtung der allgemeinen Vereidigung von Sachverständigen ist durch § 20 der VO. z. einheitlichen Regelung der Gerichtsverfassung v. 20. März 1935 (RGBl. I 403) beseitigt worden. Vgl. dazu die AV. d. RJM. v. 11. April 1935 Deutsche Justiz 613. Dadurch ist aber, wie Nr. IV der AV. ausdrücklich feststellt, die Stellung der öffentlich bestellten Sachverständigen in keiner Weise berührt worden.

S. **252** nach Zeile 2: Wegen der Anschriften der Sachverständigenkammern s. AV. d. pr. JM. v. 29. März 1934 Deutsche Justiz 437.

S. **252** zu Zeilen 10—13: Vgl. jetzt Amtl. Richtl. Nr. 93—96, insbes. 95, 96 S. 42—43, ferner AV. d. RJM. v. 3. Oktober 1935 (Deutsche Justiz 1480) über Untersuchungen auf Blutgruppenzugehörigkeit.

Als eine Art Zentralstelle besteht jetzt die Reichsfachschaft für das Sachverständigenwesen e. V., Berlin, Tiergartenstraße 15. Sie hat einen Nachweisedienst für Sachverständige eingerichtet.

§ 74.

S. 252 Zeile 3 von unten Zusatz.:

Zum Begriff des „Verletzten" s. jetzt auch die Noten zu § 61 Nr. 2 StPO. in der 19. Aufl. des Kommentares S. 1478 f. und die Zusätze dazu.

S. 253 Zeile 8 nach 209: , BayObLG. DJZ. 1933 571),

S. 253 Zeile 32 nach 452: , OLG. Dresden DRZ. 1934 Nr. 306). Vgl. Amtl. Richtl. Nr. 96 S. 43.

S. 254 Zeile 8 nach 965: , OLG. Dresden DRZ. 1934 Nr. 306).

§ 76.

S. 257 Zeile 22 Zusatz:

Für die **Reichsstatthalter** vgl. § 9 Abs. 3 des Ges. v. 30. Jan. 1935 (RGBl. I 15), abgedruckt bei den Zusätzen zu § 54 (S. 202 Zeile 3). Danach sind die §§ 8, 9 des Reichsministerges. auch für die Reichsstatthalter anwendbar.

S. 257 Zeile 5 von unten nach Verfügungen. : Vgl. Amtl. Richtl. Nr. 99 i. Verb. mit Nr. 90.

S. 257 nach der letzten Zeile:

7. Die Vorschriften des Abs. 2 sind für das Verfahren vor den **Partei- und SA.-Gerichten** entsprechend anzuwenden. **Amtswalter der NSDAP. und SA.-Führer sind nicht als Beamte** anzusehen (RGSt. 69 231). Vgl. den Zusatz zu S. 202 nach Zeile 26.

8. Wegen der Mitglieder der **Landesregierungen** vgl. den Zusatz zu S. 204 Zeile 39.

§ 77.

S. 258 Zeile 30 Zusatz:

Wegen des Vorgehens bei (schuldhafter oder unverschuldeter) Verzögerung des Gutachtens vgl. Amtl. Richtl. Nr. 97.

S. 258 nach Zeile 40:

8. Wegen der Festsetzung von **Ordnungsstrafen gegen Angehörige der Wehrmacht** vgl. § 14 EGMStGO., abgedruckt bei den Zusätzen zu § 51 (S. 176 nach Zeile 44).

§ 78.

S. 258 nach Zeile 43:

Lit. Schwandt Richter und gerichtlicher Sachverständiger DJZ. 1934 395.

S. 259 nach Zeile 10:

3. Amtl. Richtl. 98 über **Vorbereitende Erörterung mit dem Sachverständigen**: „Im Interesse der Beschleunigung und der Kostenersparnis liegt es, wenn die zu begutachtende Frage möglichst genau umgrenzt wird. In vielen Fällen wird auch eine vorbereitende mündliche Erörterung, in der dem Sachverständigen die für die Untersuchung entscheidenden Gesichtspunkte im einzelnen aufgezeigt werden, angezeigt sein".

§ 79.

Die Vorschrift ist durch das Ges. z. Einschränkung der Eide im Strafverfahren v. 24. Nov. 1935 (RGBl. I 1008) neu gefaßt worden. Vgl. den neuen Text und die Erläuterungen dazu S. 1485 f. der 19. Aufl. des Kommentars.

§ 80.

S. 263 Zeile 6 Zusatz:

Vgl. Amtl. Richtl. Nr. 98 S. 44.

S. 263 Zeile 11 nach „Note 12".: Der Sachverständige gehört nicht zu den Personen, deren Anwesenheit in der Hauptverhandlung das Gesetz „vorschreibt" (RG. JW. 1933 2774 Nr. 16).

§ 80 a.

Die Vorschrift ist durch das AG. z. d. Ges. gegen gefährliche Gewohnheitsverbrecher usw. v. 24. Nov. 1933 (RGBl. I 1000) Art. 2 Nr. 2 neu eingefügt worden. Sie ist in der 19. Aufl. des Kommentars auf S. 1446 abgedruckt und erläutert. Vgl. dort.

§ 81.

Die Vorschrift ist in ihren Abs. 1 u. 2 durch das AG. z. d. Ges. gegen gefährliche Gewohnheitsverbrecher geändert worden. Der geänderte Wortlaut und die Erläuterungen dazu finden sich in der 19. Aufl. des Kommentars auf S. 1446.

S. 265 Zeile 1 nach „§ 140".: Der Verteidiger ist dem Beschuldigten beizuordnen, sobald ein Sachverständiger den Antrag nach § 81 stellt, ohne Rücksicht darauf, ob das Gericht dem Antrag Folge geben will oder nicht (RGSt. **67** 259).

S. 265 Zeile 36 Zusatz:

Weitere Beschwerde ist unzulässig, da es sich bei der Unterbringung nach § 81 nicht um eine „Verhaftung" i. S. des § 310 handelt. Auch eine „einstweilige Unterbringung" i. S. dieser Vorschrift (in der Fassung, die sie durch das AGGewohnhVerbrG. v. 24. Nov. 1933 erhalten hat) liegt nicht in der Maßregel nach § 81; als „einstweilige Unterbringung" ist vielmehr nur die Unterbringung nach § 126a StPO. in der Fassung desselben Ges. anzusehen (OLG. Breslau JR. 1934 Nr. 1728 = DRZ. 1934 Nr. 420).

S. 267 zu Zeilen 35—37: Vgl. jetzt Amtl. Richtl. Nr. 84—87 S. 39—40.

S. 268 nach Zeile 3:

16. Zu beachten sind jetzt auch die **Amtl. Richtl. Nr. 84—87**, die für das Verfahren nach § 81 eine Reihe wichtiger praktischer Hinweise geben. Für Beschuldigte, die eine Hilfsschule besucht haben, wird die Heranziehung der Personalakten von der Hilfsschule, für hirnverletzte Frontkämpfer die Heranziehung der Akten der Versorgungsbehörde empfohlen.

§§ 81 a, 81 b.

Die Vorschriften sind durch das AG. z. d. Ges. gegen gefährliche Gewohnheitsverbrecher usw. v. 24. Nov. 1933 (RGBl. I 1000) Art. 2 Nr. 4 neu in die StPO. eingefügt worden. Sie sind in der 19. Aufl. des Kommentares auf S. 1447—1449 abgedruckt und erläutert. Vgl. dort.

§ 82.

S. 268 nach Zeile 28:

Wegen der Erstattung schriftlicher Gutachten vgl. jetzt auch Amtl. Richtl. Nr. 99 i. Verb. mit Nr. 92.

S. 268 zu Zeilen 29—32:

Die Verfügungen sind durch den Übergang der gesamten Rechtspflege auf das Reich gegenstandslos geworden.

§ 83.

S. **269** Zeile 42 nach 1111/31): oder wenn das Gericht auf Grund des ersten Gutachtens noch nicht das volle Verständnis für die begutachtete Frage erlangt hat (RG. JW. 1934 2469 Nr. 10).

§ 84.

S. **271** nach Zeile 5:

6. Wegen der Frage, wann ein als Sachverständiger vernommener **Beamter** Anspruch auf Sachverständigengebühren, insbes. auf eine Vergütung für seine Mühewaltung hat, vgl. OLG. Hamburg JR. 1933 Nr. 1474 = DRZ. 1933 Nr. 348.

§ 85.

S. **271** Zeile 37 nach 2026,: RG. GA. n. F. **1** 345,

S. **272** Zeile 40 nach **44** 12,: **69** 97,

§ 86.

S. **274—277** zu Note 3:

Hierzu vgl. jetzt die neuen Vorschriften des § 81a (in die StPO. eingefügt durch das AG. z. Ges. geg. gefährliche Gewohnheitsverbrecher usw. v. 24. Nov. 1934, RGBl. I 1000) und die Erläuterungen dazu in der 19. Aufl. des Kommentars S. 1447—1449 sowie den Aufsatz von Hartung Körperliche Durchsuchung, körperliche Untersuchung und Augenschein am menschlichen Körper KrimMonH. 1934 25.

§ 87.

S. **280** zu Zeilen 2—3: Vgl. jetzt Amtl. Richtl. Nr. 34 S. 19.

S. **280** zu Zeilen 3—4: Vgl. jetzt Amtl. Richtl. Nr. 33 S. 19.

S. **280** zu Zeilen 4—9: Jetzt AV. d. RJM. v. 21. Mai 1935 über Mitteilungen in Strafsachen (Amtl. Sonderveröffentlichungen der Deutschen Justiz Nr. 8) Anhang 1 § 3 S. 53.

S. **281** zu Zeilen 39—41: Die Note 8 erhält folgende Fassung:

8. **Militärgerichtliches Verfahren.** Verfahren, wenn der Verdacht besteht, daß ein Soldat eines nicht natürlichen Todes gestorben ist, jetzt §§ 77, 146, 147; wenn der Verdacht besteht, daß ein Soldat einen Nichtsoldaten getötet hat, § 78 MStGO. v. 4. November 1933.

§ 91.

S. **283** nach Zeile 8:

Vgl. jetzt auch Amtl. Richtl. Nr. 32 (S. 18).

§ 92.

S. **283** zu Zeilen 3—1 von unten: Jetzt Amtl. Richtl. Nr. 320—337 (S. 125—134).

8. Abschnitt. Beschlagnahme und Durchsuchung.

Vorbemerkungen.

S. **285** Zeile 13 nach „§§ 23 ff.": Geändert und ergänzt durch Art. IV § 2 des Ges. z. And. von Vorschriften des Strafrechts und des Strafverfahrens v. 24. April 1934 (RGBl. I 341, 346).

S. **285** Zeile 22 nach 157;: **Ein besonderes Verfahren sieht die DurchfVO. v. 4. Febr. 1935 z. G. über die Devisenbewirtschaftung für Strafverfahren wegen Devisenzuwiderhandlungen zur Sicherung von Geldstrafe, Einziehung und Werterſatz in Art. IV vor (Arrest, Vermögensbeschlagnahme) (RGBl. I 114, 117ff.).**

S. **286** zu Note 7:

Soweit die Landtage in Frage kommen, sind die Best. jetzt gegenstandslos geworden, da die Landtage aufgehoben sind (Ges. v. 30. Jan. 1934 RGBl. I 75). Für den Reichstag und seine Mitglieder ist Art. 38 der Weimarer Verfassung unberührt geblieben.

S. **286** zu Note 9:

Vgl. jetzt auch Amtl. Richtl. Nr. 103—119 (S. 45—52).

S. **286** nach Zeile 42:

10. Für das **militärgerichtliche Verfahren** vgl. jetzt §§ 152 ff. MStGO. v. 4. November 1933.

§ 94.

S. **288** nach Zeile 9 von unten:

Noch weitergehend Art. IV DurchfVO. v. 4. Februar 1935 z. Devisengeſ. 1935 (RGBl. I 114, 117).

S. **289** nach Zeile 20:

Über die Pflicht zu sorgfältiger Aufbewahrung vgl. jetzt Amtl. Richtl. Nr. 103 (S. 45).

Wegen Sicherstellung unter Aufrechterhaltung des Gewahrsams des Inhabers vgl. Note 3 zu § 94. Vgl. den Aufsatz von Weimar über Haftung des Staates bei Verwahrung beschlagnahmter Gegenstände durch Privatpersonen LZ. 1933 912.

S. **289** Zeile 36 Zusatz:

Vgl. auch Amtl. Richtl. Nr. 104 Abs. 1, 2, Nr. 105 (S. 45 f.).

§ 95.

S. **291** zu Note 3c:

Für Mitglieder der Landtage jetzt gegenstandslos, da es keine Landtage mehr gibt (Ges. v. 30. Jan. 1934 RGBl. I 75). Im übrigen ist Art. 38 der Weimarer Verfassung durch die Änderung der staatsrechtlichen Verhältnisse nicht berührt worden.

§ 96.

S. **292** zu Note 1:

Neuerdings ist die Frage erörtert worden, ob die **Amtswalter der NSDAP.** und die **Führer der SA. Beamte** und ob die Dienststellen dieser Organisationen **Behörden** sind. Die Frage wird in RGSt. **69** 231 verneint.

Für das **Verfahren vor den Partei- und SA.-Gerichten** wird § 96 — in Beschränkung auf Behörden und Beamte — entsprechend anzuwenden sein.

§ 97.

S. **294** zu Zeilen 30—35:

Für Mitglieder der Landtage und des Reichswirtschaftsrats gegenstandslos, da diese Körperschaften aufgehoben sind (G. v. 30. Jan. u. v. 23. März 1934 RGBl. I 75, 115).

§ 98.

S. **300** Zeile 19 nach „§ 152 GVG.": Vgl. jetzt auch § 23a RAbgO. (Fassung des Ges. v. 24. März 1934 RGBl. I 235), wonach den Amtsträgern der Reichsfinanzverwaltung, die bei der Bekämpfung strafbarer Handlungen (insbes. von Schmuggel, Steuerflucht, anderen Steuerzuwiderhandlungen, Monopol- und Devisenzuwiderhandlungen) mitwirken, die Rechte und Pflichten übertragen werden können, die nach dem GVG. und der StPO. den Hilfsbeamten der StA. zustehen.

S. **300** Zeilen zu 5—2 von unten:

Dieser Absatz ist durch Wiedereinführung der Militärgerichtsbarkeit gegenstandslos geworden.

S. **301** nach Zeile 7:

Die Vorschriften des Preßges. sind durch Art. IV § 2 G. v. 24. April 1934 (RGBl. I 341) geändert und ergänzt worden.

e) Wegen des besonderen Beschlagnahmeverfahrens zur Sicherung von Geldstrafe, Einziehung u. Werterſatz bei Devisenstraftaten vgl. DurchfVO. v. 4. Febr. 1935 z. G. über die Devisenbewirtschaftung (RGBl. I 114, 117 ff.) Art. IV.

S. **301** zu Note 11:

Wegen der Zuständigkeit des Ermittlungsrichters des Volksgerichtshofs vgl. die Zusätze zu § 134 GVG.

Im militärgerichtlichen Verfahren gilt § 161 MStGO. v. 4. Nov. 1933.

S. **302** zu Note 13:

Die Vorschrift des Abs. 4 ist durch die Wiedereinführung der Militärgerichtsbarkeit nicht berührt worden. Wegen des Begriffs der „Militärbehörden" vgl. jetzt den Zusatz zu § 48 Note 8.

S. **302** zu Note 14: Wegen der Landtage s. den Zusatz zu § 97 (S. 294 Zeile 30—35).

§ 99.

S. **305** Zeile 19 nach 459:, Rochu Das Postgeheimnis und seine Wirkung im Verfahren der ZPO. und StPO. JW. 1932 2685.)

S. **305** zu Zeilen 5—2 von unten: Zur Zeit gilt das Ges. v. 24. März 1933 (RGBl. I 141).

S. **306** zu Zeilen 17—18: Vgl. jetzt Amtl. Richtl. Nr. 108 Abs. 2 (S. 48).

S. **306** zu Zeilen 20—21. Statt AV. pr. JM. v. 17. Juli 1923).: Amtl. Richtl. Nr. 107).

S. **306** Zeile 23 Zusatz:

Im Postscheckverkehr unterliegen der Beschlagnahme nach §§ 99, 100 selbstverständlich nur die „Sendungen", d. h. die Briefe an das Postscheckamt und vom Postscheckamt, nicht dagegen die Guthaben. Die Beschlagnahme der Guthaben kann aber nach den Vorschriften über Vermögensbeschlagnahme angeordnet werden (vgl. dazu Amtl. Richtl. Nr. 114 S. 50). Wegen der Auskunft über den Postscheckverkehr vgl. den Zusatz zu S. 312 letzte Zeile.

S. **307** zu Zeile 39: Vgl. jetzt Amtl. Richtl. Nr. 108, 109 S. 47 f.

S. **308** zu Zeilen 6—7: Vgl. jetzt Amtl. Richtl. Nr. 108 S. 47.

S. **308** zu Zeilen 29—32: Vgl. jetzt Amtl. Richtl. Nr. 106—119 S. 46—52.

S. **308** zu Zeile 35: Vgl. jetzt §§ 156, 161.

§ 100.

S. **308** zu Zeile 5 von unten: Vgl. jetzt Amtl. Richtl. Nr 107—109 S. 47 f.

S. **309** Zeile 2 Zusatz: Vgl. jetzt aber § 1 der VO. v. 28. Febr. 1933 (RGBl. I 83), die auch den Polizeibehörden weitgehende Rechte gibt.

§ 12 Fernmeldeanlagen-Gesetz.

S. **312** Zeile 2 Zusatz: Vgl. jetzt für die Polizei § 1 der VO. v. 28. Febr. 1933 (RGBl. I 83), die auch den Polizeibehörden ein weitgehendes Auskunftsrecht gibt.

S. **312** letzte Zeile. Zusatz:

Nach Nr. 116 Amtl. Richtl. (S. 51) hält die Verwaltungspraxis bei Postsendungen für staatsanwaltschaftliche Ersuchen nach wie vor an den veralteten Anschauungen fest; sie läßt also eine Beantwortung von Auskunftsersuchen der StA. nur nach gerichtlicher Bestätigung zu. (Anders für den Fernmeldeverkehr, einschließlich des Telegrammverkehrs.) Dagegen wird die Auskunft jetzt allgemein auch über Postsendungen erteilt, die sich zur Zeit des Eingangs des Ersuchens nicht mehr im Machtbereich der Postverwaltung befinden, also der Beschlagnahme nach §§ 99, 100 nicht mehr zugänglich sein würden. Auskunft ist in derselben Weise wie über den Postverkehr auch über den Postscheckverkehr zu erteilen.

S. **313** Zeile 10 Zusatz: Vgl. aber den Zusatz zu S. 312 Zeile 2.

S. **313** Zeile 17 nach weggefallen.: So für den Fernmeldeverkehr jetzt auch Amtl. Richtl. Nr. 117 (S. 51). (Anders für den Postverkehr — vgl. den Zusatz zu S. 312 letzte Zeile —.)

S. **313** nach Zeile 21:

Wegen des Rechtes der StA., während der gerichtlichen Untersuchung Beschlagnahmen anzuordnen, vgl. Amtl. Richtl. Nr. 154 (S. 64).

S. **313** Zeile 31 nach 218: , Amtl. Richtl. 117 S. 51).

S. **315** nach Zeile 13:

Die Amtl. Richtl. geben in Nr. 117, 118 den — m. E. nicht haltbaren, weil nicht folgerichtigen und den Bedürfnissen der Strafrechtspflege nicht entsprechenden — Standpunkt der Postbehörde wieder. Sie erkennen aber selbst an, daß § 1 der VO. v. 28. Febr. 1933 (RGBl. I 83) den Polizeibehörden ein weitergehendes Recht gibt. Wir hätten danach also den unmöglichen Zustand, daß den Polizeibehörden hier ein weitergehendes Recht zustände als den Strafjustizbehörden; das Gericht und die Staatsanwaltschaft, die eine Überwachung des Fernsprechverkehrs in einer bestimmten Sache für nötig halten, könnten zwar nicht selbst diese Maßnahme anordnen; sie könnten sich aber an eine Polizeibehörde wenden, und diese könnte dann — wenn sie das Bedürfnis bejahte — die Postbehörde nötigen, die Maßnahme zu treffen.

§ 13 Fernmeldeanlagen-Gesetz.

S. **315** Zeile 9 von unten nach 263: (jetzt Nr. 113 [S. 50] Amtl. Richtl.)

§ 101.

S. 316 nach Zeile 35:

Vgl. Amtl. Richtl. Nr. 111 (S. 49).

S. 317 Zeile 12 nach 538: , jetzt Nr. 112 Amtl. Richtl. [S. 49]).

Vorbemerkungen zu §§ 102—110.

S. 317 Zeile 30 nach gesetzt werden.: Vgl. jetzt § 1 der VO. v. 28. Febr. 1933 (RGBl. I 83).

S. 318 zu Zeilen 3—4: Note 4 ist wie folgt zu fassen:

4. Für das Militärstrafverfahren vgl. MStGO. v. 4. Nov. 1933 (RGBl. I 944) §§ 156—165, über Durchsuchungen durch militärische Wachen und Straßenstreifen Standortdienstvorschrift v. 24. April 1925 Nr. 96, 97 und RGSt. **60** 337.

S. 318 Zeile 13 Zusatz:

Vgl. jetzt vor allem VO. v. 28. Febr. 1933 (RGBl. I 83).

S. 318 Zeile 15 nach Verbrauchssteuergesetzen: (vgl. § 438 RAbgO.).

S. 318 nach Zeile 20:

Für Durchsuchungen in Steuersachen vgl. §§ 436, 437, 438 RAbgO.

S. 318 Zeilen 21—24 zu Note 7:

Für die Landtage jetzt gegenstandslos (vgl. Ges. über den Neuaufbau des Reiches v. 30. Jan. 1934 RGBl. I 75).

§ 103.

S. 320 zu Zeilen 1—2 Note 2:

Die Frage ist jetzt durch die neueingeführten §§ 81a, 81b StPO. klargestellt. Vgl. den Text und die Erläuterungen dazu in der 19. Aufl. des Kommentars S. 1447—1449, insbesondere Note 3 zu § 81a sowie den Aufsatz von Hartung Körperliche Durchsuchung, Körperliche Untersuchung und Augenschein am menschlichen Körper KrimMonH. 1934 25.

§ 104.

S. 322 Zeile 13 nach „Abschn. 8": sowie die Zusätze zu S. 318.

§ 105.

S. 324 nach Zeile 25:

Über die Befugnis der Staatsanwaltschaft, auch während des gerichtlichen Verfahrens Durchsuchungen anzuordnen, und ihre Ausübung vgl. Amtl. Richtl. Nr. 154 Abs. 3 (S. 64).

S. 325 zu den Noten 13, 14:

Abs. 4 ist durch die Wiedereinführung der Militärgerichtsbarkeit nicht berührt worden.

§ 443 StPO. ist durch Art. 7 des Ges. v. 28. Juni 1935 (RGBl. I 844) beseitigt worden. Für Durchsuchungen in militärischen Strafsachen vgl. jetzt §§ 156—165 MStGO. v. 4. Nov. 1933.

S. 326 zu Note 16: Vgl. jetzt § 16 EGMStGO. v. 4. Nov. 1933 (RGBl. I 921).

§ 109.

S. **328** letzte Zeile nach zu § 94: sowie Amtl. Richtl. Nr. 103 (S. 45).

§ 111.

S. **331** Zeile 5 Zusatz:

Dasselbe gilt, wenn sich im Laufe der Ermittlungen einwandfrei ergibt, daß ein in amtliche Verwahrung genommener Gegenstand auf unrechtmäßige Weise in die Hand des letzten Gewahrsamsinhabers gekommen ist, und der Verletzte nicht zu ermitteln ist (Amtl. Richtl. Nr. 104 Abs. 6 S. 46).

S. **331** nach Zeile 34:

Wie hier jetzt auch Amtl. Richtl. Nr. 104 (S. 45).

S. **332** Zeile 12 Zusatz: Vgl. für diesen Fall Amtl. Richtl. Nr. 104 Abs. 5 (S. 46).

S. **332** Zeile 19 nach 299,: Amtl. Richtl. Nr. 104 Abs. 4 S. 46,

S. **332** nach Zeile 44:

Die Herausgabe kann nicht mit der Begründung abgelehnt werden, daß die herauszugebenden Gegenstände möglicherweise noch für ein Wiederaufnahmeverfahren oder für die Fortsetzung des Strafverfahrens nach Wiederaufnahme Bedeutung haben könnten. Ist das der Fall, so muß die StA. den Beweis durch Anfertigung von Auszügen, Abschriften oder Lichtbildern sicherstellen; die Pflicht zur Herausgabe wird nicht dadurch berührt (BayObLG. GA. n. F. 2 216).

S. **332** Zeile 48 nach „Abs. 2": sowie den Zusatz dazu.

S. **333** zu Zeilen 8—9: Jetzt Amtl. Richtl. Nr. 104 Abs. 1—2 (S. 45 f.).

9. Abschnitt. Verhaftung und vorläufige Festnahme.

Vorbemerkungen.

S. **334** zu Zeile 29: Vgl. zu Art. 114 Weimarer Verfassung jetzt VO. v. 28. Febr. 1933 (RGBl. I 83).

S. **334** zu Zeilen 43—46:

§ 445 StPO ist durch die Wiedereinführung der Militärgerichtsbarkeit gegenstandslos und durch Art. 7 des Ges. v. 28. Juni 1935 (RGBl. I 844) auch förmlich aufgehoben worden.

Für das militärgerichtliche Verfahren vgl. jetzt §§ 95—105 der neuen MStGO. v. 4. Nov. 1933 (RGBl. I 924, 1016) i. d. F. der Gesetze v. 23. Nov. 1934 (RGBl. I 1165) u. v. 9. Oktober 1935 (RGBl. I 1223).

S. **335** Zeile 11 nach RAbgO.: i. d. F. des StAnpG. v. 16. Okt. 1934 (RGBl. I 925).

S. **335** zu Zeilen 19—23: Für die Landtage jetzt gegenstandslos; vgl. Ges. v. 30. Jan. 1934 (RGBl. I 75).

S. **336** nach Zeile 3:

e) Einberufene Wehrpflichtige des Beurlaubtenstandes. § 7c MStGO. i. d. F. d. Ges. v. 9. Okt. 1935 (RGBl. I 1223) Art. 2 Nr. 9 bestimmt: „Während der Dauer einer Dienstleistung der zum aktiven Wehrdienst einberufenen Wehrpflichtigen des Beurlaubtenstandes und der ihnen gesetzlich gleichstehenden Personen dürfen die allgemeinen Behörden ohne Zustimmung der Militärbehörden keine Untersuchungshaft gegen sie verfügen ....."

Wegen des Begriffs der „Militärbehörde" vgl. die AusfBest. z. MStGO. v. 21. November 1933 (RGBl. I 989) zu § 14 EG.

S. 336 nach Zeile 11:

g) die körperliche Untersuchung (§§ 81a, 81b); vgl. Text und Erläuterungen in der 19. Aufl. des Kommentars S. 1447—1449.

S. 336 Zeile 17 nach Verfahren,: § 126a die vorläufige Unterbringung Geisteskranker,

S. 336 zu Zeilen 19—28: Vgl. jetzt Art. V des Ges. v. 24. April 1934 (RGBl. I 341).

S. 336 nach Zeile 46:

Vgl. jetzt die VO. zum Schutze von Volk und Staat v. 28. Febr. 1933 (RGBl. I 83). Vgl. dazu die Aufsätze von Hoche Die Verordnungen zum Schutze von Volk und Staat und gegen Verrat am deutschen Volke DJZ. 1933 394ff., Die Schutzhaft nach der VO. v. 28. Febr. 1933 DJZ. 1933 1490ff. und Spohr Das Recht der Schutzhaft Deutsche Justiz 1934 58. — Vgl. ferner § 22 der VO. zum Schutze des deutschen Volkes v. 4. Febr. 1933 (RGBl. I 35).

S. 337 zu Zeile 4:

Beide Gesetze in der Fassung, die sie durch § 4 des EGMStGO. v. 4. Nov. 1933 (RGBl. I 921) erhalten haben.

S. 337 zu Note 10: Vgl. jetzt für das ganze Reich Amtl. Richtl. Nr. 71 (S. 35f.).

§ 112.

S. 337 nach Zeile 30:

Ges. zur **Änderung von Vorschriften des Strafverfahrens** usw. v. **28. Juni 1935** (RGBl. I 844) Art. 5:

Untersuchungshaft zur Sicherung vor Verbrechen.

Die Strafprozeßordnung wird wie folgt geändert:

Im § 112 Abs. 1 wird hinter dem Wort „entziehen" eingefügt:

oder daß er die Freiheit zu neuen strafbaren Handlungen mißbrauchen werde oder wenn es mit Rücksicht auf die Schwere der Tat und die durch sie hervorgerufene Erregung der Öffentlichkeit nicht erträglich wäre, den Angeschuldigten in Freiheit zu lassen.

I. Amtliche Begründung hierzu (Amtliche Sonderveröffentlichungen der Deutschen Justiz Nr. 10 S. 63):

„Nach geltendem Recht ist die Untersuchungshaft nur zu verhängen bei dringendem Tatverdacht einerseits und Fluchtverdacht oder Verdunkelungsgefahr andererseits. Die Änderung der Auffassung über den Zweck des Strafrechts, die schon das Gewohnheitsverbrechergesetz deutlich hat erkennen lassen, zwingt auch zu einer Ergänzung dieser Vorschriften. Wenn die Strafrechtspflege nicht nur begangenes Unrecht sühnen, sondern auch die Allgemeinheit vor dem Rechtsbrecher wirksam schützen soll, dann muß die Untersuchungshaft — bei dringendem Tatverdacht — wenigstens auch dann verhängt werden dürfen, wenn zu befürchten steht, daß der Beschuldigte seine Freiheit zu neuen strafbaren Handlungen mißbrauchen werde. Das knüpft an die Vorschrift des § 126a

StPO. an, die durch das AGGewohnhVerbrG. eingefügt worden ist. Eine entsprechende Vorschrift fand sich von jeher in der MStGO. (jetzt MStGO. § 96 Nr. 4).

Aber auch wenn die Besorgnis nicht besteht, daß der Beschuldigte seine Freiheit zu weiteren Straftaten mißbrauchen werde, kann es die Staatsnotwendigkeit verbieten, daß er in Freiheit bleibt. Das kann der Fall sein, wenn es sich um eine ausgesprochen schwere Tat handelt, wenn aber die Höhe der zu erwartenden Strafe nach den Umständen nicht geeignet wäre, die Annahme eines Fluchtverdachts zu begründen, oder wenn andere Umstände den Fluchtverdacht ausschließen. Das ist besonders dann möglich, wenn die Strafandrohung des Gesetzes nicht sehr hoch ist. Kommt zu dieser Sachlage noch hinzu, daß die Tat die Öffentlichkeit erregt hat, so muß es dem Volk unverständlich bleiben, wenn die Justiz den Rechtsbrecher auf freiem Fuße beläßt. Diesem Gedanken trägt der Entwurf Rechnung."

II. Vgl. zu der neuen Vorschrift den Aufsatz von Lehmann Deutsche Justiz 1935 1004 bis 1005.

III. Aus dem **Kommentar** (19. Aufl.) vgl. hierzu die Noten 3b, 6a Abs. 3.

S. **338** Zeile 1 nach 235: und Amtl. Richtl. Nr. 71 Abs. 1 (S. 35).

S. **338** Zeile 21 Zusatz:

Amtl. Richtl. Nr. 71 Abs. 1 nennen Paßsperre, Meldeauflage und anderweitige Unterbringung.

S. **339** zu Zeilen 18—20:

§ 445 StPO. ist aufgehoben (vgl. den Zusatz zu S. 334). Vgl. jetzt § 96 Nr. 3 MStGO. v. 4. Nov. 1933 (RGBl. I 924) für das Militärstrafverfahren.

S. **339** Zeile 26 nach MStGO.: jetzt § 96 Nr. 4 MStGO. v. 4. Nov. 1933 (RGBl. I 924)

S. **339** zur letzten Zeile:

Der Satz, der mit den Worten „Besondere Bedeutung" beginnt, fällt weg.

S. **340** zu Zeile 2: Der Hinweis auf § 115d fällt weg.

S. **340** Zeile 17 nach „Note 3)".: So jetzt auch Amtl. Richtl. Nr. 71 Abs. 2 (S. 36).

S. **340** Zeile 32 nach Fluchtmöglichkeit).: Vgl. jetzt Amtl. Richtl. Nr. 80 Abs. 1 (S. 38).

S. **340** Zeile 41 Zusatz:

Amtl. Richtl. Nr. 71 Abs. 2 (S. 36) sagen: „Die Verhängung der Untersuchungshaft wird grundsätzlich geboten sein, wenn schon die Art oder Schwere der Tat oder die durch sie bewiesene Gewissenlosigkeit berechtigten Anlaß zu der Annahme geben, daß der Beschuldigte sich der Strafverfolgung entziehen werde."

S. **340** zu Zeilen 47—50: Jetzt Amtl. Richtl. Nr. 72 (S. 36).

S. **341** Zeile 44 Zusatz:

Vgl. für die Inhaftnahme von Ausländern Amtl. Richtl. Nr. 77 (S. 37), die auf Nr. 234—239 der Richtl. für den Rechtshilfeverkehr mit dem Ausland (Amtl. Sonderveröffentlichungen der Deutschen Justiz Nr. 3) verweist.

S. **341** zu Note 5:

Lit.: Bergmann Die Verdunkelungsgefahr als Haftgrund, Halle 1932.

S. 342 zu Zeilen 35—36: Jetzt Amtl. Richtl. Nr. 71 Abs. 1 (S. 35 f.) und Nr. 78 Abs. 2 (S. 38).

S. 343 zu Note 7a: Der letzte Satz fällt weg.

S. 343 Zeile 3 von unten nach „§ 123": und § 115a (i. d. F. des Art. V des Ges. v. 24. April 1934 RGBl. I 341).

S. 344 zu Zeile 2: Das Wort „ist" ist durch „war" zu ersetzen.

S. 344 Zeile 4 nach fortdauern.: Vgl. jetzt § 115a (i. d. F. des Art. V des Ges. v. 24. April 1934 RGBl. I 341).

S. 344 nach Zeile 27:

12. **Ankündigung der Inhaftnahme** — Amtl. Richtl. Nr. 73 (S. 36): „Ist zu befürchten, daß die Verhaftung eines Beschuldigten (z. B. einer im Betriebs- oder Aufsichtsdienst der Reichsbahn beschäftigten Person) infolge des plötzlichen Ausfalls seiner Dienstleistung eine Gefahr für die Allgemeinheit oder bestimmte Personen mit sich bringt, so soll der Staatsanwalt zuvor mit der Betriebsleitung in Verbindung treten. Entsprechendes gilt, wenn sonstige lebenswichtige Interessen durch eine Verhaftung beeinträchtigt werden."

§ 113.

S. 344: **Änderung des § 113** durch Art. 2 Nr. 5 des AGGewohnhVerbrG. v. 24. Nov. 1933 (RGBl. I 1000). Vgl. 19. Aufl. des Kommentars S. 1449.

S. 344 zu Zeile 2 von unten:

Der Satz, der mit „Ebensowenig" beginnt, ist zu streichen (vgl. den Zusatz zu S. 334 Zeilen 43 bis 46).

§ 114.

S. 346 zu Zeile 34:

Die Worte „zur Aufrechterhaltung der Disziplin — § 445 —" sind zu streichen (vgl. Zusatz zu S. 334 Zeilen 43—46).

S. 347 zu Zeile 4 von unten:

Die Worte „und gegebenenfalls ... Verhandlung" sind zu streichen.

§ 114a.

S. 350 zu Zeilen 23—26:

Jetzt AV. d. RJM. über „Mitteilungen in Strafsachen" (Sonderveröffentlichungen der Deutschen Justiz Nr. 8) §§ 15, 18, 19, 21—27, 29. Vgl. auch Amtl. Richtl. Nr. 73 (S. 36). Vgl. den Zusatz zu § 23 S. 420 nach Zeile 21.

S. 350 zu Zeilen 27—30:

Vgl. jetzt Amtl. Richtl. Nr. 77 (S. 37) und Nr. 234—239 der Richtl. für den Rechtshilfeverkehr mit dem Ausland in Strafsachen (Amtl. Sonderveröffentlichungen der Deutschen Justiz Nr. 3); vgl. § 100 AV. über Mitteilungen in Strafsachen (Amtl. Sonderveröffentlichung der Deutschen Justiz Nr. 8).

S. 350 zu Zeile 36: „445" ist zu streichen.

§ 114 b.

S. **352** zu Zeilen 1—6: Von „die Einführung" an zu streichen.

S. **352** Zeile 12 nach „Vorführung": (Amtl. Richtl. Nr. 75 S. 37).

S. **354** letzte Zeile: Die Worte „und 115d Abs. 2" sind zu streichen.

S. **355** zu Zeilen 22—23: Der zweite Halbsatz fällt weg (vgl. Zusatz zu S. 334 Zeile 43).

§ 114c.

S. **356** zu Zeilen 36—37: Der mit „Auch" beginnende Satz fällt weg.

S. **356** zu Zeile 3 von unten: Die Worte „und der § 445" sind zu streichen.

§ 114 d.

S. **357**: Der Paragraph ist **mit allen Erläuterungen zu streichen.** Er ist **aufgehoben** worden durch Art. V Nr. 2, Art. VIII Nr. 3 des Ges. v. 24. April 1934 (RGBl. I 341). Vgl. dazu AV. d. RJM. v. 14. Mai 1934 (Deutsche Justiz 630). Die Änderung ist dadurch veranlaßt worden, daß das Ges. v. 24. April 1934 die mündliche Verhandlung über den Haftbefehl und das Haftprüfungsverfahren beseitigt hat; den Ersatz für diese Einrichtungen s. in der neuen Fassung des § 115a (unten Zusatz zu S. 365).

§ 115.

S. **363**: Der **Satz 2** des Paragraphen ist durch Art. V Nr. 2 des Ges. v. 24. April 1934 (RGBl. I 341) **gestrichen** worden. Vgl. den Zusatz zu § 114d.

S. **363** zu Zeilen 19—20: Der mit den Worten „Satz 2" beginnende Satz fällt weg.

S. **363** zu Zeile 24: Statt „einer der beiden Rechtsbehelfe "ist zu setzen „der Rechtsbehelf".

S. **363** zu Zeilen 29—30: Die Worte „115c" und „zum Antrag ... 114d) und" fallen weg.

S. **363** Zeile 5 von unten: Statt „RG." ist „Volksgerichtshofs" zu setzen.

S. **364** zu Zeilen 6—26: Die Noten 6 und 7 fallen weg.

S. **364** zu Zeile 28: Die Worte „des Antrags oder" fallen weg.

S. **364** zu Zeilen 34—42:

Note 6a ist von den Worten „Ein Hinweis" an zu streichen, desgleichen Note 6b und von Note 6c der erste Satz bis „nach".

S. **365** zu Zeilen 3—5: Der Satz „Anders beim ... § 114d)" fällt weg.

§ 115a.

S. **365—374**: Der Paragraph ist **mit sämtlichen Erläuterungen zu streichen.** An seine Stelle hat Art. V Nr. 1 (vgl. auch Art. VIII Nr. 3) des **Ges. v. 24. April 1934** (RGBl. I 341) folgenden **neuen § 115a** gesetzt:

Solange der Beschuldigte sich in Untersuchungshaft befindet, ist jederzeit von Amts wegen darauf zu achten, ob die Fortdauer der Haft zulässig und notwendig ist.

1. **Sinn der neuen Vorschrift** — Das Ges. v. 24. April 1934 hat die mündliche Verhandlung in Haftsachen und das förmliche Haftprüfungsverfahren, wie sie durch die Novelle v. 27. Dez. 1926 geschaffen worden waren, wieder beseitigt, im übrigen aber jene Novelle unberührt gelassen. Die neue Fassung des § 115a bildet den Ersatz für die bisherigen Vorschriften über die Haftprüfung. Selbstverständlich ist eine mündliche Verhandlung über die Frage der Verhängung oder der Aufrechterhaltung der Untersuchungshaft auch in Zukunft nicht unzulässig (wie sie es auch vor der Novelle v. 27. Dez. 1926 nicht war); der Beschuldigte hat aber kein Recht, die Verhandlung zu verlangen.

Vgl. auch die Amtl. Begründung zu dem Ges. (abgedruckt in der Deutschen Justiz 1934 595).

2. Vgl. zu § 115a n. F. die AV. d. RJM. v. 14. Mai 1934 (Deutsche Justiz 630); ferner eingehender **Amtl. Richtl. Nr. 78** (S. 38):

„(1) Der Staatsanwalt hat die Pflicht, sein ständiges Augenmerk darauf zu richten, ob die Fortdauer der Untersuchungshaft zulässig und notwendig ist (§ 115a StPO.). Für das vorbereitende Verfahren gilt das um so mehr, als er hier die Möglichkeit hat, durch einen entsprechenden Antrag die Aufhebung des Haftbefehls zu erzwingen (§ 126 StPO.).

(2) Im Rahmen einer solchen Prüfung wird der Staatsanwalt Anträgen des Verhafteten auf Beweiserhebungen, die seine Freilassung begründen sollen, zu entsprechen und insbesondere stets darauf zu achten haben, ob die Dauer der Untersuchungshaft in einem angemessenen Verhältnis zu der Schwere des Straffalles, insbesondere zu der Höhe der zu erwartenden Strafe steht.

(3) Die Aufsichtsbehörden haben der genauen Beachtung der Vorschriften der Abs. 1 und 2 ihr besonderes Augenmerk zuzuwenden und vor allem darauf hinzuwirken, daß die Zahl der Fälle langdauernder, d. h. drei Monate und darüber dauernder, Untersuchungshaft nach Möglichkeit eingeschränkt wird."

3. Vgl. ferner in der 19. Aufl. des Kommentars die Noten 1—2 zu § 123.

4. Für das **militärgerichtliche Verfahren** vgl. die gleichlautende Vorschrift des § 98 MStGO. (Fassung des Ges. v. 23. Nov. 1934 RGBl. I 1165 Art. 2).

§§ 115b—115d.

S. **374—389**: **Gestrichen.** Vgl. die Zusätze zu §§ 114d, 115a.

§ 116.

S. **390** zu Zeile 20:

Vgl. de lege ferenda den Aufsatz von Hartung Wieweit sind Maßnahmen der Gefängnisverwaltung bei Untersuchungsgefangenen der richterlichen Aufsicht zu unterwerfen? ZStW. **55** 222.

S. **390** zu Zeilen 38—40:

Vgl. für Preußen jetzt die VO. über die Durchführung der Untersuchungshaft (VDU.) v. 1. Aug. 1933 (Amtliche Ausgabe), abgedruckt und erläutert bei Freisler-Grauert Das neue Recht in Preußen unter I c 6, sowie in dem Kommentar von Schmidt-Schäfer-Krug zum Preuß. Strafvollstreckungs- und Gnadenrecht. Vgl. dazu auch AV. v. 17. Aug. 1933 (JMBl. 276) und v. 27. Okt. 1933 (Deutsche Justiz 593) sowie die Aufsätze von Fratzscher und Vollmer Deutsche Justiz 1934 575, 772.

S. **391** Zeile 44 Zusatz:

Für Preußen bestimmt jetzt die VDU. v. 1. Aug. 1933 in § 21 Abs. 1, 2 folgendes:

(1) In Ergänzung der vorstehenden Bestimmungen findet die Dienst- und Vollzugsordnung für die Gefangenenanstalten der Preußischen Justizverwaltung v. 1. Aug. 1933 (DVO.) entsprechende Anwendung.

(2) Der Richter ist befugt, bei seinen Verfügungen von den Bestimmungen der DVO. abzuweichen; jedoch darf hierdurch die Ordnung und Sicherheit in der Anstalt nicht beeinträchtigt werden. Befürchtet der Vorsteher eine Gefährdung der Ordnung oder der Sicherheit, so kann er die Anordnung des Richters vorläufig beanstanden, muß ihn aber sofort benachrichtigen. Kommt eine Einigung nicht zustande, so hat er sich an die Staatsanwaltschaft zu wenden, damit diese Beschwerde gegen die Entscheidung des Richters einlegt.

Hiernach ist der Ausgleich zwischen Richter und Gefängnisvorsteher im Wege der Rechtsbeschwerde zu suchen, den die StA. durch ihre Anträge zu eröffnen hat. Dieser Weg ist dem der alten DVO. zweifellos vorzuziehen; er ist rechtlich einwandfrei und entspricht den praktischen Bedürfnissen. Die letzte Entscheidung liegt demnach stets in der Hand der Gerichte, nötigenfalls des Beschwerdegerichts. — Sollte sich die StA. weigern, die Beschwerde einzulegen, bleibt dem Vorsteher der Weg der Aufsichtsbeschwerde an den Generalstaatsanwalt offen; dieser ist in der Lage, durch seine Anordnungen den Ausgleich zu schaffen, da er Dienstvorgesetzter sowohl der Staatsanwaltschaft als auch der Gefängnisverwaltung seines Bezirks ist; sollten Staatsanwaltschaft und Gefängnisverwaltung verschiedenen Oberlandesgerichtsbezirken angehören, so wäre der Ausgleich, falls er nicht bereits in der Provinzialinstanz durch Benehmen der beteiligten Generalstaatsanwälte gelingt, in der Ministerialinstanz zu suchen.

S. **392** zu Zeilen 4—1 von unten:

Jetzt gilt für Preußen die VDU. (vgl. den Zusatz zu S. 390 Zeilen 38—40 und zu S. 391 Zeile 44).

S. **393** Zeile 7 Zusatz: Für Preußen vgl. § 14 VDU. (s. Zusatz zu S. 390 Zeilen 38—40, S. 391 Zeile 44).

S. **393** Zeile 9 Zusatz: Vgl. die Aufsätze von Fratzscher und Vollmer, die oben in dem Zusatz zu S. 390 Zeilen 38—40 erwähnt sind.

S. **393** zu Zeile 30: Vgl. jetzt Amtl. Richtl. Nr. 80 (S. 38 f.) sowie für Preußen § 10 VDU. (oben Zusatz zu S. 390 Zeilen 38—40).

S. **393** zu Zeilen 43—44: Für Preußen vgl. jetzt § 17 VDU. (s. Zusatz zu S. 390 Zeilen 38—40).

S. **394** Zeile 5 von unten nach „unten",: pr. VDU. § 21 Abs. 2 — im Wortlaut mitgeteilt oben in dem Zusatz zu S. 391 Zeile 44 —,

S. **395** Zeile 4 nach 2860[32]: ; **a. M.** BayObLGSt. **26** 177, BayObLG. DRZ. 1933 Nr. 634).

S. **395** zu Zeile 13: Die Zahl „445" ist zu streichen (vgl. den Zusatz zu S. 334 Zeilen 43—46).

§ 117.

S. **396** zu Zeilen 4—9:

Der Satz, der mit „Auch die" beginnt, ist zu streichen, desgleichen in dem folgenden Satz die Worte „oder die Rücksicht auf die militärische Disziplin". (Vgl. den Zusatz zu S. 334 Zeilen 43—46).

S. **396** Zeile 6 von unten nach „§ 112": und die Zusätze dazu.

S. **398** zu Zeilen 9—10: Jetzt Amtl. Richtl. Nr. 79 Abs. 1 (S. 38).

§ 118.

S. **400** Zeile 2 von unten nach der Klammer: (Amtl. Richtl. Nr. 79 Abs. 2 S. 38 weisen darauf hin, daß die Form der Grundschuld — wegen ihrer Unabhängigkeit von einer persönlichen Forderung — für die Sicherheitsleistung nach § 118 besonders geeignet ist),

S. **402** nach Zeile 26:

9. Rechte Dritter — Hat ein Dritter den Anspruch auf Herausgabe der Sicherheit gepfändet, so hat er kein Recht, die vorzeitige Herausgabe zu verlangen. Sein Pfändungspfandrecht ist erst zu berücksichtigen, wenn die Sicherheit im gewöhnlichen Verlauf der Dinge frei wird; verfällt die Sicherheit, wenn auch erst nach der Pfändung, so hat er keinerlei Rechte (BayObLG. JR. 1934 Nr. 995).

§ 119.

S. **403** zu Zeilen 5—6: Der erste Satz der Note 4 ist zu streichen.

§ 120.

S. **405** zu Zeilen 6—1 von unten:

Der letzte Teil der Note 6, beginnend mit dem Wort „Mündliche", fällt weg (vgl. den Zusatz zu § 115a).

§ 122.

S. **410** Zeile 31 nach 356,: BayObLG. JR. 1934 Nr. 995,

S. **411** zu Zeilen 1—8:

Da am 1. April 1935 die gesamte Strafrechtspflege auf das Reich übergegangen ist, kommt seit diesem Zeitpunkt als Fiskus, zugunsten dessen die Sicherheit verfällt, nur noch der Reichsfiskus in Frage.

S. **413** Zeile 21 Zusatz:

Daß der Verteidiger gehört worden ist, reicht nicht aus (BayObLG. DRZ. 1934 Nr. 50).

S. **413** nach Zeile 24:

Andere Personen haben kein Recht auf die Anhörung; das gilt insbesondere für Gläubiger, die den Anspruch auf Herausgabe der Sicherheit gepfändet haben (BayObLG. JR. 1934 Nr. 995).

S. **413** Zeile 30 nach bekanntzumachen.: Benachrichtigung mittels Einschreibebriefs genügt nicht (BayObLG. DRZ. 1934 Nr. 50).

S. **413** Zeile 33 nach 363;: BayObLG. DRZ. 1934 Nr. 50;

S. **415** Zeile 4 von unten nach 1929 70: , BayObLG. DJZ. 1933 1203).

§ 123.

S. **416** zu Zeile 41:

Die Worte „und die Disziplinhaft nach § 445" fallen weg (vgl. Zusatz zu S. 334 Zeilen 43—46).

S. **417** zu Zeilen 8—12:

Der mit den Worten „Auch die Einführung" beginnende und der ihm folgende Satz sind zu streichen. An ihrer Stelle ist einzufügen:

Das ergibt auch der § 115a in seinem durch das Ges. v. 24. April 1934 geänderten Wortlaut (vgl. den Zusatz zu S. 365—374).

S. **417** Zeile 9 von unten nach 923: **und jetzt auch Amtl. Richtl. Nr.** 83 **Abs.** 1 **S.** 38).

S. **418** zu Zeilen 10—11: Vgl. jetzt Amtl. Richtl. Nr. 83 (S. 38 f.).

S. **419** Zeile 29 nach „Note II 1)".:

Dasselbe muß jetzt gelten, wenn zulässigerweise lediglich der Ausspruch einer in dem Urteil angeordneten Sicherungsmaßnahme nach §§ 42a ff. StGB. (Fassung des GewohnhVerbrG.) angefochten wird.

S. **420** nach Zeile 21:

9. Nachricht von der Entlassung an Behörden. AV. d. RJM. über Mitteilungen in Strafsachen v. 27. Mai 1935 (Amtl. Sonderveröffentlichungen der Deutschen Justiz Nr. 8) § 40 (Zigeuner), § 41 (Ausländer), § 42 (gewerbs- oder gewohnheitsmäßige Verbrecher). Vgl. auch Amtl. Richtl. Nr. 81 (S. 39). Ferner Mitteilungen in Strafsachen § 29 (Angehörige der Wehrmacht), §§ 18—28 (Beamte usw.); vgl. den Zusatz zu § 114a (S. 350 Zeilen 23—26).

§ 124.

S. **420**: Im § 124 ist der **Abs. 4** durch Art. V Nr. 2 des Ges. v. 24. April 1934 (RGBl. I 341) **gestrichen** worden. Über die Gründe vgl. die Zusätze zu 115a (S. 365—374).

S. **421** zu Zeile 17: Die Worte „und für die Disziplinhaft (§ 445)" fallen weg (vgl. Zusatz zu S. 334 Zeilen 43—46).

S. **421** zu Zeilen 29—31: Der Satzteil, der mit „einschließlich" beginnt, bis zum Schlusse des Satzes fällt weg (s. die Zusätze zu § 115a S. 365—374).

S. **421** zu Zeilen 36—38: Der letzte Satz, der mit den Worten „Wegen der" beginnt, ist zu streichen (vgl. den vorigen Zusatz).

S. **422** zu Zeile 39: Der Hinweis auf Abs. 4 fällt weg (vgl. Zusatz zu S. 420).

S. **423** zu Zeilen 16—21: Der Absatz ist zu streichen (vgl. den Zusatz zu § 115a S. 365—374).

S. **423** Zeile 31 nach 421,: **32** 146,

S. **424** zu Zeilen 17—18: Der mit „Über" beginnende Satz fällt weg (vgl. den Zusatz zu § 115a S. 365—374).

S. **424** zu Zeilen 30—32: Der nach dem Gedankenstrich stehende Teil des Absatzes fällt weg (vgl. den Zusatz zu § 115a S. 365—374).

S. **424** zu Zeilen 3—2 von unten: Der in der Klammer stehende Satzteil fällt weg (s. Zusatz zu S. 420).

S. 425 nach Zeile 30:

i) Durch das Ges. v. 28. Juni 1935 (RGBl. I 844) ist Abs. 2 nicht gegenstandslos geworden; Art. 4 des Ges. hat die Voruntersuchung zwar eingeschränkt, aber nicht beseitigt.

S. 425 zu Zeilen 6—5 von unten: Der mit den Worten „Dagegen nicht" beginnende Satzteil ist zu streichen (s. Zusatz zu S. 420).

S. 426 zu Zeile 6 bis Schluß: Die Erläuterungen sind zu streichen, da der Abs. 4 des § 124 weggefallen ist (s. die Zusätze zu S. 420).

S. 427 zu Zeilen 24—26: Der Absatz ist zu streichen (s. Zusatz zu S. 420).

§ 125.

S. 427 zu Zeile 3 von unten: Die Zahl „445" ist zu streichen (s. Zusatz zu S. 334 Zeilen 43—46).

S. 428 zu Zeilen 5—7: Von „einschließlich" an bis zum Schluß des Satzes zu streichen (s. Zusatz zu S. 420).

S. 428 zu Zeile 10: Der Hinweis auf § 124 Abs. 4 fällt weg (s. Zusatz zu S. 420).

§ 126.

S. 430 Zeile 7 Zusatz:

Dieses ist durch Art. V des Ges. v. 24. April 1934 (RGBl. I 341) wieder beseitigt worden, bis auf die Vorschrift des § 115a, wie sie oben in dem Zusatz zu S. 365—374 wiedergegeben ist.

§ 126a.

Diese Vorschrift, die durch das **AGGewohnhVerbrG. v. 24. Nov. 1933** (RGBl. I 1000) Art. 2 Nr. 6 in die StPO. eingefügt worden ist, ist im Anhang zur 19. Aufl. des Kommentars (vgl. dort S. 1449—1451) im Wortlaut wiedergegeben und eingehend erläutert worden. Vgl. dort. Die durch die seitherige Entwicklung nötig gewordenen Zusätze werden hinten zu den S. 1449 bis 1451 gebracht.

§ 127.

S. 430—431: Der Paragraph ist durch das **AGGewohnhVerbrG. v. 24. Nov. 1935** (RGBl. I 1000) Art. 2 Nr. 7 geändert, es sind im Abs. 2 hinter dem Wort „Haftbefehls" die Worte „oder eines Unterbringungsbefehls" eingefügt worden. Die Änderung steht mit der Einfügung des § 126a im Zusammenhang. Vgl. darüber im Anhang der 19. Aufl. des Kommentars S. 1449 bis 1451. Durch die Änderung werden die Erläuterungen zu § 127 in keiner Weise berührt; sie behalten also ihre Bedeutung.

S. 431 zu Zeile 33: Die Worte „oder mit Rücksicht ... (§ 445)" sind zu streichen (vgl. Zusatz zu S. 334 Zeilen 43—46).

S. 431 letzte Zeile nach „9. Abschn.": und die Zusätze dazu.

S. 432 zu Zeilen 9—11:

Der Satzteil in der Klammer ist zu streichen; für „§ 180 Abs. 2 und 3 MStGO." ist zu setzen: „§§ 101, 102 MStGO. v. 4. Nov. 1933 (RGBl. I 924) i. d. F. d. Ges. v. 23. Nov. 1934 (RGBl. I 1165) Art. 2 Nr. 9 und d. Ges. v. 9. Oktober 1935 (RGBl. I 1223) Art. 2 Nr. 14. Vgl. auch die Dienststrafordnung für die Angehörigen des Freiwilligen Arbeitsdienstes v. 8. Jan. 1935 (RGBl. I 5) § 25". Der Hinweis auf Note 12 fällt weg.

S. **432** zu Zeilen 11—12: Die Worte „und der Landtage" fallen weg (G. v. 30. Jan. 1934 RGBl. I 75).

S. **433** zu Zeile 4: „oder" ist durch „und" zu ersetzen.

S. **433** Zeile 23 nach 1407).:

Auch Androhung der Gewaltanwendung, insbesondere einer Körperverletzung für den Fall, daß der Täter versucht, sich der Festnahme zu entziehen, ist für zulässig zu halten und verstößt nicht gegen § 240 StGB.; dagegen gibt § 127 keinen Freibrief für Beleidigungen (BayObLGSt. **33** 39 = JR. 1933 Nr. 1392).

S. **434** zu Zeilen 16—17: Die letzten beiden Sätze des Absatzes sind zu streichen (s. Zusatz zu S. 334 Zeilen 43—46).

S. **435** Zeile 11 nach 471: , § 439 i. d. F. des StAnpG. v. 16. Okt. 1934 (RGBl. I 925) Abschn. II Nr. 38,

S. **435** Zeile 12 nach „Abs. 1": und Abs. 3.

S. **435** nach Zeile 16:

„Soll ein Soldat vorläufig festgenommen werden, so ist, wenn möglich, ein militärischer Vorgesetzter oder eine militärische Wache um die Festnahme zu ersuchen."

S. **435** zu Zeile 18:

Die Worte „Zollbeamte, denen ... einzuschreiten" sind zu ersetzen durch die Worte „**Amtsträger der Reichsfinanzverwaltung**, die bei der Bekämpfung strafbarer Handlungen (insbesondere bei der Bekämpfung von Schmuggel, Steuerflucht, anderen Steuerzuwiderhandlungen, Monopolzuwiderhandlungen und Devisenzuwiderhandlungen) mitwirken (vgl. § 23a RAbgO. i. d. F. d. G. v. 24. März 1934 RGB. I 235),"

S. **435** zu Zeilen 21—22: Der Satz, der mit den Worten „Für Angehörige" beginnt, ist zu streichen.

S. **435** zu Zeilen 22—29: Von „Für Militärstrafsachen" an ist der ganze Rest des Abschnittes zu streichen. (Vgl. Zusatz zu S. 432 Zeilen 9—11).

§ 128.

S. **436**: § 128 ist durch das **AGGewohnhVerbrG. v. 24. Nov. 1933** (RGBl. I 1000) Art. 2 Nr. 8 geändert, es sind im Abs. 2 hinter dem Wort „Haftbefehl" die Worte „oder einen Unterbringungsbefehl" eingefügt worden. Vgl. darüber den Zusatz zu § 127 (oben zu S. 430—431).

S. **436** Zeile 25 nach übergeben wird: (RGSt. **67** 298).

S. **437** Zeile 24 Zusatz: Vgl. jetzt auch **Amtl. Richtl. Nr. 74 Abs. 1** (S. 36).

S. **437** Zeile 35 nach 310: , Schneider Deutsche Justiz 1934 96.

S. **438** Zeile 38 nach „§ 114b": und Amtl. Richtl. 75 (S. 37).

S. **438** letzte Zeile nach „ist.": Vgl. Amtl. Richtl. Nr. 74 Abs. 2 (S. 37).

S. **439** Zeile 19 nach „Abs. 1": und 3.

§ 129.

S. **439**: Der Paragraph ist durch das **AGGewohnhVerbrG. v. 24. Nov. 1933** (RGBl. I 1000) Art. 2 Nr. 9 geändert, es sind die Worte „oder Verhaftung" durch die Worte „, Verhaftung oder einstweilige Unterbringung" ersetzt worden. Vgl. über die Änderung den Zusatz zu § 127 (oben zu S. 430—431).

§ 131.

S. **442—443**: § 131 ist durch das **AGGewohnhVerbrG. v. 24. Nov. 1933** (RGBl. I 1000) Art. 2 Nr. 10 neu gefaßt worden. Die neue Fassung ist im Anhang der 19. Aufl. des Kommentars (s. dort S. 1451 f.) abgedruckt und erläutert worden. Sie hat die Vorschrift sachlich im wesentlichen unverändert gelassen, so daß alles, was in den Noten zu § 131 gesagt worden ist, weiter verwendbar bleibt. Was sachlich neu an der Neufassung ist, ist S. 1452 des Kommentars eingehend auseinandergesetzt worden.

S. **445** zu Zeilen 3—6:

Jetzt geben die **Amtl. Richtl.** Nr. 37—68 (S. 20—34) eine **übersichtliche Darstellung der üblichen Fahndungsmittel.**

S. **445** Zeile 14 nach Fahndungswesen: (Amtl. Richtl. Nr. 38—55).

S. **445** Zeile 19 nach Steckbriefregister: (Amtl. Richtl. Nr. 46—54).

S. **445** Zeile 8 von unten nach Kriminalpolizeiblatt: (Amtl. Richtl. Nr. 38—45).

S. **446** Zeile 13 nach Nachrichtenblätter: (Amtl. Richtl. Nr. 55).

S. **446** zu Zeile 19:

Das Wort „**Polfunk**" ist zu ersetzen durch „**Fahndungsersuchen durch Fernsprecher, Telegraph und Polizeifunk** (Amtl. Richtl. Nr. 58)."

S. **446** Zeile 24 nach Strafregister: (Amtl. Richtl. Nr. 57).

S. **446** Zeile 6 von unten nach gelesen werden: (Amtl. Richtl. Nr. 59).

S. **447** Zeile 6 nach bewegen: (Amtl. Richtl. Nr. 64),

S. **447** Zeile 13 nach Seeschiffe: (Amtl. Richtl. Nr. 66)

S. **447** Zeile 38 nach Bevölkerung: (Amtl. Richtl. Nr. 60, 62)

S. **448** Zeile 6 nach Fachkreisen: (Amtl. Richtl. Nr. 62)

S. **448** Zeile 20 nach Rundfunk: (Amtl. Richtl. Nr. 60).

S. **448** Zeile 25 nach Ausland: (Amtl. Richtl. Nr. 67).

S. **449** nach Zeile 3:

g) **Auslobung von Belohnungen**: (Amtl. Richtl. Nr. 67).

10. Abschnitt. Vernehmung des Beschuldigten.

Vorbemerkungen.

S. **449** Zeile 6 von unten: Vgl. Amtl. Richtl. Nr. 27 (S. 17).

§ 133.

S. **450** zu Zeilen 13—14:

Amtl. Richtl. Nr. 69 (S. 34):

„(1) Soll der Beschuldigte von dem Staatsanwalt oder dem Gericht vernommen werden, so muß in der Ladung zum Ausdruck kommen, daß der Geladene als Beschuldigter vernommen werden soll. Der Gegenstand der Beschuldigung wird dabei kurz anzugeben sein, wenn und soweit es mit dem Zwecke der Untersuchung vereinbar ist. Die Ladungen haben mittels Briefes (nicht Postkarte) zu erfolgen.

(2) Auch soweit Zwangsmaßnahmen zulässig sind, empfiehlt es sich nicht, sie in der Ladung zur Vernehmung unterschiedslos für den Fall des Ausbleibens anzudrohen. Vielmehr soll die Androhung auf solche Fälle beschränkt bleiben, in denen nach Lage der Sache die Zwangsmaßnahme gegen den unentschuldigt ausgebliebenen Beschuldigten auch tatsächlich durchgeführt werden würde."

S. **450** zu Zeilen 10—8 von unten: Jetzt Amtl. Richtl. Nr. 69 (oben zu Note 2 abgedruckt).

§ 134.

S. **451** Zeile 22 nach „§ 113": , § 126a.

S. **451** zu Zeilen 23—27: Für Landtage jetzt gegenstandslos (vgl. Ges. v. 30. Jan. 1934 RGBl. I 75).

S. **452** zu Zeilen 4—5: Der letzte Satz des Absatzes fällt weg.

§ 136.

S. **453** nach Zeile 11:

Praktische Hinweise für die Art der Vernehmung und die Niederschrift von Geständnissen geben die **Amtl. Richtl.** in Nr. 70 (S. 34f.).

S. **453** Zeile 28 nach **Geständnis**: , Amtl. Richtl. Nr. 70 Abs. 1).

S. **454** Zeile 26 Zusatz:

Amtl. Richtl. Nr. 70 Abs. 1 (S. 34): „Der Beschuldigte kann nicht gezwungen werden, überhaupt auszusagen. Ebenso ist es unzulässig, bei seiner Vernehmung unlautere Mittel (Drohung mit Verhaftung oder deren Aufrechterhaltung, Versprechen der Freilassung für den Fall des Geständnisses, Vorhalten unrichtiger Tatsachen) zur Anwendung zu bringen. Dagegen soll versucht werden, ihn durch Einwirken auf sein Ehrgefühl, durch Vorhalten der ermittelten Tatsachen, sowie durch den Hinweis, daß unwahre Angaben nachteilige Folgen bei der Strafzumessung haben könnten, zu einer wahrheitsgemäßen Aussage zu veranlassen."

S. **454** Zeile 9 von unten. Zusatz:

Amtl. Richtl. Nr. 70 Abs. 4 Satz 1 (S. 35): „Im übrigen muß dem Beschuldigten bei jeder Vernehmung Gelegenheit gegeben werden, sich ausführlich zu äußern und auch solche Umstände zur Sprache zu bringen, nach denen er von dem Vernehmenden nicht befragt worden ist oder die ihn zu entlasten geeignet sind."

S. **455** Zeile 3 nach a. a. O.):

Amtl. Richtl. Nr. 70 Abs. 4 Satz 2 (S. 35) sagen: „Daß die Aussage dem Beschuldigten weder in den Mund gelegt, noch in einem von ihm nicht gewollten, aber dem Vernehmenden erwünschten Sinne niedergelegt werden darf, versteht sich von selbst."

S. **455** Zeile 18 Zusatz: Ebenso Amtl. Richtl. Nr. 70 Abs. 1 (oben bei Note 3).

S. **456** zu Zeilen 31—32: Jetzt Bek. d. RJM. v. 20. März 1935 Deutsche Justiz 487.

11. Abschnitt. Verteidigung.

Vorbemerkungen.

S. **458** Zeile 48 nach LZ. **20** 1206,: JR. 1934 HRR. Nr. 1429,

S. **461** nach Zeile 3:

Über Stellung und Pflichten des Verteidigers sprechen sich die Amtl. Richtl. in Ziffer 120 aus.

S. **462** nach Zeile 21:

13. Der die Verteidigung betreffende Abschnitt ist nach der Erläuterung im Hauptwerk wiederholt geändert worden. Art. IV Nr. 3 der VO. zur Vereinfachung der Zustellungen vom 17. Juni 1933 (RGBl. I 394) hat den Abs. 2 des § 146 neu eingefügt. Das AG. zum GewVerbrG. hat die §§ 140, 145, 148 und 149 anders gefaßt. Die Änderungen sind auf S. 1452 bis 1454 des Hauptwerks nachgetragen und besprochen.

14. Das Gesetz zur Änderung von Vorschriften des Strafrechts und des Strafverfahrens vom 24. April 1934 (RGBl. I 341) trifft in Art. IV § 3 für die vom Volksgerichtshof abzuurteilenden Sachen eine besondere Vorschrift des Inhalts, daß die Wahl des Verteidigers der Genehmigung durch den Vorsitzenden des Gerichts bedarf, daß die Genehmigung zurückgezogen werden kann und daß § 145 entsprechend anzuwenden ist, wenn die Genehmigung zurückgezogen wird.

§ 138.

S. **464** nach Zeile 19:

c) Die Beamten der Justizverwaltung dürfen der Bitte eines Beschuldigten, ihm einen zur Übernahme der Verteidigung geeigneten Rechtsanwalt zu bezeichnen, nach Ziffer 121 der Amtl. Richtl. nicht entsprechen.

S. **466** Zeile 48 nach LZ. **20** 120,: Dresden JR. 1934 HRR. Nr. 1499;

S. **467** Zeile 5 nach RGSt. **29** 257,: **66** 265; vgl. § 297 Note 1).

§ 140.

S. **469** Zeile 11 im Text statt Reichsgericht: Volksgerichtshof (vgl. Art. IX Abs. 2 des Gesetzes zur Änderung von Vorschriften des Strafrechts und des Strafverfahrens vom 24. April 1934 — RGBl. I 341 —).

S. **469** Zeile 13 und 14: Der geänderte Text des Abs. 2 ist auf S. 1452 abgedruckt.

S. **471** Zeile 46 nach 261, 264.: Eine Straftat, die an sich mit Gefängnis, in „besonders schweren Fällen" aber mit Zuchthaus bedroht ist, wie dies bei § 263 Abs. 4 und § 266 Abs. 2 StGB. zutrifft, stellt sich nicht als ein Verbrechen im Sinn des Abs. 3 dar; demnach ist, selbst wenn die Anklageschrift einen besonders schweren Fall annimmt, die Verteidigung doch nicht notwendig (RGSt. **69** 49; **a. M.** KG. JR. 1935 HRR. Nr. 550).

S. **473** Zeile 4 nach RGSt. **67** 3).: Doch ist die in diesem Urteil ausgesprochene Ansicht nicht auf den Fall auszudehnen, in dem der vom Angeklagten nach Zustellung der Anklageschrift gewählte Verteidiger später wegfällt (RG. JR. 1934 HRR. Nr. 996).

S. **473** Zeile 7 nach DRZ. **20** Nr. 658,: JW. 1935 S. 2064 Nr. 33).

S. **473** nach Zeile 41:

Ein Angeschuldigter, der in Unkenntnis der Frist des Abs. 4 Satz 2 der irrigen Meinung ist, die ihm gemäß § 201 gesetzte Frist gelte auch für einen Antrag auf Bestellung des Verteidigers, und der deshalb die dreitägige Frist nicht innehält, kann sich zur Begründung des Antrags auf Wiedereinsetzung in den vorigen Stand nicht mit Erfolg auf diesen Irrtum berufen (RG. HRR. 1935 Nr. 1359).

S. **474** Zeile 33 nach v. 25. April 1932).: — Dagegen bleibt die Bestellung eines Pflichtverteidigers, die vor der Eröffnung des Hauptverfahrens gemäß Abs. 3 beschlossen worden ist, auch dann wirksam, wenn der Eröffnungsbeschluß hernach die den Gegenstand der Klage bildende Tat nicht als ein Verbrechen würdigt (RG. JR. 1935 HRR. Nr. 403).

S. **1453** nach Zeile 27:

6. Ist dem Angeklagten kein Verteidiger bestellt worden, obwohl die Verteidigung im Sinn des Abs. 2 wegen der zu erwartenden Maßregel der Sicherung oder Besserung notwendig war, so ist das Urteil, das eine solche Maßregel anordnet, auf Revision in ganzem Umfang und nicht nur bezüglich dieser Anordnung aufzuheben (RGSt. **68** 397; RG. JR. 1934 HRR. Nr. 1645). Übrigens bedarf es auch in den Fällen des Abs. 2 der Bestellung eines Verteidigers in der Revisionsinstanz nur insoweit, als die Mitwirkung eines Verteidigers gesetzlich vorgeschrieben ist, also nach § 345 Abs. 2 für die Einlegung und Begründung der Revision, dagegen nicht für die Wahrnehmung des Termins zur Verhandlung vor dem Revisionsgericht (RG. 3 D 654/35 v. 12. Sept. 1935).

§ 141.

S. **475** Zeile 41 nach sachgemäß sein.: — Im übrigen verstößt das Gericht gegen Sinn und Zweck des § 141, wenn es sich ungeachtet des aus der Sachlage ersichtlichen dringenden Anlasses zur Bestellung eines Verteidigers überhaupt keine Gedanken darüber macht, ob ein Verteidiger von Amts wegen beizuordnen sei (RGSt. **68** 35).

S. **475** Zeile 44 nach v. 9. Febr. 1931).: — Wird ein Antrag auf Bestellung eines Verteidigers nach § 140 Abs. 3 angebracht und zugleich ein Grund angegeben, der für eine Beiordnung gemäß § 141 in Betracht kommt, so darf der Antrag nicht mit der allein zu § 140 zutreffenden Begründung, er sei verspätet, abgelehnt werden (RG. JW. 1935 S. 1251 Nr. 17). — Ein vor der Hauptverhandlung eingereichter Antrag auf Bestellung eines Verteidigers nach § 141 darf nicht erst in der Hauptverhandlung beschieden und als verspätet zurückgewiesen werden (RG. JR. 1935 HRR. Nr. 824).

S. **476** Zeile 10 nach RGSt. **48** 387,: **67** 310, 312;

S. **476** Zeile 14 nach RGRspr. **1** 299,: RGSt. **67** 260;

S. **476** Zeile 16 nach RGSt. **48** 386).: — Die Revision ist begründet, wenn das Gericht die von Amts wegen zu verfügende Beiordnung eines Pflichtverteidigers überhaupt nicht in Erwägung zieht, obwohl die Sachlage dringenden Anlaß hierzu bietet (RGSt. **68** 35).

§ 144.

S. 478 Zeile 48 nach Ben.-Beling 143 Note 16).: Die Bestellung der Gerichtsreferendare als Verteidiger bildet den Gegenstand eingehender Erwägungen in Ziffer 123 der Amtl. Richtl.

§ 145.

S. 480 nach Zeile 12: Der neue Abs., den das AG. zum GewVerbrG. zwischen den ersten und den zweiten Abs. des § 145 a. F. einschaltete, ist auf S. 1453 ab Zeile 30 abgedruckt und erläutert.

S. 480 nach Zeile 30:

Da § 145 die Folgen der Bestellung eines Pflichtverteidigers einheitlich regelt, gleichviel ob diese auf § 140 oder auf § 141 gestützt ist, so muß die Vorschrift insbesondere auch angewendet werden, wenn der Verteidiger gemäß § 140 Abs. 3 bestellt ist, der weitere Verlauf des Verfahrens aber die Annahme begründet, daß die den Gegenstand der Klage bildende Tat nicht als ein Verbrechen anzusehen sei; entläßt der Vorsitzende in einem solchen Fall den Verteidiger, ohne daß ein förmlicher Beschluß des Gerichts über die Zurücknahme der Bestellung ergeht, so ist die Entfernung des Verteidigers im Sinn des § 145 unzeitig (RG. JR. 1935 HRR. Nr. 403).

S. 1453 Zeile 45 nach § 338 Nr. 5 herbei: (RGSt. 68 398;

§ 146.

S. 482 nach Zeile 47: Der zweite Abs., den die VO. vom 17. Juni 1933 (RGBl. I 394) dem § 146 angefügt hat, ist auf S. 1454 ab Zeile 3 wiedergegeben.

§ 147.

S. 487 nach Zeile 5:

13. Die für die Akteneinsicht maßgebenden Grundsätze sind — im wesentlichen in Übereinstimmung mit den vorhergehenden Erläuterungen — in Ziffer 124 bis 135 der Amtl. Richtl. ausführlich erörtert.

§ 148.

S. 487 Zeile 6: Wegen der auf dem AG. zum GewVerbrG. beruhenden Einschaltung der Worte „oder einstweilig untergebrachten“ in den Text des Abs. 1 wird auf S. 1454 Zeile 10 verwiesen.

S. 489 nach Zeile 30:

Die Amtl. Richtl. bestimmen jetzt in Ziffer 122, daß der Amtsrichter die Unterredung des Verhafteten mit seinem Verteidiger einem Referendar nicht übertragen soll.

§ 149.

S. 490 Zeile 1: Die Neufassung des § 149, die das AG. zum GewVerbrG. bestimmt hat, ist auf S. 1454 ab Zeile 15 abgedruckt und besprochen.

2. Buch. Verfahren in erster Instanz.

1. Abschnitt. Öffentliche Klage.

Vorbemerkungen.

S. 500 zu Note 17a: Dafür, daß der Strafantrag in der Revisionsinstanz nachgeholt werden kann, jetzt RGSt. 68 120.

S. 500 Zeile 36 nach 67 58: Düsseldorf DRZ. 1934 Nr. 417, 425; Dresden JW. 64 (1935) 963. A. M. Weber JW. 64 (1935) 893.

S. **500** Zeile 42 nach (9/33).: **Das gleiche gilt für die Klage als Prozeßvoraussetzung: RG. DRZ. 1933 Nr. 127.**

S. **503** Zeile 39 nach **66** 22;: RGSt. **67** 56;

S. **504** Zeile 35 nach Note 10b.: Sind auf Grund einer Amnestie die Voraussetzungen einer Einstellung gegeben, so besteht insoweit keine Rechtshängigkeit mehr, auch wenn noch keine die Einstellung aussprechende Entscheidung ergangen ist: RGSt. **67** 233.

S. **505** Zeile 38 nach **61** 225: **68** 384.

S. **509** Zeile 37 nach **66** 19: **67** 54. Über den Verbrauch der Strafklage hinsichtlich der Sicherungsverwahrung RGSt. **68** 392.

S. **511** Zeile 42 nach **66** 26; : **66** 420, **68** 60;

§ 152.

S. **519** Zeile 45 nach § 285: Vgl. Richtl. d. RJM. v. 13. April 1935 Nr. 3—7.

§ 153.

S. **523** Zeile 8 nach **72** 84.: Vgl. Richtl. d. RJM. v. 13. April 1935 Nr. 146.

S. **523** Zeile 23 nach (JMBl. 70).: Die Einstellung steht nicht im freien Ermessen des Gerichts, sondern dieses ist an den Grundsatz gebunden, daß Übertretungen nur verfolgt werden, wenn das öffentliche Interesse es erfordert. Ob das der Fall ist, hat der Tatrichter zu prüfen und zu entscheiden: Jena JR. 1933 HR. Nr. 975.

S. **523** zu Note 3:

Vgl. jetzt Richtl. d. RJM. v. 13. April 1935 Nr. 147.

S. **524** Zeile 7 nach Nr. 455,: KG. JW. **63** (1934) 1435,

S. **524** zu Note 6 Abs. 2:

Im Verfahren wegen Preistreiberei wird nach der AusfVO. d. RJM. v. 7. Nov. 1934 (D. Justiz S. 1397) eine Einstellung nach § 153 regelmäßig abzulehnen sein. So jetzt auch Richtl. d. RJM. v. 13. April 1935 Nr. 439 a. E. Die Strafklage wird nicht verbraucht, wenn der StA. nach § 153 Abs. 2 das Verfahren mit Zustimmung des Amtsrichters einstellt: RGSt. **67** 315.

S. **524** Zeile 32 nach JR. 1933 42.: **Das gleiche muß gelten, wenn eine aus mehreren Einzeltaten sich zusammensetzende fortgesetzte Handlung in Frage steht. Es geht daher nicht an, wegen einzelner in den Fortsetzungszusammenhang fallender Handlungen einzustellen.**

S. **526** nach Note 9:

10. § 153 ist auch im ehrengerichtlichen Verfahren gegen Rechtsanwälte anwendbar. Ehrengerichtshof JW. **63** (1934) 3210.

§ 154.

S. **526** zu § 154: Neue Fassung von Abs. 1, 3, 4 s. Komm. S. 1454, 1455.

S. **527** zu Note 2: Vgl. Richtl. d. RJM. v. 13. April 1935 Nr. 149.

S. 527 nach Note 2:

2a. Für den Begriff der Tat ist auch hier § 264 StPO. maßgebend. Für die Behandlung tateinheitlich zusammentreffender oder durch Fortsetzungszusammenhang verbundener Einzelhandlungen gilt das zu § 153 Note 6 Abs. 3 Ausgeführte. Die vom RG. in JR. 1935 HR. Nr. 153 (= JW. 63 [1934] 2474) vertretene Auffassung, daß eine Einstellung nach § 154 hinsichtlich unselbständiger Teile einer fortgesetzten Handlung (oder einer Sammelstraftat) möglich sei, und daß dann Abs. 3—5 des § 154 die Aburteilung der Tat nicht hindern, ist nicht zu billigen. Gerade Abs. 3—5, die eine nachträgliche Aburteilung der durch vorläufige Einstellung ausgeschiedenen Einzelhandlungen vorsehen, zeigen die Unrichtigkeit jener Auffassung. Denn durch die Aburteilung der fortgesetzten Tat ist die gesamte Tat rechtskräftig abgeurteilt, so daß eine Wiederaufrollung unselbständiger Einzelfälle unmöglich ist. Gegen RG. s. Fraeb JW. 63 (1934) 2474.

S. 527 zu Note 3:

Gegen den nach § 154 Abs. 1 von der Klage absehenden Bescheid ist ein Antrag nach § 172 StPO. unzulässig, da das Ermessen des StA. entscheidet. KG. JW. 63 (1934) 1435.

§ 154a.

S. 528: Die neue Fassung von § 154a Abs. 1—3 s. Komm. S. 1455. Durch das Ges. über Reichsverweisungen v. 23. März 1934 § 8 Nr. 1 (RGBl. I 213) sind in dem neuen Abs. 3 die Worte „auf Grund eines Strafurteils" gestrichen worden.

S. 529 Zeile 25 nach 707: RGSt. 69 54).

S. 529 zu Note 4:

Einem Antrag des StA. auf vorläufige Einstellung nach § 154a hat das Gericht zu entsprechen; sein freies Ermessen kommt hier nicht in Betracht. Karlsruhe JR. 1934 HR. Nr. 226 (= DRZ. 1933 Nr. 349).

§ 154b.

S. 529. Als § 154b wird folgende Vorschrift eingesetzt:

§ 154b. Ist eine Nötigung oder Erpressung durch die Drohung begangen worden, eine Straftat zu offenbaren, so kann die Staatsanwaltschaft von der Verfolgung der Tat, deren Offenbarung angedroht worden ist, absehen, wenn sie nicht zur Sühne und zum Schutze der Volksgemeinschaft unerläßlich ist.

Amtliche Begründung: Die Regelung des § 154b geht von dem Gedanken aus, daß die Tat des Erpressers nicht selten weit gefährlicher und niederträchtiger ist als die Tat des Erpreßten, und daß daher das Interesse der Volksgemeinschaft an der Bestrafung des Erpressers oft größer ist als das an der Bestrafung des Opfers. Es erscheint daher für die Staatsautorität erträglich, wenn zugunsten einer durchgreifenden Strafverfolgung gegen den Erpresser unter Umständen auf eine Bestrafung des Erpreßten verzichtet wird. Die Staatsanwaltschaft soll auf eine Bestrafung des Erpreßten nur dann hinwirken, wenn sie zur Sühne und zum Schutze der Volksgemeinschaft unerläßlich ist. „Unerläßlich" ist die Strafverfolgung insbesondere dann, wenn ihre Unterlassung — auch bei Berücksichtigung des an der Bestrafung des Erpressers bestehenden Interesses — dem Sühne- und Schutzbedürfnis der Volksgemeinschaft erheblich widersprechen würde. Dabei wird stets das Interesse der Volksgemeinschaft an der Bestrafung des Erpressers gegenüber dem Interesse an der Bestrafung des Erpreßten abzuwägen sein.

Indem § 154b dem Erpreßten die Möglichkeit der Straffreiheit in Aussicht stellt, will er ihm den Entschluß erleichtern, selbst die Erpressung zur Kenntnis der Strafverfolgungsbehörden zu bringen. Aber daraus folgt nicht, daß von § 154b nur dann Gebrauch gemacht werden soll, wenn der Erpreßte selbst die Anzeige erstattet hat. Wird z. B. die Anzeige von Angehörigen oder Bekannten in der Hoffnung auf Straffreiheit des Erpreßten erstattet, so steht einer Anwendung des § 154b nichts im Wege. Dagegen wird für die Regel zu fordern sein, daß die durch § 154b in Aussicht gestellte Möglichkeit der Straffreiheit für die Ermittlung des Erpressers ursächlich oder wenigstens mitursächlich war. Kommt die Strafverfolgungsbehörde auf Grund eigener Nachforschungen zur Ermittlung des Erpressers, so wird häufig kein Anlaß gegeben sein, den Erpreßten straffrei ausgehen zu lassen.

Neben dem praktisch wichtigsten Fall der Erpressung (§ 253 StGB.) ist auch die Nötigung (§ 240 StGB.) in den § 154b miteinbezogen worden, da Fälle denkbar sind, in denen durch die Drohung, eine Straftat zu offenbaren, auch eine Nötigung begangen werden kann. Eine derartige Drohung enthält zwar für sich noch keine Bedrohung mit einem Verbrechen oder Vergehen (§ 240 StGB.), denn die Offenbarung einer Straftat ist grundsätzlich erlaubt. Jedoch kann die angedrohte Offenbarung nach Art und Umständen, unter denen sie erfolgen soll, ein Vergehen (z. B. eine Beleidigung durch Bekanntgabe der Straftat im Wege öffentlicher Bekanntgabe) enthalten und damit den Tatbestand der Nötigung begründen.

Die Anwendung des § 154b setzt nicht voraus, daß die Nötigung oder Erpressung bereits vollendet ist. Denn § 154b soll insbesondere dazu dienen, die Vollendung der Nötigung oder Erpressung zu verhindern, indem der Bedrohte durch die Aussicht auf Straffreiheit zu alsbaldiger Benachrichtigung der Strafverfolgungsbehörden veranlaßt wird.

Soweit die amtliche Begründung. Der Ausgangspunkt der neuen Vorschrift ist in der Neuregelung der Bestrafung der Unzucht zwischen Männern in den §§ 175—175b StGB. in der Fassung des Ges. v. 28. Juni 1935 (RGBl. I 839) zu finden, die die Bestrafung solcher Straftaten wesentlich verschärfen. Zugleich ist aber in § 175 Abs. 2 StGB. bestimmt, daß bei einem Beteiligten, der zur Zeit der Tat noch nicht 21 Jahre alt war, das Gericht in besonders leichten Fällen von Strafe absehen kann. Erfahrungsgemäß sind in den Kreisen solcher jungen Täter nicht selten Personen, die dann zur Erpressung gegenüber den älteren Delinquenten schreiten, und die Gefahr solcher Erpressungen wird durch die Möglichkeit, daß bei den jugendlichen Tätern ein Absehen von Strafe eintreten kann, noch gesteigert. Ein Gegengewicht soll § 154b bieten, der den StA. ermächtigt, in geeigneten Fällen von der Verfolgung der Tat abzusehen. Die Vorschrift beschränkt sich aber nicht auf die nach §§ 175 ff. StGB. strafbaren Taten. Sie kann z. B. zur Anwendung kommen, wenn ein Beamter, der eine kleine Amtsunterschlagung begangen oder ein geringes Bestechungsgeld angenommen hat, von einer Person, die davon weiß, mit Erpressungen verfolgt wird.

Zu beachten ist, daß in § 154b nur der StA. ermächtigt ist, von der Verfolgung der Tat abzusehen. Verfolgt er sie, so hat das Gericht nicht (wie in § 175 Abs. 2 StGB. n. F.) die Möglichkeit von Strafe abzusehen, denn § 253 StGB. ist nicht geändert worden.

Dienstliche Vorschriften, die der StA., wenn er nach § 154b verfahren will, zu beachten hat, sind in Nr. 149a der Richtl. d. RJM. v. 7. Aug. 1935 (Deutsche Justiz S. 1124) enthalten.

§ 155.

S. **532** Zeile 35 nach (1931) 228.: Vgl. auch RGSt. **68** 88.

2. Abschnitt. Vorbereitung der öffentlichen Klage.

§ 158.

S. **540** zu Note 1:

Über Behandlung namenloser Anzeigen: Richtl. d. RJM. v. 13. April 1935 Nr. 12.

S. **540** zu Note 2: RGSt. **67** 125.

S. **541** zu Note 4:

Richtl. d. RJM. v. 23. April 1935 Nr. 9, 10, ferner Nr. 3—30.

Die neuere Rechtspr. des RG. über die Verfahrensvoraussetzungen (RGSt. **67** 55), zu denen auch der Strafantrag gehört, läßt die Nachholung des Antrags noch in der Revisionsinstanz zu: RGSt. **68** 120.

S. **542** zu Note 10a:

Der Strafantrag einer Behörde muß von deren Vertreter eigenhändig unterzeichnet sein; die Einreichung einer beglaubigten Abschrift genügt nicht: RG. JR. 1934 HR. Nr. 77.

§ 159.

S. **544/45** zu Noten 6 u. 9: Richtl. d. RJM. v. 13. April 1935 Nr. 29, 30.

§ 160.

S. **545** zu § 160: Neuer Abs. 3 s. Komm. S. 1455. In diesem neuen Abs. 3 sind durch § 8 Nr. 2 d. Ges. über Reichsverweisungen v. 23. März 1934 (RGBl. I 213) die Worte „oder Zulassung" gestrichen worden, weil nach diesem Gesetz die Zulassung der Reichsverweisung durch gerichtliche Entscheidung nicht mehr in Frage kommt.

§ 163.

S. **554** Zeile 26 nach berechtigt ist: RGSt. **67** 351.

§ 166.

S. **557** zu Note 1:

Über die Art der Vernehmung s. Richtl. d. RJM. v. 13. April 1935 Nr. 70.

§ 170.

S. **559** zu § 170: Über die für den StA. gangbaren Wege zur Vermeidung sog. Monstreprozesse s. v. Hippel ArchKrimPsych. **26** 241.

S. **560** zu Note 5:

Über die Voraussetzungen der Anklage, über Form und Inhalt der Anklageschrift s. Richtl. d. RJM. v. 13. April 1935 Nr. 156ff.

S. **561** zu Note 10:

S. Richtl. d. RJM. v. 13. April 1935 Nr. 141.

§ 170a.

S. **561**: Als § 170a wird folgende Vorschrift eingefügt:

§ 170a. Ist eine Tat, die nach gesundem Volksempfinden Bestrafung verdient, im Gesetz nicht für strafbar erklärt, so hat die Staatsanwaltschaft zu prüfen, ob auf die Tat der Grundgedanke eines Strafgesetzes zutrifft und ob durch entsprechende Anwendung dieses Strafgesetzes der Gerechtigkeit zum Siege verholfen werden kann (§ 2 des Strafgesetzbuchs).

Die Vorschrift stellt lediglich einen Hinweis auf die nunmehr zugelassene Rechtsschöpfung durch entsprechende Anwendung der Strafgesetze dar. § 2 StGB. in der Fassung des Ges. v. 28. Juni 1935 (RGBl. I 839) lautet: „Bestraft wird, wer eine Tat begeht, die das Gesetz für strafbar erklärt oder die nach dem Grundgedanken eines Strafgesetzes und nach gesundem Volksempfinden Bestrafung verdient. Findet auf die Tat kein bestimmtes Strafgesetz unmittelbar Anwendung, so wird die Tat nach dem Gesetz bestraft, dessen Grundgedanke auf sie am besten zutrifft." Streng genommen hätte es der Vorschrift in § 170a nicht bedurft, denn nach der materiell rechtlichen Vorschrift in dem neuen § 2 StGB. ist es selbstverständlich, daß der StA. die Prüfung vornimmt, die § 170a von ihm fordert. Sie muß sich zunächst darauf erstrecken, ob die Tat nach gesundem Volksempfinden Bestrafung verdient. Nur wenn das zu bejahen ist, ist zu prüfen, ob auf die Tat der Grundgedanke eines Strafgesetzes zutrifft.

Dieselbe Prüfung ist in dem neuen § 267a dem Gericht zur Pflicht gemacht. Welche Bedeutung der entsprechenden Gesetzesanwendung beigemessen wird, geht auch daraus hervor, daß in Artikel 2 § 1 VO. v. 14. Juni 1932, Erster Teil Kapitel 1 (RGBl. I 285) hinter Nr. 1 folgende Nr. 1a eingefügt worden ist: „Die Staatsanwaltschaft kann, ohne an die Schranken der Nr. 1 gebunden zu sein, Revision einlegen, wenn sie geltend macht, daß in dem angefochtenen Urteil die entsprechende Anwendung eines Strafgesetzes (§ 2 StGB.) zu Unrecht erfolgt oder nicht erfolgt sei." Für die Revision ist noch auf die neue Vorschrift in § 347a hinzuweisen.

Über die Anwendung des neuen § 2 StGB. sagt die amtliche Begründung zu § 2 StGB.: Hierbei wird besonderer Beachtung bedürfen, daß der einem Strafgesetz zugrunde liegende Rechtsgedanke vielfach eine vom Gesetzgeber gewollte Begrenzung enthält. Die Überschreitung solcher Grenzen gestattet § 2 nicht. Eine solche Begrenzung liegt vor, wenn die Beschränkung eines gesetzlichen Tatbestandes nicht darin ihren Grund hat, daß der Gesetzgeber die Fülle der Möglichkeiten des Lebens nicht hat voraussehen können, sondern darin, daß er aus staats- oder kriminalpolitischen Gründen den gesetzlichen Tatbestand bewußt eng begrenzt hat, wie etwa in § 175 StGB., wo nur die gleichgeschlechtliche Unzucht zwischen Männern mit Strafe bedroht wird. Ebenso würde es dem erklärten Willen des Gesetzes widersprechen, Altersgrenzen, wie sie etwa § 182 StGB. vorsieht, zu überschreiten. Feste Altersgrenzen beruhen regelmäßig darauf, daß der Gesetzgeber der Rechtssicherheit bewußt den Vorzug vor anderen Rücksichten geben will. Besonders häufig werden bewußt gezogene Grenzen auf dem Gebiet der strafrechtlichen Nebengesetze Beachtung fordern.

Bei der vom Entwurf zur Sicherung gegen mißbräuchliche Anwendung vorgeschriebenen Feststellung, daß die Tat auch nach dem gesunden Volksempfinden Bestrafung verdient, wird zu beachten sein, daß das gesunde Volksempfinden sich nicht unbedingt mit dem Empfinden der großen Mehrheit der Volksgenossen zu decken braucht. Die Feststellung der Übereinstimmung mit dem gesunden Volksempfinden ist eine wertende Feststellung. Gewisse laxe Anschauungen, wie sie sich z. B. in der Zeit der Geldentwertung herausgebildet hatten, können selbst dann nicht als mit dem gesunden Volksempfinden in Übereinstimmung stehend betrachtet werden, wenn sie sich mit der Anschauung der Mehrheit decken sollten. Nach diesen Richtlinien hat der StA. die Prüfung vorzunehmen.

§ 171.

S. **562** zu Note 6:

S. Richtl. d. RJM. v. 13. April 1935 Nr. 142.

§ 172.

S. **563** zu Note 2a:

Zutreffend nimmt Karlsruhe JW. **63** (1934) 3303 an, daß ein Antrag nach § 172 unzulässig ist, wenn ein Angeschuldigter nach geführter Voruntersuchung außer Verfolgung gesetzt und der Verletzte abschlägig beschieden worden ist; hier hat bereits eine richterliche Prüfung stattgefunden.

S. **563** zu Note 2b:

Die Zustellung des staatsanwaltlichen Bescheids an einen nicht mit Zustellungsvollmacht versehenen Anwalt setzt die Frist nicht in Lauf: Dresden JW. **62** (1933) 1608. Den im Komm. zitierten Entscheidungen ist hinzuzufügen: Dresden DRZ. 1934 Nr. 616.

S. 563 zu Note 2c:

Die Ansicht, daß der Weg des § 172 dem anzeigenden Verletzten nur einmal offensteht, wird weiter vertreten vom KG. JW. 63 (1934) 1435; Karlsruhe JR. 1935 HR. Nr. 635; Dresden DRZ. 1933 Nr. 351.

S. 564 zu Note 4:

Daß der Weg des § 172 dem nicht offensteht, der das Recht zur Privatklage hat, wird weiter anerkannt vom KG. JW. 63 (1934) 1512 (= JR. 1934 HR. Nr. 1333); Karlsruhe JW. 63 (1934) 376. Ein Antrag nach § 172 ist bei den mit Privatklage verfolgbaren Taten auch dann unzulässig, wenn der StA. nicht mangels öffentlichen Interesses, sondern aus anderen Gründen ablehnt: KG. JW. 63 (1934) 1435; Zweibrücken JW. 64 (1935) 2079; Karlsruhe JW. 62 (1933) 1610. Auch gegen den nach § 154 Abs. 1 von der Klage absehenden Bescheid ist kein Antrag nach § 172 zulässig. KG. JW. 63 (1934) 1435.

S. 565 zu Note 5b:

Dafür, daß als Verletzte nur der unmittelbar von der Straftat Betroffene anzusehen ist, auch Köln DRZ. 1933 Nr. 769. Über den Begriff des Verletzten in Einzelfällen s. Hamburg JR. 1933 HR. Nr. 787, Köln JR. 1934 HR. Nr. 1082, Dresden DRZ. 1933 Nr. 486, 562, 1811.

S. 566 zu Note 5c: KG. JR. 1935 HR. Nr. 773.

S. 567 zu Note 6b:

Gegen die Zulassung des Antrags nach § 172 in den Fällen des § 211 StPO.: Stuttgart JW. 63 (1934) 116; Dresden JW. 64 (1935) 309; a. M. (also wie Komm.) Mezger JW. 63 (1934) 116.

S. 567 zu Note 8a: Jena JR. 1933 HR. Nr. 977. Für die Prüfungspflicht des Rechtsanwalts: Karlsruhe JW. 62 (1933) 2076.

§ 174.

S. 571 zu Note 6: Ebenso Mezger JW. 64 (1934) 116.

§ 176.

S. 572 zu Note 2:

Die Armut des Antragstellers kann nur dann ein Grund sein, von dem Erfordern einer Sicherheitsleistnng abzusehen, wenn der Antrag hinreichende Aussicht auf Erfolg hat: KG. JR. 1935 HR. Nr. 636.

3. Abschnitt. Gerichtliche Voruntersuchung.

§ 178.

S. 575 § 178 erhält folgende Fassung:

§ 178. In den zur Zuständigkeit des Volksgerichtshofs, der Oberlandesgerichte oder der Schwurgerichte gehörenden Strafsachen findet auf Antrag der Staatsanwaltschaft die Voruntersuchung statt, wenn die Staatsanwaltschaft sie nach pflichtgemäßem Ermessen für erforderlich hält.

Auch in anderen Strafsachen findet die Voruntersuchung statt, wenn die Staatsanwaltschaft es beantragt. Die Staatsanwaltschaft soll den Antrag

nur stellen, wenn außergewöhnliche Umstände die Führung der Voruntersuchung durch einen Richter gebieten.

Die neuere Rechtsentwicklung ist der gerichtlichen Voruntersuchung nicht günstig. Sie strebt, um die mit der Voruntersuchung nicht selten verbundenen Verzögerungen zu vermeiden, dem Ziele zu, den Staatsanwalt zum verantwortlichen Führer des Ermittlungsverfahrens zu machen. Schon in der VO. über die Bildung von Sondergerichten v. 21. März 1933 (RGBl. I 136) war in § 11 bestimmt: „Eine gerichtliche Voruntersuchung findet nicht statt". Weiter war für die Hoch- und Landesverratssachen, die damals zur Zuständigkeit des Reichsgerichts gehörten, durch die VO. v. 28. Febr. 1933 § 10 (RGBl. I 85) die Voruntersuchung für entbehrlich erklärt worden, wenn der Fall einfach lag und sie nach dem pflichtgemäßen Ermessen des Oberreichsanwalts für die Vorbereitung der Hauptverhandlung nicht erforderlich erschien (vgl. Komm. Note 3 zu § 178). Jedoch konnte das Gericht von Amts wegen oder auf Antrag des Angeschuldigten die nachträgliche Eröffnung einer Voruntersuchung beschließen. Nach dem Übergang der bez. Sachen auf den Volksgerichtshof wurde für diesen eine entsprechende Regelung durch § 4 des Ges. v. 24. April 1934 (RGBl. I 341) getroffen. Infolge der Neufassung des § 178 durch das Ges. v. 28. Juni 1935 (RGBl. I 844) ist sie (vgl. Art. 8 Nr. 4) außer Kraft gesetzt worden.

Über die durch das eben erwähnte Gesetz bestimmte Neufassung des § 178 sagt die amtliche Begründung:

Während bisher in den Fällen des § 178 Abs. 1 StPO. die Voruntersuchung die Regel bildete und die oben erwähnten Möglichkeiten, von der Voruntersuchung abzusehen, Ausnahmecharakter trugen, wird nunmehr umgekehrt die Voruntersuchung zur Ausnahme und das Verfahren ohne Voruntersuchung zur Regel erhoben. Die Voruntersuchung wird allgemein von einem besonderen Antrag der Staatsanwaltschaft abhängig gemacht. Weiter bringt die Novelle insoweit eine grundlegende Neuerung, als das Recht des Gerichts, von sich aus oder auf Antrag des Angeschuldigten die nachträgliche Eröffnung der Voruntersuchung zu beschließen, beseitigt wird. Diese Änderung erschien notwendig, weil die Stellung der Staatsanwaltschaft als der für das Ermittlungsverfahren in erster Linie verantwortlichen Behörde gestärkt werden soll. Außerdem hat sich gezeigt, daß gerade das Antragsrecht des Angeschuldigten auf nachträgliche Eröffnung der Voruntersuchung (§ 178 Abs. 2 Nr. 2 a. F.) vielfach lediglich zu dem Zwecke benutzt wurde, um das Verfahren hinauszuzögern.

Die Neufassung des § 178 macht die Voruntersuchung gleichmäßig in allen Sachen von einem Antrag der Staatsanwaltschaft abhängig. Der Unterschied zwischen den zur Zuständigkeit des Volksgerichtshofs, der Oberlandesgerichte oder der Schwurgerichte gehörenden (Abs. 1) und den sonstigen Strafsachen (Abs. 2) wird nur insofern aufrechterhalten, als das freie Ermessen der Staatsanwaltschaft für die Antragstellung verschieden begrenzt wird. In den Fällen des Abs. 1 wird lediglich auf das „pflichtgemäße Ermessen" der Staatsanwaltschaft abgestellt, während in Abs. 2 das Ermessen dahin eingeschränkt wird, daß die Voruntersuchung nur dann beantragt werden soll, wenn „außergewöhnliche Umstände die Führung der Voruntersuchung durch einen Richter gebieten". Diese verschiedene Begrenzung des freien Ermessens trägt der Tatsache Rechnung, daß die zur Zuständigkeit des Volksgerichtshofs, der Oberlandesgerichte oder der Schwurgerichte gehörenden Strafsachen ihrer Art und ihrem Umfange nach häufiger eine richterliche Voruntersuchung erfordern werden als andere Strafsachen. Eine besondere gesetzliche Vorschrift, daß in Übertretungssachen eine Voruntersuchung unzulässig sein soll, erschien nicht mehr erforderlich.

Daraus ergibt sich die folgende Rechtslage: Die sog. notwendige Voruntersuchung ist beseitigt, auch für die Schwurgerichtssachen. Die Eröffnung der Voruntersuchung setzt in allen Fällen einen Antrag des Staatsanwalts voraus. Wird er gestellt, so ist ihm zu entsprechen (§ 179 neuer Satz 2). Der Staatsanwalt kann allein die Eröffnung einer Voruntersuchung beantragen und er kann sie durch seinen Antrag erzwingen. Die bisherigen Rechte des Angeschuldigten, die Eröffnung einer Voruntersuchung oder die Ergänzung einer solchen zu beantragen, sind beseitigt (vgl. die Neufassung des § 201 unten S. 608). Aber auch das Gericht kann eine Voruntersuchung, die nachträgliche Eröffnung einer solchen oder die Ergänzung einer geführten Voruntersuchung nicht beschließen. Damit entfällt nunmehr nach § 178 Abs. 1 auch für den Volksgerichtshof die Möglichkeit, die nachträgliche Eröffnung einer Voruntersuchung anzuordnen.

In den Fällen des Abs. 1 entscheidet allein das pflichtgemäße Ermessen des Staatsanwalts (Oberreichsanwalts). In den Fällen des Abs. 2 muß das Ermessen des Staatsanwalts selbstverständlich auch ein pflichtmäßiges sein, aber er muß sich bewußt bleiben, daß der Antrag auf Voruntersuchung eine Ausnahme sein soll.

Auf die Sondergerichte bezieht sich § 178 nicht, da er unmittelbar nur für die ordentlichen Gerichte gilt. Zwar finden nach § 6 VO. v. 21. März 1933 (RGBl. I 136) die Vorschriften der StPO. entsprechende Anwendung aber nur, soweit „nicht etwas anderes bestimmt" ist. Das ist aber in § 11 VO. geschehen.

Vgl. noch Richtl. des RJM. Nr. 13 in der Fassung der AV. v. 7. August 1935 (Deutsche Justiz S. 1124).

§ 179.

S. 578 § 179 erhält folgenden zweiten Satz:

Dem Antrag ist zu entsprechen.

Über den neu angefügten zweiten Satz ist bereits zu § 178 das Erforderliche gesagt worden. Er bringt zum Ausdruck, daß der Staatsanwalt berechtigt ist, die Eröffnung einer Voruntersuchung zu verlangen, und daß ein solcher Antrag zwingend ist.

§§ 180—183.

S. 580—582. Die §§ 180—183 werden gestrichen. Gesetz v. 28. Juni 1935 (RGBl. I 844) Art. 4 Nr. 1c.

Amtliche Begründung: Die Vorschriften der §§ 180—183 haben in der Praxis kaum Leben gewonnen. Wird die Voruntersuchung so eingeschränkt, wie die Novelle es vorsieht, so besteht für ihre Beibehaltung kein Bedürfnis mehr.

§ 184.

S. 583. Dem § 184 werden folgende Absätze angefügt:

Der Präsident des Gerichts kann zur Unterstützung des Untersuchungsrichters Hilfsuntersuchungsrichter bestellen, wenn dies zur Beschleunigung des Verfahrens mit Rücksicht auf den Umfang der Sache oder die Schwierigkeit der Ermittlungen zweckmäßig ist. Die Bestellung kann widerrufen werden.

Der Untersuchungsrichter hat die Untersuchungshandlungen, die er nicht selbst vornimmt, zu leiten. Die Hilfsuntersuchungsrichter unterstehen bei der Führung der Geschäfte seinen Weisungen. Im übrigen haben sie die Befugnisse des Untersuchungsrichters. Werden ihre Maßnahmen beanstandet, so entscheidet zunächst der Untersuchungsrichter; erst gegen seine Entscheidung ist die Beschwerde zulässig.

Die Anfügung der neuen Abs. 2 und 3 beruht auf dem Ges. v. 28. Juni 1935 (RGBl. I 844) Art. 4 Nr. 1d.

Amtliche Begründung: Dem Zwecke größerer Beschleunigung der Voruntersuchung dient die Einführung von Hilfsuntersuchungsrichtern. Es hat sich gezeigt, daß die Untersuchungsrichter insbesondere bei großen und verwickelten Sachen die Voruntersuchung ohne richterliche Hilfskräfte nicht genügend fördern konnten. Eine vermehrte Bestellung von gleichgeordneten Untersuchungsrichtern hätte diesem Bedürfnis nach Beschleunigung nur unvollkommen entsprochen, weil in diesem Falle die Einheitlichkeit in der Führung der Voruntersuchung nicht gewährleistet gewesen wäre. Die Stellung der Hilfsuntersuchungsrichter ist daher ebenso wie bei den Beamten der Staatsanwaltschaft derart geregelt worden, daß sie den dienstlichen Anweisungen des Untersuchungsrichters unterstehen. Die Bestellung zum Hilfsuntersuchungsrichter kann jederzeit widerrufen werden. Gegen die Maßnahmen der Hilfsuntersuchungsrichter ist zunächst die formlose Dienstaufsichtsbeschwerde an den Untersuchungsrichter gegeben. Erst danach ist das Rechtsmittel der Beschwerde zulässig.

§ 186.

S. **586**. § 186 Abs. 2 und 3 erhalten folgende Fassung:

Der Präsident kann auch jedes Mitglied eines anderen deutschen Gerichts und jeden Amtsrichter zum Untersuchungsrichter bestellen.

Der Untersuchungsrichter kann um die Vornahme einzelner Untersuchungshandlungen die Amtsrichter ersuchen.

Die Änderungen in Abs. 2 und 3 beruhen auf dem Ges. v. 28. Juni 1935 (RGBl. I 844) Art. 4 Nr. 1e.

In Abs. 1 sind die Worte „bei dem Reichsgerichte" stehen geblieben, obwohl dort eine Bestellung von Untersuchungsrichtern nicht mehr in Betracht kommt. An die Stelle des Reichsgerichts ist insoweit der Volksgerichtshof getreten: Ges. v. 24. April 1934 (RGBl. I 341) Art. IX Abs. 2.

Die Befugnis des Präsidenten des Volksgerichtshofs, dem Untersuchungsrichter für einen Teil seiner Geschäfte einen Vertreter zu bestellen (§ 186 Abs. 2 a. F.) ist beseitigt worden, weil sie durch die Einführung von Hilfsuntersuchungsrichtern (§ 184 Abs. 2 n. F.) entbehrlich geworden ist.

S. **587** zu Note 5:

Gleiche Vorschriften sind durch das Ges. v. 24. April 1934 (RGBl. I 341) Art. IV § 1 auch für den Volksgerichtshof getroffen. Es können vom Reichsminister der Justiz Ermittlungsrichter auf die Dauer eines Geschäftsjahres aus den Mitgliedern eines deutschen Gerichts und aus den Amtsrichtern bestellt werden. Über die Beschwerde gegen eine Verfügung des Ermittlungsrichters entscheidet der Volksgerichtshof in der Besetzung von drei Mitgliedern einschließlich des Vorsitzenden.

§ 191.

S. **593** nach Zeile 4:

4. Untersuchungsbehandlungen, die der Untersuchungsrichter nach Abs. 1 in dringenden Fällen von Amts wegen vornimmt, schließen ihn von der Mitwirkung im erkennenden Gericht aus (§ 23 Abs. 2 StPO.); das gilt nicht für den Ermittlungsrichter: RGSt. **68** 375.

§ 193.

S. **594** zu § 193: Neue Fassung des Abs. 2 s. Komm. S. 1486.

§ 197.

S. **599** zu Note 5:

Sind neue Ermittlungen geringeren Umfanges noch erforderlich, so kann und soll sie der StA. im Interesse der Beschleunigung selbst vornehmen: Richtl. d. RJM. v. 13. April 1935 Nr. 155.

4. Abschnitt. Entscheidung über die Eröffnung des Hauptverfahrens.

Vorbemerkungen.

S. **600** zu Note 6:

Für das Verfahren vor dem Volksgerichtshof (Ges. v. 24. April 1934 — RGBl. I 341 — Art. IV § 5) sind entsprechende Vorschriften getroffen. Die an die Eröffnung des Hauptverfahrens geknüpften Wirkungen treten mit der Einreichung der Anklageschrift ein. Vgl. auch für das Sicherungsverfahren § 429b StPO.

§ 201.

S. **608**. Im Abs. 1 wird Satz 2 Halbsatz 2 von „hat in diesen Fällen" bis „beantragen wolle" gestrichen.

Abs. 2 erhält folgende Fassung:

Über die Anträge und Einwendungen beschließt das Gericht. Eine Anfechtung seiner Beschlüsse findet nicht statt.

Die Änderungen beruhen auf dem Ges. v. 28. Juni 1935 (RGBl. I 844) Nr. 1f.

Amtliche Begründung: Die Änderung des § 201 ergibt sich daraus, daß das Recht des Angeschuldigten, die Eröffnung der Voruntersuchung zu beantragen, weggefallen ist. — Das in § 201 Abs. 2 Satz 3 gewährte Beschwerderecht aus § 183 wird durch die Streichung dieser Vorschrift gegenstandslos. Daneben ist auch das Recht zur Beschwerde wegen Unzuständigkeit des beschließenden Gerichts (Verweisung auf § 182 Abs. 1 a. F.) beseitigt worden, da ein auf wesentlich formale Gründe gestütztes Beschwerderecht den veränderten Rechtsanschauungen nicht mehr entspricht.

S. **609** Zeile 34 nach 626ff.: KG. JW. **63** (1934) 2272.

S. **611** nach Zeile 31:

12a. Im Verfahren vor dem Volksgerichtshof, in dem es nach dem Ges. v. 24. April 1934 (RGBl. I 341) Art. IV § 5 keines Beschlusses über die Eröffnung des Hauptverfahrens bedarf, ordnet nach Ablauf der nach § 201 Abs. 1 bestimmten Frist der Vorsitzende die Hauptverhandlung an und beschließt über die Anordnung der Fortdauer der Untersuchungshaft.

§ 202.

S. **612** § 202 wird gestrichen. Die Streichung beruht auf dem Ges. v. 28. Juni 1935 (RGBl. I 844) Nr. 1g.

Amtliche Begründung: Durch die Neufassung des § 178 ist das Recht des Gerichts, von Amts wegen oder auf Antrag des Angeschuldigten die nachträgliche Eröffnung der Voruntersuchung zu beschließen, beseitigt worden. Daraus ergibt sich, daß auch die Befugnis des Gerichts, eine Ergänzung der Voruntersuchung anzuordnen, beseitigt werden mußte. Das Recht des Gerichts, die Erhebung einzelner Beweise vor der Hauptverhandlung anzuordnen, wird hierdurch nicht berührt. Dieses Recht bedarf keiner besonderen gesetzlichen Erwähnung mehr, da es sich ohne weiteres aus Wesen und Zweck des Zwischenverfahrens ergibt.

§ 203.

S. **615** Zeile 40 nach **67** 59: JW. **63** (1934) 2925. Auch in dem Verfahren wegen nachträglicher Anordnung der Sicherungsverwahrung sind Antragsschrift und Eröffnungsbeschluß Verfahrensvoraussetzungen, deren Vorhandensein in allen Instanzen von Amts wegen zu prüfen ist. Wenn eine von ihnen fehlt, ist Einstellung des Verfahrens geboten: RGSt. **68** 291; JR. 1935 HR. Nr. 228.

S. 616 zu Note 6:

Über das Verfahren des Revisionsgerichts, wenn der Eröffnungsbeschluß, auch unter Heranziehung der Anklageschrift, die dem Angeklagten zur Last gelegten Taten nicht durchweg erkennbar bezeichnet, s. RGSt. **68** 105.

§ 204.

S. 617 zu Note 3:

Ein Angeschuldigter, der aus Rechtsgründen außer Verfolgung gesetzt ist, kann nicht verlangen, daß diese Entscheidung aus tatsächlichen Gründen getroffen werde: Karlsruhe JW. **62** (1933) 1610.

§ 205.

S. 618 zu Note 1: Vgl. Richtl. d. RJM. v. 13. April 1935 Nr. 150.

S. 618 zu Note 4: BayObLG. JW. **62** (1933) 1731.

§ 207.

S. 620. Fassungsänderung des § 207 Abs. 2 s. Komm. S. 1456.

S. 621 zu Note 1: Über richtige Fassung des Eröffnungsbeschlusses s. RG. JR. 1933 HR. Nr. 1476.

§ 211.

S. 630 Zeile 12 nach Recht **26** Nr. 1482,: JR. 1934 HR. Nr. 685, Nr. 1727.

S. 630 Zeile 16 nach **65**, 292: JW. **64** (1935) 2737.

S. 632 zu Note 4c: Für die im Komm. vertretene Auffassung Mezger JW. **63** (1934) 116; a. M. Stuttgart DRZ. 1933 Nr. 770; Dresden JW. **64** (1935) 309.

§ 212.

S. 634 zu Note 2: Wie Komm. Düsseldorf DRZ. 1934 Nr. 425.

S. 634 zu Note 3: Über das Schnellverfahren s. Richtl. d. RJM. v. 13. April 1935 Nr. 229 ff.

5. Abschnitt. Vorbereitung der Hauptverhandlung.

Vorbemerkungen.

S. 638 Zeile 47 nach § 221 Note 4).: Insbesondere ist der Vorsitzende, wenn der Gegenstand der Klage außergewöhnlich groß und überdies tatsächlich nicht ausreichend geklärt und rechtlich nicht scharf durchdacht ist, berechtigt und verpflichtet, mit allen gesetzlich zulässigen Mitteln darauf hinzuwirken, daß den schweren Gefahren vorgebeugt werde, die mit einer über viele Wochen oder Monate erstreckten Verhandlung eines unübersichtlichen Stoffes notwendig verknüpft sind (v. Hippel Abschaffung der Monstreprozesse in Monatsschr. f. KrimPsych. 1935 S. 241).

5. Der vorliegende Abschn. hat nach Fertigstellung des ersten Teils des Hauptwerks und bis zur Gegenwart Änderungen durch die VO. vom 17. Juni 1933, die dem § 218 einen zweiten Abs. anfügte, und durch das EidEinschrG. erfahren; letzteres gestaltete den § 223 um.

6. Im übrigen wird wegen der Vorbereitung der Hauptverhandlung auf Ziffer 168 bis 184 der Amtl. Richtl. verwiesen.

§ 214.

S. **640** Zeile 19 nach GA. **73** 290:: Amtl. Richtl. Ziffer 168 Abs. 4).

§ 218.

S. **642** nach Zeile 42:

Die VO. über Vereinfachung von Zustellungen vom 17. Juni 1933 (RGBl. I 394) fügte dem § 218 folgenden Abs. 2 an:

Im Falle des § 146 wird dem Verteidiger nur eine Ladung zugestellt. In der Ladung sind sämtliche Angeklagte, gegen die die Hauptverhandlung stattfinden soll, soweit der Verteidiger für sie auftritt, zu bezeichnen.

S. **651** Zeile 2 nach vorgeschrieben: (RGSt. **67** 182; vgl.

§ 223.

S. **651** nach Zeile 23:

Die auf Art. II Ziffer 4 EidEinschrG. vom 24. November 1933 (RGBl. I 1008) beruhende Neufassung des § 223 ist im Nachtrag des Hauptwerks auf S. 1486 ab Zeile 39 wiedergegeben und erläutert.

S. **653** Zeile 18 nach JW. **45** 500,: JR. 1934 HRR. Nr. 997;

S. **653** Zeile 23 nach Nr. 3519).: Erwägungen, die sich mit jenen Ausführungen der Mot. decken, sind jetzt in Ziffer 179 der Amtl. Richtl. enthalten.

S. **653** Zeile 27 nach DStRZ. **2** 465,: JR. 1934 HRR. Nr. 997;

S. **653** nach Zeile 37:

d) Der Grundsatz, daß die Frage, ob die Voraussetzungen des Abs. 2 erfüllt sind, der Nachprüfung seitens des Revisionsgerichts unterliegt (zuvor Abs. b), gilt auch für die durch das EidEinschrG. bewirkte Neugestaltung des § 223 — siehe den Nachtrag im Hauptwerk S. 1486 — (RG. JR. 1935 HRR. Nr. 553).

6. Abschnitt. Hauptverhandlung.

Vorbemerkungen.

S. **657** nach Zeile 26:

Die VO. über Maßnahmen auf dem Gebiet der Rechtspflege und Verwaltung vom 14. Juni 1932 (RGBl. I 285) bestimmte im Ersten Teil Kap. I Art. 1 § 2 Abs. 1, daß auf die Hauptverhandlung vor der großen Strafkammer die für die Hauptverhandlung vor dem Schöffengericht geltenden Vorschriften Anwendung finden. Sie griff auch sonst in einzelne Vorschriften des gegenwärtigen Abschnitts ein. Diese Änderungen sind zu § 229 in Note 3, zu § 245 in Note 10 und zu § 273 in Note 7 vermerkt. Sie haben, soweit sie die §§ 229 und 273 betreffen, jetzt noch Geltung, während der § 245 durch das Gesetz vom 28. Juni 1935 völlig umgestaltet ist.

Das AG. zum GewVerbrG. führte die §§ 233a und 246a neu ein. Dasselbe Gesetz änderte die §§ 260, 263, 265, 267 und 270. Die Neuerungen und Änderungen sind im Nachtrag zum Hauptwerk S. 1456 bis 1460 angegeben und erläutert. Änderungen der §§ 233a, 260, 263, 265 und 267 traten gemäß § 8 des Gesetzes über Reichsverweisungen vom 23. März 1934 (RGBl. I 213) insofern ein, als in diesen Vorschriften die Worte ausgeschieden wurden, die sich auf die im gerichtlichen Verfahren nicht mehr stattfindende Verweisung aus dem Reichsgebiet bezogen.

Schließlich trug das am 1. September 1935 in Kraft getretene Gesetz zur Änderung des Strafverfahrens und der Gerichtsverfassung vom 28. Juni 1935 (RGBl. I 844) den wichtigen Neuerungen Rechnung, die das Gesetz zur Änderung des Strafgesetzbuchs von demselben Tag in der Rechtsschöpfung durch entsprechende Anwendung der Strafgesetze und in der Zulassung der Wahlfeststellung brachte. Jenes Gesetz regelte das hierfür in der Hauptverhandlung zu beobachtende Verfahren. Es gestaltete die Vorschriften der §§ 244 und 245 über die Beweisaufnahme in der Absicht, dem Ermessen des Gerichts freieren Raum zu verschaffen, unter Verwertung der seitens der Rechtsprechung erzielten Ergebnisse völlig neu, was noch die Änderung eines Hinweises in § 265 Abs. 5 nach sich zog. Ferner gab die in Art. 6 des Gesetzes vollzogene Neuregelung des Verfahrens gegen Flüchtige Anlaß, dem § 232 einen dritten Abs. anzufügen.

Die Amtl. Richtl. haben, soweit sie sich in Ziffer 185 bis 228 mit der Hauptverhandlung abgeben, sorgfältige Beachtung zu beanspruchen. Dies gilt vornehmlich für die Ausführungen, die in Ergänzung der gesetzlichen Vorschriften auf die ernste Bedeutung der Hauptverhandlung hinweisen und eine würdige äußere Form verlangen. Die Wirkung des Verhaltens der Richter, insbesondere des Vorsitzenden, und des Staatsanwalts in der Hauptverhandlung auf die Aussagen des Angeklagten und der Zeugen kann nicht hoch genug angeschlagen werden. Die Amtl. Richtl. berühren diesen tiefgreifenden Einfluß gewisser Äußerlichkeiten auf die Sachgestaltung, indem sie erklären, die Hauptverhandlung müsse das Vertrauen erwecken, daß die Erforschung der Wahrheit und die gerechte Behandlung des Angeklagten ein heiliges Gebot ist, und indem sie dem Staatsanwalt strenge Unbefangenheit und Sachlichkeit zur Pflicht machen.

S. **657** Zeile 36 nach Breetzke JRsch. **4** 66).: Im übrigen wird hierzu auf Ziffer 186 der Amtl. Richtl. verwiesen.

S. **657** Zeile 44 nach GA. **39** 377).: — Die Amtl. Richtl. sprechen sich über die Anklagebank in Ziffer 191 aus.

S. **658** Zeile 15 nach gestattet werden muß.: Eingehende Erörterungen über den Ausschluß der Öffentlichkeit finden sich in Ziffer 201 bis 205 der Amtl. Richtl.

§ 229.

S. **663** Zeile 34 nach verhandlungsfrei zu lassen.: Diese Ausdehnung der Frist hat sich übrigens nicht bewährt, sondern den schweren Schaden, der mit einer viele Wochen oder Monate währenden Verhandlung eines unübersichtlichen Klagestoffs notwendig verbunden ist, in bedenklichem Maß vermehrt (vgl. v. Hippel, Abschaffung der Monstreprozesse in Monatsschr. f. KrimPsych. 1935 S. 246).

S. **664** nach Zeile 7:

Der Inhalt der Ziffer 212 der Amtl. Richtl. deckt sich mit dem, was die vorliegende Note bemerkt.

S. **664** Zeile 14 nach Note 1 das.; unter Wegfall der Worte „RG. I 112/23 vom 27. Febr. 1923“: RGSt. **53** 332, **57** 266, **69** 18, 23; doch kann die Frage, ob das Urteil auf dem Verstoß beruhe, nur in seltenen, besonders gelagerten Fällen verneint werden (RG. a. a. O.).

§ 230.

S. **665** Zeile 14 nach Abschn. 1).: Regelmäßig wird ein Angeklagter durch das Ausbleiben eines Mitangeklagten nicht beschwert (RGSt. **67** 418). — Ordnet der Vorsitzende in einer langwierigen, gegen mehrere Angeklagte durchgeführten Verhandlung an, daß jeder Angeklagte, der bei der Fortsetzung einer unterbrochenen Verhandlung ausbleibt, spätestens bei Beginn der weiteren

Verhandlung eine Erklärung des Inhalts beizubringen habe, daß er freiwillig und unabhängig von sonstigen Umständen ausgeblieben sei, so ist hierin, — falls nicht die Meinung entstehen kann, als ob das Gericht das Ausbleiben billige, — ein Verstoß gegen die §§ 230 Abs. 1, 231 Abs. 2, 233 nicht ohne weiteres zu erblicken (RGSt. **69** 18). — Auch ist der zwingende Revisionsgrund des § 338 Nr. 5 in Verbindung mit § 230 dann nicht gegeben, wenn eine einheitliche Verhandlung gegen mehrere Angeklagte begonnen, wenn demnächst das Verfahren gegen einen verhandlungsunfähig gewordenen Angeklagten abgetrennt und nur gegen die anderen Angeklagten fortgesetzt, wenn die Verhandlung dann nach kurzer Zeit auch gegen den vorläufig ausgeschiedenen Angeklagten wieder aufgenommen wird und wenn der Vorsitzende nun diesem Angeklagten, ohne einem Einwand zu begegnen, mitteilt, was inzwischen verhandelt worden ist; vielmehr kommt in einem solchen Fall nur ein Verstoß gegen § 261 in Betracht (RG. 1 D 295/35 v. 30. April 1935).

§ 231.

S. **666** nach Zeile 48:

Die Vorschrift des § 231 wird dadurch nicht ohne weiteres verletzt, daß in einer langwierigen, gegen mehrere Angeklagte durchgeführten Verhandlung eine Anordnung ergeht, wonach jeder bei der Fortsetzung einer unterbrochenen Verhandlung ausbleibende Angeklagte im Beginn der weiteren Verhandlung eine Erklärung über die Freiwilligkeit seines Ausbleibens beizubringen hat; doch darf diese Anordnung nicht den Eindruck erwecken können, als ob das Gericht das Ausbleiben gutheiße und sich der in § 230 Abs. 2 vorgesehenen Maßnahmen enthalten wolle (RGSt. **69** 18; vgl. die vorhergehende Bemerkung zu § 230).

S. **667** Zeile 18 nach **25** Nr. 2932,: JR. 1934 HRR. Nr. 1425).

§ 232.

S. **667** nach Zeile 39 ist der durch Art. 6 Ziffer 5 des Gesetzes vom 28. Juni 1935 neu geschaffene, dritte Abs. des § 232 mit folgendem Inhalt einzusetzen:

Die Hauptverhandlung kann auf Grund einer öffentlichen Ladung stattfinden (§ 40). Die Vorschrift des § 279 findet entsprechende Anwendung.

S. **667** Zeile 45 bis 47 fallen die beiden letzten Sätze der Note 1 weg; an ihre Stelle tritt folgende Bemerkung:

Vor der durch Art. 6 Ziffer 1 jenes Gesetzes bewirkten, durchgreifenden Änderung des 7. Abschn. des 2. Buchs enthielten die §§ 277 bis 283 a. F. die Vorschriften über das Ungehorsamsverfahren gegen den Angeklagten, den die deutsche Gerichtsbarkeit nicht erreichen kann, weil sein Aufenthalt unbekannt ist, oder weil er sich im Ausland aufhält. Die sachlichen Voraussetzungen, unter denen eine Hauptverhandlung gegen einen Abwesenden stattfindet, waren im § 277 Abs. 1 a. F. anders, und zwar enger bestimmt, als § 232 Abs. 1 sie damals lediglich für das Ungehorsamsverfahren gegen den im Bereich der richterlichen Gewalt befindlichen, den Anordnungen und Maßnahmen nach § 236 unterliegenden Angeklagten vorgeschrieben hatte. Die Hauptverhandlung gegen Abwesende war auf den kleinen Kreis der nur mit Geldstrafe oder Einziehung allein oder in Verbindung miteinander bedrohten Vergehen und Übertretungen beschränkt (vgl. Note 2 zu § 277 a. F.); eine Ausdehnung über die Grenze des § 277 a. F. hinaus ergab sich allerdings aus den Vorschriften der RAbgO. über die Verfolgung der Steuerzuwiderhandlungen (vgl. Note 1 zu § 277 a. F.). Hier tritt jetzt eine einschneidende Verschiebung und Umgestaltung ein. Der neue 7. Abschn., der das Verfahren gegen Flüchtige regelt, läßt die Hauptverhandlung im § 276 n. F. bei jeder Straftat, aber doch nur unter der Voraussetzung zu, daß das Rechtsempfinden des Volks die alsbaldige Aburteilung der Tat verlangt. Dagegen erhält das von einer solchen Voraussetzung unabhängige Ungehorsamsverfahren, das in Sachen von geringerer Bedeutung stattfindet, wenn dem Angeklagten die Ladung zur Hauptverhandlung nicht in der vorgeschriebenen Weise im Deutschen

Reich zugestellt werden kann und die Befolgung der für Zustellungen im Ausland bestehenden Vorschriften unausführbar oder voraussichtlich erfolglos erscheint, seine gesetzliche Unterlage ausschließlich im neuen Abs. 3 des § 232. Diese Vorschrift ersetzt die §§ 277 bis 283 a. F. Sie erweitert zugleich den Rahmen des Ungehorsamsverfahrens, das für die kleineren Sachen gegen Abwesende vorgesehen ist. Denn die Hauptverhandlung gegen den Abwesenden ist jetzt — gleich wie beim Ausbleiben des für die richterliche Gewalt erreichbaren Angeklagten — auch zugelassen, wenn die den Gegenstand der Untersuchung bildende Tat mit Haft bedroht ist.

Die Neuregelung entzieht der in mehreren Urteilen des Reichsgerichts kundgegebenen Ansicht, daß die Vorschriften über das Verfahren gegen Abwesende im Rechtsmittelverfahren nicht gelten (RGSt. **61** 90, **65** 418, **66** 79), den Boden, da jetzt die im § 332 enthaltene Verweisung zweifellos auch die Vorschrift des § 232 Abs. 3 n. F. ergreift (vgl. Vorbem. Note 2 zum alten Abschn. 7 des 2. Buchs im Hauptwerk S. 811 und Vorbem. Note 2 zum neuen Abschn. 7).

§ 233.

S. **670** nach Zeile 3:

Nach Kap. I § 5 des sechsten Teils der VO. zur Sicherung von Wirtschaft und Finanzen vom 6. Oktober 1931 (RGBl. I 537, 563) kann der Angeklagte auf seinen Antrag von der Verpflichtung zum Erscheinen auch dann befreit werden, wenn ein Verbrechen, das nicht nur wegen Rückfalls Verbrechen ist, den Gegenstand der Aburteilung bildet, die Sache aber von minderer Bedeutung ist (vgl. den Nachtrag auf Seite 1456 vor § 233 a).

S. **670** nach Zeile 27:

Ergeht in einer langwierigen, gegen mehrere Angeklagte durchgeführten Verhandlung eine gerichtliche Anordnung des Inhalts, daß jeder Angeklagte, der bei der Fortsetzung einer unterbrochenen Verhandlung ausbleibt, spätestens im Beginn der nächsten Verhandlung eine Erklärung über die Freiwilligkeit seines Ausbleibens beizubringen habe, so enthält diese Anordnung doch keine Befreiung eines Angeklagten von der Verpflichtung zum Erscheinen in der Verhandlung (RGSt. **69** 18).

S. **672** nach Zeile 35:

§ 233 a.

Diese durch Art. 2 Ziffer 19 des AG. zum GewVerbrG. neu eingeführte Vorschrift ist auf Seite 1456 des Hauptwerks wiedergegeben und erläutert. Das Gesetz über Reichsverweisungen hat die ursprünglich in ihr enthaltenen Worte „oder für zulässig erklärt" in Rücksicht auf den Wegfall der Sicherungsmaßregel des § 42 m StGB. beseitigt.

§ 237.

S. **675** nach Zeile 38:

Es ist ferner zulässig, während der Hauptverhandlung das Verfahren gegen einen von mehreren Angeklagten durch Gerichtsbeschluß abzutrennen und dann später wieder mit dem Verfahren gegen die anderen Angeklagten zu verbinden (RGSt. **69** 18, 20). Wird in einem solchen Fall die Verhandlung, die in Abwesenheit des vorübergehend ausgeschiedenen Angeklagten stattgefunden hatte, nach dessen Wiedereintritt nicht wiederholt, sondern diesem Angeklagten nur vom Vorsitzenden mitgeteilt, was inzwischen verhandelt worden war, so ist der zwingende Revisionsgrund des § 338 Nr. 5 doch nicht gegeben; vielmehr kommt dann nur ein Verstoß gegen § 261 in Betracht (RG. 1 D 295/35 v. 30. April 1935).

§ 238.

S. **677** Zeile 32 nach zustehen würde.: — Demgemäß darf das Gericht auch seine Stellungnahme zu Rechtsfragen, von denen der Umfang der Beweiserhebungen abhängt, durch förmlichen Beschluß — selbstverständlich unter Vorbehalt der Nachprüfung bei der Beratung des Urteils — bekannt geben (RGSt. **68** 180).

S. **678** Zeile 20 nach v. 23. Febr. 1931).: Eines Gerichtsbeschlusses über die zunächst vom Vorsitzenden zu entscheidende Frage, ob ein Zeuge zu vereidigen sei oder nicht, bedarf es also auch nach §§ 59 ff. n. F. nur, wenn ein Beteiligter einen Antrag wegen der Vereidigung stellt oder die Maßnahme des Vorsitzenden sonst gemäß § 238 Abs. 2 beanstandet (RGSt. **19** 354, **44** 65, **57** 263, **68** 396).

S. **678** nach Zeile 49:

Die vorhergehenden Erwägungen begründen folgenden Grundsatz: Eine bei der Verhandlung beteiligte Person kann die Entscheidung des Gerichts gemäß § 238 Abs. 2 gegen eine die Vernehmung des Angeklagten betreffende Anordnung des Vorsitzenden nur anrufen, wenn es sich nicht um die äußere Ordnung oder Form der Vernehmung, sondern um deren inneren Gehalt handelt, und wenn bezweckt wird, die Zulassung einer Frage, die nach dem Verlangen des Verteidigers oder eines anderen Beteiligten an den Angeklagten gerichtet werden soll, entgegen dem ablehnenden Bescheid des Vorsitzenden zu erwirken (RGSt. **68** 110).

§ 240.

S. **681** nach Zeile 6:

6. Revision. Eine Verletzung der Grundsätze des Fragerechts gilt als unzulässige Beschränkung der Verteidigung; sie kann die Revision rechtfertigen (RGSt. **55** 99, **67** 180; RG. GA. **56** 229, JW. **57** 2720).

§ 241.

S. **683** Zeile 15 nach dessen Aufhebung: (RGSt. **55** 99, **67** 180;

§ 243.

S. **684** Zeile 40 nach § 79 Note 7).: Die Amtl. Richtl. besprechen diesen Gegenstand in Ziffer 200.

S. **685** Zeile 4 nach DJZ. **12** 647, 1021).: Die Amtl. Richtl. erklären hierzu in Ziffer 206, daß es einer Verlesung des Auszugs aus dem Strafregister nicht bedarf, wenn die darin vermerkten Strafen weder für die sachliche oder rechtliche Beurteilung der zur Verhandlung stehenden Straftat noch für die Strafzumessung Bedeutung haben; sie weisen überdies in Ziffer 207 darauf hin, daß es wegen der Frage der Bildung einer Gesamtstrafe auch erforderlich ist, den Angeklagten darüber zu hören, ob er eine früher gegen ihn erkannte Strafe voll verbüßt hat.

S. **685** Zeile 28 nach Hahn Mat. 2 statt 1558: 1581),

S. **685** Zeile 30 nach RG. GA. **62** 156).: Werden Abschriften der Anklageschrift, in der die wesentlichen Ergebnisse der Ermittelungen dargestellt sind, den Schöffen oder Geschworenen zum Gebrauch für die Hauptverhandlung überlassen, so begründet der hierin liegende Verstoß gegen den Grundsatz der Mündlichkeit und Unmittelbarkeit die Revision gemäß § 337, wenn jene Darstellung geeignet ist, die Beweiswürdigung zu beeinflussen (RGSt. **69** 120; RG. 4 D 631/35 v. 9. Juli 1935). — Die Amtl. Richtl. bestimmen dementsprechend in Ziffer 195 Abs. 2 Satz 3, daß den Laienrichtern Abschriften der Anklageschrift nicht überlassen werden dürfen.

§ 244 a. F.

S. **689** Zeile 2 nach RG. JW. **59** 934,: 3 D 198/35 v. 1. April 1935;

S. **691** Zeile 12 nach Buch 1 Abschn. statt 4: 11.

S. **691** nach Zeile 13:

Obwohl § 36 Abs. 5 Satz 3 der VO. über Devisenbew. v. 23. Mai 1932 (RGBl. I 231) — jetzt § 45 Abs. 1 Satz 3 des Ges. über Devisenbew. v. 4. Febr. 1935 (RGBl. I 106) — bestimmt, daß die Einziehung unterbleibt, wenn der von ihr Betroffene gewisse Tatsachen nachweist, muß das Gericht doch jeden Beweisantrag des Betroffenen ebenso behandeln wie die Beweisanträge anderer Prozeßbeteiligter (RG. 1 D 829/34 v. 16. Nov. 1934).

S. **692** Zeile 15 nach **62** 450 Nr. 41,: JR. 1935 HRR. Nr. 554,

S. **695** Zeile 7 nach JW. **52** 689,: JR. 1934 HRR. Nr. 1426,

S. **695** Zeile 37 nach DRZ. **23** Nr. 216,: JR. 1934 HRR. Nr. 1426,

S. **696** Zeile 21 nach JW. **62** 447 Nr. 39).: Auch im übrigen kann eine frühere Ausübung des Rechts, das Zeugnis zu verweigern, die Ablehnung der Vernehmung dann nicht rechtfertigen, wenn die Sachlage Anhaltspunkte dafür bietet, daß die als Zeuge benannte Person geneigt ist, ihren Entschluß zu ändern (RG. 1 D 1286/34 v. 30. Juli 1935).

S. **700** Zeile 28 nach entfaltet hat (RG.: JR. 1934 HRR. Nr. 1426,

S. **701** Zeile 16 nach **63** 332; RG.: JR. 1934 HRR. Nr. 1426;

S. **702** Zeile 15 nach DRZ. **25** Nr. 129,: JR. 1935 HRR. Nr. 476,

S. **705** Zeile 36 nach **23** Nr. 132,: JR. 1934 HRR. Nr. 1085 b,

S. **706** Zeile 28 nach DRZ. **20** Nr. 428,: BayObLG. JR. 1934 Nr. 998;

S. **708** nach Zeile 21:

21. **Neues Recht** — Das Gesetz zur Änderung von Vorschriften des Strafverfahrens und des Gerichtsverfassungsgesetzes vom 28. Juni 1935 (RGBl. I 844), das am 1. September 1935 in Kraft getreten ist, hat in der „Freieres Ermessen des Gerichts bei Beweiserhebungen" überschriebenen Ziffer 3 des Art. 1 dem § 244 eine neue Fassung gegeben. Der § 244 n. F. ist im unmittelbaren Anschluß an die gegenwärtige Note angeführt und erläutert.

Dasselbe Gesetz bestimmt im Art. 9 mit der Überschrift „Übergangs- und Schlußvorschriften" Ziffer 1 folgendes:

Die Revision gegen ein vor Inkrafttreten dieses Gesetzes erlassenes Urteil kann nicht auf einen Verstoß gegen die §§ 244, 245 der Strafprozeßordnung alter Fassung gestützt werden, wenn die Maßnahme des Gerichts auf Grund der neuen Fassung der beiden Vorschriften gerechtfertigt gewesen wäre.

Es setzt in Ziffer 4 desselben Art. die gesetzliche Grundlage des die Beweisaufnahme regelnden Notverordnungsrechts, nämlich den § 1 des Art. 3 des Kap. I des Ersten Teils der VO. über Maßnahmen auf dem Gebiet der Rechtspflege und Verwaltung v. 14. Juni 1932 (RGBl. I 285) außer Kraft.

22. Die neue Vorschrift hat folgenden Wortlaut:

§ 244. Nach der Vernehmung des Angeklagten folgt die Beweisaufnahme. Das Gericht hat von Amts wegen alles zu tun, was zur Erforschung der Wahrheit notwendig ist.

1. Eine **Begründung** zu dem das Verfahrensrecht betreffenden Gesetz vom 28. Juni 1935 — Amtl. Begr. — ist in den amtlichen Sonderveröffentlichungen der Deutschen Justiz Nr. 10 S. 50ff. bekanntgemacht worden.

2. **Abs. 1** des § 244 n. F. stimmt mit Abs. 1 des § 244 a. F. überein.

3. Was **Abs. 2** des § 244 n. F. ausspricht, versteht sich von selbst. Im alten Rechtszustand erblickte die Rechtsprechung im § 155 Abs. 2 einen gesetzlichen Ausdruck für das Gebot, das jetzt der § 244 Abs. 2 aufstellt. Daß das Gesetz den selbstverständlichen Satz ausspricht, hat seinen Grund in der hervorragenden Wichtigkeit. Im Strafverfahren steht nichts so hoch als die Pflicht der Richter, aus eigenem Antrieb und nach eigenem Plan — unabhängig von den Anträgen oder Anregungen der Prozeßbeteiligten — alle Mittel einzusetzen, damit sie der Wahrheit, der zutreffenden Vorstellung von dem zu beurteilenden Geschehen so nahe kommen, als dies der menschlichen Erkenntnis möglich ist. Von der strengen, mutigen und rücksichtslosen Erfüllung dieser Pflicht hängt die Entscheidung über Ehre, Leben, Freiheit und Vermögen der Volksgenossen, die sich vor Gericht zu verantworten haben, in erster Reihe ab. Was hierin versäumt wird, kann zur Ursache eines nicht mehr gutzumachenden Unrechts werden und verhängnisvoller wirken, als ein Fehler in der Anwendung des Gesetzes auf den sorgfältig ermittelten Tatbestand. Der innere Vorwurf, dieser Pflicht nicht gerecht geworden zu sein, muß das Gewissen des säumigen Richters schwer belasten.

Die Hindernisse, die sich der Erfüllung des heiligen Gebots entgegenstellen, sind mannigfaltig und keineswegs leicht zu überwinden. Unzulänglichkeit der Vorermittelungen, Befangenheit des Anklagevertreters, Beschränktheit oder Lügenhaftigkeit der Zeugen, ungenügende Sachkunde der Gutachter, Eilbedürftigkeit der abzuurteilenden Sache, Inanspruchnahme durch ein Übermaß anderer Geschäfte gehören hierher. Als noch weit ernster aber sind die Hindernisse einzuschätzen, die nicht von außen her an den Richter herantreten, sondern sich in seinem Inneren erheben. Es gilt für den Richter über Mangel an Geduld und Selbstbeherrschung, über persönliche Zuneigung oder Abneigung, über Rücksicht auf das Fortkommen, über Furcht vor der Ungunst Vorgesetzter, über Nachgiebigkeit gegenüber dem leidenschaftlichen Begehren einer erregten Menge Herr zu werden. Nichts kann den Richter in dem harten Kampf um die Wahrheit mehr stärken als das immer wache Bewußtsein der Pflicht gegenüber der Volksgemeinschaft und der Verantwortlichkeit vor einer Macht, der auch keine falsche innere Regung verborgen bleibt.

4. **Revision** — Die Vorschrift gibt dem Revisionsgericht den Anhalt dafür, daß es ein angefochtenes Urteil auf eine durch die Angabe von Tatsachen gemäß § 344 Abs. 2 gestützte Verfahrensbeschwerde aufhebt, wenn die Nachprüfung einen Verstoß gegen § 244 Abs. 2 und das Beruhen des Urteils auf dem Verstoß erkennen läßt. Eine Verletzung des im § 244 Abs. 2 ausgesprochenen Gebots muß für vorliegend erachtet werden, wenn ersichtlich wird, daß das mit der Ermittelung des Sachverhalts betraute Gericht willkürlich oder oberflächlich gehandelt, insbesondere ein ihm zugängliches Mittel zur Erforschung der Wahrheit nicht gebraucht hat. Die Amtl. Begr. bemerkt hierzu auf S. 54, daß der Satz über die Aufklärungspflicht nicht dazu bestimmt sei, die Rechte des Revisionsgerichts über das jetzt geltende Recht zu erweitern.

§ 245 a. F.

S. **709** Zeile 19 nach v. 22. Nov. 1927).: Die Amtl. Begr. trägt dem zuvor bezeichneten Grundsatz in Ziffer 209 Rechnung.

S. **709** Zeile 39 nach (RGSt. **40** 140).: — Trotzdem hat die Unterscheidung zwischen geladenen und in die Sitzung gestellten Zeugen Bedeutung auch für die Zeugen, deren Vernehmung die Staatsanwaltschaft verlangt (RGSt. **68** 403). Personen, die zufällig an der Gerichtsstelle anwesend sind, werden durch den Antrag der Staatsanwaltschaft, sie zu hören, nicht zu herbeigeschafften Beweismitteln (RG. 2 D 729/34 v. 12. Nov. 1934).

S. **710** Zeile 9 nach JRsch. **3** Nr. 1701).: Als unverwendbarer Zeuge wird auch ein Polizeibeamter ist in keiner Verhandlung von der Pflicht befreit, den Zweck und die Möglichkeit des Erfolgs eines Beweisantrags zu erwägen oder sich darüber schlüssig zu machen, was ein Prozeßbeteiligter mit dem Verlangen nach Verwendung eines beigebrachten Beweismittels bezweckt und was er erreichen kann, wenn dieses verwendet wird. Dementsprechend bemerkt die Amtl. Begr. auf S. 54, daß der gesunde Gedanke, der dem § 245 Abs. 1 a. F. zugrunde lag, nicht unberücksichtigt bleiben dürfe, und daß es sich daher auch in Zukunft empfehle, die an Gerichtsstelle erschienenen Zeugen zu vernehmen, wenn dies ohne wesentliche Verzögerung geschehen kann, und wenn es irgendeinen Erfolg verspricht.

Andererseits geht der Grund, der die Ablehnung eines Beweisantrags stets rechtfertigt, aus dem alten in das neue Recht unverändert über; er ist gegeben, wenn das Gericht die Überzeugung gewinnt, daß der Antragsteller nicht mit dem Willen zur Förderung der Wahrheitsermittlung handelt, sondern sein Beweisrecht geflissentlich mißbraucht.

2. Einzelheiten.

a) **Verhandlungen vor dem Amtsgericht, dem Schöffengericht und dem Landgericht in der Berufungsinstanz** — Die für diese Verhandlungen gültige Vorschrift löst die aufgehobene Vorschrift des Art. 3 § 1 des Kap. I des Ersten Teils der VO. v. 14. Juni 1932 (vgl. die Note 10 zu § 245 a. F.) ab. Nach dem neuen Recht steht es dem Gericht im Bereich der Herrschaft des Abs. 1 Satz 1 des § 245 n. F., auch wenn jedes Anzeichen für eine dem Verlangen nach Beweiserhebung innewohnende unlautere Absicht fehlt, doch frei, einen Beweisantrag abzulehnen, weil es den Sachverhalt im Hinblick auf das Ergebnis der Verhandlung für genügend geklärt und eine Änderung durch weitere Beweiserhebungen für gänzlich ausgeschlossen erachtet (vgl. Note 9 zu § 245 a. F.), oder weil es der Aussage eines benannten Zeugen, wenn dieser die vom Beweisführer behauptete Tatsache bestätigen würde, den Glauben aus bestimmten, näher anzugebenden Gründen versagen müßte. Die Einräumung des freien Ermessens läßt aber kein willkürliches Verfahren des Gerichts gegenüber den in jenen Verhandlungen angebrachten Beweisanträgen zu; das Gericht ist vielmehr bei ihrer Prüfung immer an das wichtige Gebot des § 244 Abs. 2 n. F. gebunden. Das Revisionsgericht hat nachzuprüfen, ob dem Gericht der Vorwurf einer willkürlichen Behandlung eines Beweisantrags gemacht werden kann oder ob es jenem Gebot einwandfrei genügt hat (Note 9 zu § 245 a. F.; vgl. Amtl. Begr. S. 54 f.).

b) **Beweisangebote mit dem Antrag auf Einnahme eines Augenscheins oder Anhörung eines Sachverständigen** — Das Reichsgericht hat für die Beweisanträge, mit denen der Gebrauch der zuvor bezeichneten Beweismittel verlangt wird, besondere Grundsätze aufgestellt (Note 15 zu § 244 a. F.). Der Abs. 2 Satz 2 des § 244 n. F. legt diese ohne Unterschied für alle Verhandlungen gesetzlich fest.

c) **Verhandlung vor den Gerichten, bei denen nach dem Gesetz die Berufung allgemein ausgeschlossen ist** — Die im Abs. 2 bestimmte Voraussetzung trifft zunächst auf die Verhandlungen vor den Gerichten zu, gegen deren Entscheidungen kein Rechtsmittel stattfindet, also auf die Verhandlungen vor dem Volksgerichtshof und vor den an seine Stelle tretenden Oberlandesgerichten sowie vor den Sondergerichten, wobei übrigens zu beachten ist, daß für die Verhandlungen vor den letzteren die Sondervorschrift des § 13 der SondergerichtsVO. v. 21. März 1933 (RGBl. I 136) maßgebend ist. Ferner erfüllen die Verhandlungen, die im ersten Rechtszug vor den Landgerichten und die vor den Schwurgerichten stattfinden, jene Voraussetzung. Denn die auf Grund dieser Verhandlungen ergehenden Urteile sind der Anfechtung mit der Berufung entzogen. Dagegen gilt Abs. 2, obwohl nach §§ 313, 334 auch gewisse Urteile des Amtsrichters mit der Berufung nicht angefochten werden können, doch in keinem Fall für die Verhandlungen vor dem Amtsrichter. Die Einleitung des Abs. 2 gibt mit den Worten „im übrigen" für das Verhältnis zu Abs. 1 zu erkennen, daß Abs. 2 nur die Fälle regelt, die nicht vom Abs. 1 ergriffen werden. Die Entstehungsgeschichte der einschlägigen Vorschriften dient dieser Ansicht zur Stütze. Das neue Gesetz will nicht hinter die Grenze zurückgehen, die das alte Recht dem freien Ermessen gezogen hatte, sondern weiter vorschreiten. Die Bemerkung der Amtl. Begr. auf S. 53, wonach der Grundsatz des freien

Ermessens nur da uneingeschränkt gelte, wo die Möglichkeit der Erörterung des Falls in zwei Tatsacheninstanzen gegeben sei, steht nicht entgegen.

Der Abs. 2 schreibt für die Verhandlungen, in denen er Anwendung findet, die Gründe für die Ablehnung eines Beweisantrags erschöpfend und in bewußtem Anschluß an die Rechtsprechung des Reichsgerichts (Lehmann a. a. O. S. 2328) vor. Diese Gründe bestehen in der Unzulässigkeit der Beweiserhebung (Note 11 zu § 244 a. F.), der Unerheblichkeit der behaupteten Tatsache (Note 14a zu § 244 a. F.), dem Mangel an Beweisbedürftigkeit (Note 14b zu § 244 a. F.) und in der Unbrauchbarkeit des Beweismittels (Note 14c zu § 244 a. F.). Die in jenen Noten erläuterten Grundsätze sind insoweit aufrechterhalten.

3. — **Abs. 3** — Die Vorschrift, daß die Ablehnung eines Beweisantrags eines Gerichtsbeschlusses bedarf, deckt sich mit Abs. 2 Halbsatz 1 des § 244 a. F. (vgl. Note 16 zu § 244 a. F.).

4. Wegen der **Gemeinschaftlichkeit** der Beweisanträge, wegen der Zurücknahme und der Ausführung eines Beweisbeschlusses wird auf die Noten 17 bis 19 zu § 244 a. F. verwiesen.

5. **Revision** — Für die Übergangszeit beansprucht die zuvor in Note 21 zu § 244 a. F. wiedergegebene Vorschrift des Art. 9 Ziffer 1 des Gesetzes v. 28. Juni 1935 Beachtung. Im übrigen sind die Noten 20 zu § 244 a. F., 10 zu § 245 a. F. und 4 zu § 244 n. F. zu vergleichen.

§ 246.

S. 716 Zeile 4 nach **3** 416, **59** 420,: **68** 88;

S. 716 Zeile 5 nach § 244 Note 8b).: Das Gericht muß also auch schriftliche, in das Beratungszimmer überschickte Beweisanträge berücksichtigen; es darf dem Verteidiger, wenn es in den Sitzungsraum zurückkehrt, nicht weiteres Gehör versagen (RGSt. **68** 88).

§ 246a.

S. 716 nach Zeile 46:

Das AG. zum GewVerbrG. hat die StPO. in Art. 2 Ziffer 20 unter anderem dadurch geändert, daß es eine neue Vorschrift als § 246a einfügte. Diese ist im Nachtrag des Hauptwerks auf S. 1456f. wiedergegeben und erläutert. Ergänzend ist folgendes zu bemerken:

S. 1457 Zeile 15 nach erforderlich sei.: Der Zweck der Vorschrift geht also dahin, die Gründlichkeit der Prüfung aller tatsächlichen Umstände in Rücksicht auf die tiefgreifenden Wirkungen der in Betracht kommenden Maßregeln zu gewährleisten (RGSt. **69** 32). Doch hat insbesondere über die Voraussetzungen der Entmannung der Strafrichter auch insoweit zu entscheiden, als ärztliche Fragen eingreifen; der als Sachverständiger gehörte Arzt ist auch insoweit nur Gehilfe des Richters (RG. JR. 1935 HRR. Nr. 992).

3. **Untersuchung** — Die ärztliche Untersuchung und die Vernehmung des Arztes über den geistigen und körperlichen Zustand des Täters gehören untrennbar zusammen; von der Untersuchung darf nicht abgesehen werden, weil sie nach der Ansicht des Arztes oder des Gerichts nicht erforderlich sei; ist die Untersuchung nicht vor der Hauptverhandlung geschehen, so muß sie in dieser nachgeholt werden (RGSt. **68** 198). — Dem Erfordernis des § 246a genügt nicht irgendeine ärztliche Untersuchung, sondern nur eine solche, die unter dem Gesichtspunkt der anzuordnenden Maßregel ausgeführt worden ist und sich auf die geistige und körperliche Beschaffenheit des Untersuchten gerade in den Beziehungen erstreckt hat, die für die hierbei zu beurteilenden Fragen ausschlaggebend sind (RGSt. **68** 327, **69** 129, 133). — Die vom Gesetz verlangte Untersuchung kann nicht dadurch ersetzt werden, daß der beauftragte Arzt die Akten einsieht und sich Kenntnis vom Gutachten eines anderen Arztes verschafft (RG. JR. 1935 HRR. Nr. 405). — Eine auf die anzuordnende Maßregel eingestellte Untersuchung durch den Arzt vor der Hauptverhandlung ist auch erforderlich, wenn das Gericht darüber zu befinden hat, ob Entmannung anzuordnen oder

einer anderen Maßregel, namentlich der Sicherungsverwahrung, der Vorzug zu geben ist (RGSt. **69** 129, 133).

4. Revision — **Die Nichtanwesenheit des Arztes als Sachverständigen in der Hauptverhandlung, auf Grund derer die Entmannung oder die Unterbringung des Angeklagten angeordnet wird, bildet einen zwingenden Revisionsgrund im Sinn des § 338 Nr. 5 (RG. JR. 1935 HRR. Nr. 993).**

§ 247.

S. **717** Zeile 18 nach BayZ. **22** 105,: JR. 1934 HRR. Nr. 999,

S. **717** Zeile 30 nach (RG. GA. **48** 300).: Sie findet auch statt, wenn ein zur Verweigerung des Zeugnisses berechtigter Zeuge erklärt, daß er nur in Abwesenheit des Angeklagten aussagen wolle (RG. HRR. 1935 Nr. 1361).

S. **717** Zeile 40 nach läßt ferner eine Ausnahme: in Landesverratsachen zu, wenn die Staatssicherheit die Abwesenheit des Angeklagten während der Darlegungen des Sachverständigen erfordert (RGSt. **69** 253), sowie in allen Sachen,

S. **718** Zeile 31 nach DRZ. **23** Nr. 364,: JR. 1934 HRR. Nr. 999).

S. **718** Zeile 34 nach Recht **18** Nr. 1203,: JR. 1935 HRR. Nr. 477,

S. **719** Zeile 2 nach **35** 434;: RG. JW. 1934 S. 1661 Nr. 25,

S. **719** Zeile 3 nach v. 16. Juni 1932,: HRR. 1935 Nr. 1361).

S. **719** Zeile 5 nach des angefochtenen Urteils: (RG. HRR. 1935 Nr. 1361).

§ 249.

S. **722** Zeile 37 nach **54** 17, **61** 73, **64** 78,: **69** 89;

S. **722** Zeile 40 nach zum Ausdruck zu bringen: (RGSt. **69** 89).

S. **722** Zeile 42 nach geschöpft wird: (RGSt. **69** 89;

S. **723** Zeile 7 nach (RGSt. **65** 420: **69** 90;

S. **723** Zeile 8 nach DRZ. **25** Nr. 117).: Ein Zwang, eine solche Niederschrift in jedem Fall zu verlesen, besteht aber nicht (RGSt. **69** 90).

S. **724** Zeile 48 nach verwerten: (RGSt. **8** statt 183: 153,

S. **724** Zeile 50 nach v. 14. Jan. 1927,: 3 D 613/35 v. 26. Sept. 1935;

§ 250.

S. **726** Zeile 29 nach herbeigeführt werden: (BayObLG. JR. 1934 HRR. Nr. 1000).

S. **726** nach Zeile 36:

Aus dem, was im vorhergehenden Abs. ausgeführt ist, folgt insbesondere, daß ein polizeiliches Protokoll über die frühere Vernehmung eines verstorbenen Zeugen oder Mitbeschuldigten, sofern es nicht als Teil eines richterlichen Protokolls nach § 251 Abs. 1 Satz 1 verlesbar ist, in der Haupt-

verhandlung jedenfalls dann nicht verlesen werden darf, wenn der Polizeibeamte, der es aufgenommen hat, geladen und über die vor ihm gemachte Angabe des Vernommenen gehört werden kann (RGSt. **67** 254).

S. **726** Zeile 45 nach RGRspr. 7 401;: RG. JW. 1935 S. 2380 Nr. 37, 5 D 152/34 v. 19. Nov. 1934).

§ 251.

S. **728** Zeile 44 nach zustimme (RGSt. **9** 49,: **67** 254).

S. **729** Zeile 19 nach bedarf es also nicht: (RG. JR. 1935 HRR. Nr. 82).

S. **731** nach Zeile 38:

d) War in einem gegen zwei Täter wegen einer gemeinschaftlichen Straftat eingeleiteten Verfahren ein Zeuge durch einen beauftragten oder ersuchten Richter zu einer Zeit vernommen worden, zu der das Verfahren gegen den einen Täter wegen dessen Abwesenheit vorläufig eingestellt war, gegen den anderen aber weiter geführt wurde, so darf das über die Vernehmung aufgenommene Protokoll in der Hauptverhandlung, die später gegen die beiden Täter stattfindet, mit der Zustimmung des vorübergehend aus dem Verfahren ausgeschiedenen Angeklagten verlesen werden; der Umstand, daß der Beschluß über die Anordnung der Vernehmung sich nur gegen den anderen Angeklagten richtete, steht nicht entgegen (RG. 2 D 189/35 v. 15. April 1935; vgl. RGSt. **66** 213, 216).

S. **732** Zeile 36 nach ohne weiteres zu verlesen.: — Dagegen bedarf es wiederum eines Antrags, wenn die neue Hauptverhandlung erforderlich wird, weil das Revisionsgericht das Urteil der Vorinstanz mit den tatsächlichen Feststellungen aufgehoben hat (RG. 4 D 633/34 v. 3. Juli 1934).

§ 252.

S. **736** Zeile 13 nach (RGSt. **32** 75, **35** 8).: Schließlich wird auch die **Strafanzeige** einer zur Verweigerung des Zeugnisses berechtigten Person nicht als Aussage im Sinn des § 252 angesehen, sofern sie einem Polizeibeamten gegenüber zu Protokoll erklärt, aber nicht mit einer Vernehmung verbunden worden ist (RG. 6 D 14/35 v. 26. Juni 1935).

§ 254.

S. **740** Zeile 11 nach 53/32 v. 4. Febr. 1932;: BayObLG. JR. 1934 HRR. Nr. 1000;

§ 256.

S. **741** Zeile 36 nach (RG. JW. **61** 245 Nr. 8);: das **Reichsmonopolamt** (RG. JR. 1935 HRR. Nr. 555);

S. **743** Zeile 1 nach (RG. JW. **59** 3485 Nr. 13).: Auch die **Äußerung** eines **Strafanstaltsvorstands** über das Verhalten eines Gefangenen in der Anstalt kann wegen des Inhalts als **Leumundszeugnis** anzusehen sein (RG. JR. 1935 HRR. Nr. 154 und Nr. 1286).

S. **743** Zeile 2 nach (RGSt. 7 276).: Ferner ist dem **Gutachten** einer **kriminalbiologischen Sammelstelle** über den Angeklagten die Eigenschaft eines Leumundszeugnisses nicht ohne weiteres beizumessen (RG. JW. 1935 S. 2378 Nr. 33).

§ 258.

S. **745** Zeile 16 nach RGSt. **20** 380, **26** 32,: **55** 110;

Mündlichkeit und Unmittelbarkeit verletzt, wenn den Schöffen oder den Geschworenen Abschriften der Anklageschrift, in der die Ergebnisse der Ermittelungen dargestellt sind, zum Gebrauch für die Hauptverhandlung überlassen werden; dieser Verstoß begründet die Revision, wenn jene Darstellung geeignet ist, die Beweiswürdigung zu beeinflussen (RGSt. **69** 120; RG. 4 D 631/35 v. 9. Juli 1935). — Die Amtl. Richtl. sprechen sich denn auch in Ziffer 195 Abs. 2 Satz 3 gegen die Überlassung der Anklageschrift an die Laienrichter aus. — Unterhält sich ein Geschworener mit dem in der Sache vernommenen Sachverständigen über den Gegenstand der Untersuchung, während das Gericht sich zur Beratung zurückzieht, so liegt ein die Revision begründender Verfahrensverstoß vor, falls anzunehmen ist, daß das private Wissen, das der Geschworene sich außerhalb der Verhandlung verschafft hat, zur Sachentscheidung beigetragen habe (RGSt. **67** 279; vgl. **50** 154).

S. **757** Zeile 44 nach 323, **43** 41;: RG. JR. 1934 HRR. Nr. 1334).

S. **758** Zeile 42 nach **41** 540).: Die Vorschrift des § 261 steht ferner dem nicht entgegen, daß das Gericht, um ein umfassendes, zuverlässiges Bild von der Persönlichkeit des Angeklagten zu gewinnen, die Beweisaufnahme auf andere mit dem Gegenstand der Klage nicht zusammenhängende Handlungen und zwar auch auf solche erstreckt, für die Straffreiheit gewährt ist (RG. JW. 1935 S. 2496 Nr. 12). — Dem Tatrichter ist es insbesondere nicht verwehrt, Taten des Angeklagten, die der Verjährung anheimgefallen sind, als Beweisanzeichen bei der Prüfung der Frage zu verwerten, ob die neuen Taten, die als Grundlage für die Anordnung einer Maßregel der Sicherung in Betracht kommen, den Angeklagten als einen gefährlichen Gewohnheits- oder Sittlichkeitsverbrecher kennzeichnen (RGSt. **69** 11).

§ 263.

S. **764** zu Zeile 30:

Die Fassung, die § 263 durch Art. 2 Ziffer 22 des AG. z. GewVerbrG. erhalten hatte, ist im Nachtrag zum Hauptwerk auf S. 1458 wiedergegeben und mit einer Erläuterung versehen. Der § 8 des Ges. über Reichsverweisungen v. 23. März 1934 nahm hernach die Worte „oder Zulassung" aus dem Abs. 1 des § 263 weg. Dieser Abs. lautet also jetzt folgendermaßen:

Zu einer jeden dem Angeklagten nachteiligen Entscheidung, die die Schuldfrage, die Bemessung der Strafe, die Anordnung einer Nebenstrafe oder Nebenfolge oder die Anordnung einer Maßregel der Sicherung und Besserung betrifft, ist eine Mehrheit von zwei Dritteln der Stimmen erforderlich.

Die beiden anderen Absätze sind unverändert geblieben.

S. **765** Zeile 49 nach zu § 318).: — Dagegen gehört die in § 20a StGB. bezeichnete Eigenschaft eines gefährlichen Gewohnheitsverbrechers nicht zu den die Strafbarkeit erhöhenden Umständen im Sinn des § 263 Abs. 2; denn diese müssen nach dem Willen des Gesetzgebers in den gesetzlichen Tatbestand als solchen aufgenommen sein, während jene Eigenschaft als eine selbständige Tatsache äußerlich zur Handlung des Täters hinzutritt (RGSt. **68** 389).

§ 264.

S. **767** nach Zeile 37:

Für das auf Art. 14 des AG. z. GewVerbrG. beruhende nachträgliche Sicherungsverfahren gilt folgendes:

Der Art. 14 durchbricht den Grundsatz der Rechtskraft; wird gemäß § 429b verfahren, so muß das Gericht erschöpfend prüfen, welche Maßregeln anzuordnen sind; das hierüber ergehende Urteil wirkt, wenn es rechtskräftig wird, so, daß kein Raum für die Anordnung einer anderen

Maßregel bleibt (RG. JR. 1935 HRR. Nr. 994). Wenn in einem nach dem 1. Januar 1934 erlassenen, rechtskräftig gewordenen Urteil die Sicherungsverwahrung gemäß Art. 5 Ziffer 1 GewVerbrG. angeordnet werden konnte und mußte, aber nicht angeordnet worden ist, so ist die Strafklage für die Sicherungsverwahrung verbraucht und die nachträgliche Anordnung dieser Maßregel unzulässig (RGSt. **69** 170). Der nachträglichen Anordnung der Sicherungsverwahrung nach Art. 5 Ziffer 2 GewVerbrG. steht ein nach dem 1. Januar 1934 erlassenes Urteil nur dann nicht entgegen, wenn das Gericht den auf Art. 5 Ziffer 1 gestützten Antrag aus rein verfahrensrechtlichen Gründen, also ohne sachliche Entscheidung abgelehnt oder die darin abgeurteilte Tat nicht als kennzeichnend für die Eigenschaft des Täters als eines gefährlichen Gewohnheitsverbrechers angesehen hat (RGSt. **68** 392, **69** 170).

S. **771** Zeile 5 nach **44** 118, **48** 91).: Insbesondere geht es nicht an, daß das Gericht bei der Aburteilung der Straftat die Entscheidung über die Anordnung einer Nebenfolge nach § 42a StGB. vorbehält (RGSt. **68** 384).

S. **771** Zeile 48 nach (RGSt. **3** 406; § 207 Note 5).: Wenn aber der Eröffnungsbeschluß die dem Angeklagten zur Last gelegte Tat auch bei Heranziehung der Anklageschrift nicht durchweg erkennbar bezeichnet, so fehlt eine Verfahrensvoraussetzung; dieser Fehler muß vom Revisionsgericht von Amts wegen beachtet werden; er führt zur Einstellung des Verfahrens für den von dem Mangel betroffenen Teil (RGSt. **68** 105).

8. Wegen der Zulässigkeit einer Wahlfeststellung und wegen des hierbei zu beobachtenden Verfahrens wird auf die Note 4b zu § 267 und deren Ergänzung sowie auf die Noten zu § 267b verwiesen.

§ 265.

S. **772** zu Zeile 6:

Der Abs. 2 des § 265 ist im Nachtrag zum Hauptwerk auf S. 1458 in der Fassung, die ihm der Art. 2 Ziffer 23 des AG. z. GewVerbrG. verliehen hatte, wiedergegeben und erläutert. Er hat jetzt, da die Worte „oder Zulassung" durch den § 8 des Ges. über Reichsverweisungen gestrichen worden sind, folgenden Wortlaut:

In gleicher Weise ist zu verfahren, wenn sich erst in der Verhandlung solche vom Strafgesetz besonders vorgesehenen Umstände ergeben, die die Strafbarkeit erhöhen oder die Anordnung einer Maßregel der Sicherung und Besserung rechtfertigen.

S. **772** zu Zeile 19:

Der Art. 9 Ziffer 1d des Ges. zur Änderung von Vorschriften des Strafverfahrens und des Gerichtsverfassungsgesetzes hat wegen der im Art. 1 Ziffer 3 desselben Ges. vorgenommenen Änderung der §§ 244, 245 im Abs. 5 des § 265 die Worte Abs. 2 durch Abs. 1 ersetzt, wonach der Abs. 5 jetzt so lautet:

Auf die in § 245 Abs. 1 bezeichneten Verhandlungen findet die Vorschrift des dritten Absatzes nicht Anwendung.

S. **773** Zeile 46 nach Verletzung der Eidespflicht —: (RGSt. **65** 363;

S. **773** Zeile 46 nach I 772/26 v. 26. Nov. 1926);: § 164 — vorsätzliche oder leichtfertige Begehung nach Abs. 5 statt Anschuldigung wider besseres Wissen im Sinn der Abs. 1, 2 — (RG. JR. 1935 HRR. Nr. 774);

S. **774** Zeile 19 nach a. M. Wertheimer 67);: § 3 der NotVO. v. 21. März 1933 — fahrlässige statt vorsätzlicher Begehung — (RG. JR. 1934 HRR. Nr. 1266). — Auch im nachträglichen Sicherungsverfahren nach Art. 14 AG. z. GewVerbrG. ist § 265 zu beachten; hat die Staatsanwaltschaft nur die Anordnung der Entmannung gemäß Art. 5 Ziffer 3 GewVerbrG. beantragt, so muß das Gericht, wenn es die Sicherungsverwahrung auf Grund des Art. 5 Ziffer 2 anordnen will, zuvor auf diese Möglichkeit hinweisen (RGSt. **68** 232).

S. **774** Zeile 45 nach statt Vollendung (RGRspr. **5** 536): oder mehrmalige statt einmaliger Verletzung desselben Strafgesetzes durch dieselbe Handlung (BayObLG. JR. 1934 HRR. Nr. 1084)

S. **775** Zeile 35 nach gehören nicht hierher.: — Demnach wird § 265 Abs. 2 nicht verletzt, wenn das Gericht es unterläßt, darauf hinzuweisen, daß der Angeklagte statt aus § 263 Abs. 1 StGB. aus § 263 Abs. 4 verurteilt werden kann (RG. JW. 1935 S. 2433 Nr. 10). —

S. **775** Zeile 37 nach werden schon von Abs. 1 betroffen.: — Im übrigen erfordert Abs. 2 stets den Hinweis auf die Möglichkeit der Anordnung einer Maßregel der Sicherung und Besserung (vgl. Note 2 zur Neufassung des Abs. 2 auf S. 1458 des Hauptwerks); dies gilt sowohl für den auf Art. 5 Ziffer 1 GewVerbrG. gestützten Ausspruch (RGSt. **68** 176) als auch für den Fall, daß im nachträglichen Sicherungsverfahren eine andere als die im Antrag der Staatsanwaltschaft bezeichnete Maßregel angeordnet werden soll (RGSt. **68** 232).

S. **778** Zeile 10 nach genügt worden ist (RGSt. **28** statt 142: 124.

§ 267.

S. **780** nach Zeile 26:

Im Nachtrag zum Hauptwerk ist der Abs. 6, den Art. 2 Ziffer 24 des AG. z. GewVerbrG. dem § 267 hinzugefügt hatte, in der durch jenes Ges. bestimmten Fassung auf S. 1458 wiedergegeben und erläutert. Der Abs. 6 erfuhr hernach eine Änderung durch den § 8 des Ges. über Reichsverweisungen vom 23. März 1934; die Worte, die sich auf die beseitigte Sicherungsmaßregel der Reichsverweisung bezogen, wurden entfernt, so daß der Abs. jetzt folgenden Wortlaut hat:

Die Urteilsgründe müssen auch ergeben, weshalb eine Maßregel der Sicherung und Besserung angeordnet oder einem in der Verhandlung gestellten Antrag entgegen nicht angeordnet worden ist.

S. **782** Zeile 23 nach LZ. **11** 1331, **13** 972,: JW. 1935 S. 2065 Nr. 35,

S. **785** nach Zeile **42**:

Die Rechtsprechung des Reichsgerichts schritt in der Frage der Zulässigkeit einer Wahlfeststellung insofern vor, als die Verein. Strafsenate im Beschluß v. 2. Mai 1934 (RGSt. **68** 257) folgenden Grundsatz aufstellten:

> Innerhalb der Grenzen, die sich für die Umgestaltung der Strafklage aus § 264 ergeben, ist eine Verurteilung auf Grund wahldeutiger Feststellungen nicht unbeschränkt, aber dann zulässig, wenn das Gericht zu der Überzeugung gelangt, daß der Angeklagte eine fremde Sache entweder gestohlen oder als Hehler an sich gebracht hat. Auf die so beurteilte Tat ist das Gesetz anzuwenden, das nach der besonderen Lage des Falles die mildeste Bestrafung zuläßt. Nebenstrafen und Nebenfolgen dürfen nur ausgesprochen werden, wenn auch das andere in Betracht kommende Gesetz sie androht.

Hernach gab das Ges. zur Änderung des StGB. v. 28. Juni 1935 (RGBl. I 839) der Wahlfeststellung im Art. 2 allgemein Raum. Dies hatte die Einführung des § 267b zur Folge. Auf die Noten zu dieser Vorschrift wird verwiesen.

S. **786** Zeile 2 nach (vgl. § 338 Note 17).:

Ein Verstoß gegen § 267 Abs. 1 Satz 1 stellt zugleich einen sachlich-rechtlichen Mangel dar (RG. JW. 1935 S. 2380 Nr. 39).

e) Kommt das Gericht auf Grund der Hauptverhandlung zu dem Ergebnis, daß das Verfahren wegen gewährter Straffreiheit einzustellen ist, so ist es nicht schlechthin erforderlich, daß das Urteil die Beweisergebnisse der vollständig oder nur teilweise durchgeführten Hauptverhandlung darlegt (RGSt. **69** 157).

S. **786** Zeile 21 nach anzuführen und zu würdigen (RG.: JW. 1935 S. 2065 Nr. 35,

S. **786** Zeile 25 nach (RG. JW. **60** 1494 Nr. 32).: Daraus, daß eine Urkunde in den Urteilsgründen nicht erwähnt ist, folgt also keineswegs, daß sie unberücksichtigt geblieben sei (RGSt. **68** 274).

S. 787 Zeile 21 nach für verdächtig zu erachten sei: (RGSt. **23** 91; RG. JR. 1935 HRR. Nr. 408, 911; 4 D 42/34 v. 2. Febr. 1934, 983/34 v. 16. Okt. 1934;

S. **789** nach Zeile 30:

§ 267 a. Ergibt die Hauptverhandlung, daß der Angeklagte eine Tat begangen hat, die nach gesundem Volksempfinden Bestrafung verdient, die aber im Gesetz nicht für strafbar erklärt ist, so hat das Gericht zu prüfen, ob auf die Tat der Grundgedanke eines Strafgesetzes zutrifft und ob durch entsprechende Anwendung dieses Strafgesetzes der Gerechtigkeit zum Siege verholfen werden kann (§ 2 des Strafgesetzbuchs).

§ 265 Abs. 1 gilt entsprechend.

1. Das Ges. zur Änderung des StGB. v. 28. Juni 1935 (RGBl. I 839) verlieh im Art. 1, der die Überschrift „Rechtsschöpfung durch entsprechende Anwendung der Strafgesetze" trägt, dem § 2 StGB. folgende Fassung:

> Bestraft wird, wer eine Tat begeht, die das Gesetz für strafbar erklärt oder die nach dem Grundgedanken eines Strafgesetzes und nach gesundem Volksempfinden Bestrafung verdient. Findet auf die Tat kein bestimmtes Strafgesetz unmittelbar Anwendung, so wird die Tat nach dem Gesetz bestraft, dessen Grundgedanke auf sie am besten zutrifft.

Um eine sachgemäße Anwendung dieser Vorschrift sicherzustellen, schuf das Ges. zur Änderung von Vorschriften des Strafverfahrens und des Gerichtsverfassungsgesetzes vom 28. Juni 1935 (RGBl. I 844) im Art. 1 unter der Überschrift „Freiere Stellung des Richters" Ziffer 1 lit. a neben dem schon wiedergegebenen und erläuterten § 170a den § 267a. Die Amtl. Begr. bespricht diese Vorschrift auf S. 51 f.

2. Das Wort Tat ist hier in demselben Sinn gebraucht wie im § 264. Was zur Erläuterung der letzteren Vorschrift ausgeführt ist (vgl. insb. die Noten 2 bis 4), gilt auch hier.

3. Das Gericht ist zur **Prüfung der Frage, ob die entsprechende Anwendung eines Strafgesetzes geboten sei**, in allen Fällen veranlaßt, in denen die Hauptverhandlung ergibt, daß die festgestellte Tat des Angeklagten die Tatbestandsmerkmale eines Strafgesetzes nicht erfüllt, in denen sich aber die Strafwürdigkeit der Tat trotzdem aufdrängt. Das Gericht kann bei der Entscheidung der Frage vom Eröffnungsbeschluß, wenn dieser die unmittelbare Anwendung eines Strafgesetzes auf die Tat vorsah, abweichen oder mit dem Beschluß im Einklang bleiben, falls er schon auf der Annahme beruhte, daß ein Gesetz die Tat nicht für strafbar erkläre, daß diese aber nach dem Grundgedanken eines Strafgesetzes und nach gesundem Volksempfinden Strafe ver-

S. 791 nach Zeile 40:

d) Bei Verurteilung nach § 330a StGB. ist in der Urteilsformel nur dieses Vergehen, nicht auch die vom Täter im Rausch begangene strafbare Handlung anzugeben (RGSt. **69** 187).

S. 792 Zeile 41 nach GA. **71** 92, BayZ. **23** 302,: JR. 1935 HRR. Nr. 995).

S. 793 nach Zeile 44:

Die Amtl. Richtl. sprechen sich in Ziffer 224 eingehend über die Rechtsmittelbelehrung aus.

§ 269.

S. 794 Zeile 7 nach Rede: (RGSt. **67** 125).

S. 794 nach Zeile 23:

5. Der Ansicht, daß das erweiterte Schöffengericht in einem Verfahren, das vor dem 1. Juli 1932 vor ihm eröffnet wurde, auch jetzt noch gemäß Kap. I Art. 1 § 4 des Ersten Teils der VO. v. 14. Juni 1932 zur Aburteilung berufen sei (RG. 1 D 324/35 v. 21. Mai 1935), steht nunmehr der Art. 8 Ziffer 5 des Ges. zur Änderung von Vorschriften des Strafverfahrens v. 28. Juni 1935 entgegen; diese Vorschrift begründet mit Wirkung vom 1. Sept. 1935 ab die Zuständigkeit der großen Strafkammer für die hier noch in Betracht kommenden Fälle.

§ 270.

S. 794 zu Zeile 23:

Art. 2 Ziffer 25 des AG. z. GewVerbrG. fügte dem Abs. 1 des § 270 einen zweiten Satz hinzu. Dieser Satz ist im Nachtrag des Hauptwerkes auf S. 1459 wiedergegeben und mit Bemerkungen versehen. Eine Sonderregelung ist für das Sondergericht in § 14 der SondergerichtsVO. v. 21. März 1933 (RGBl. I 136) getroffen; dieses Gericht hat nach § 270 Abs. 1, 2 nur zu verfahren, wenn sich die dem Angeklagten zur Last gelegte Tat nach dem Ergebnis der Hauptverhandlung als ein zur Zuständigkeit des Volksgerichtshofs oder der Oberlandesgerichte gehörendes Verbrechen oder Vergehen darstellt; andernfalls hat es in der Sache auch zu erkennen, wenn sich ergibt, daß seine Zuständigkeit für die Tat nicht begründet ist.

S. 794 Zeile 41 nach **42** 265).: Die Vorschrift des § 270 gilt ferner grundsätzlich nur für das Verhältnis der ordentlichen Gerichte untereinander, so daß Verweisung an ein Sondergericht im allgemeinen nicht stattfindet, vielmehr das ordentliche Gericht sein Verfahren einzustellen hat, wenn die Zuständigkeit des Sondergerichts ersichtlich wird (RGSt. **59** 36; RG. 4 D 438/34 v. 6. Juli 1934). Eine Ausnahme von dieser Regel folgt aber aus Art. III §§ 3 bis 5 und Art. IV § 5 des Ges. zur Änderung v. Vorschriften des Strafrechts und des Strafverfahrens v. 24. April 1934 (RGBl. I 341); im Verhältnis zwischen den ordentlichen Gerichten und dem Volksgerichtshof ist die gegenseitige Überweisung von Sachen mangels eigener Zuständigkeit zulässig und geboten (RGSt. **69** 155).

S. 796 Zeile 15 nach ergänzen (RGSt. **54** 294,: **59** 360, **62** 272, **68** 335;

S. 796 Zeile 20 nach RGSt. **55** 243).: Durch eine Verweisung nach § 270 wird der Eröffnungsbeschluß auch ersetzt, wenn sie zu Unrecht ausgesprochen worden ist (RGSt. **68** 332).

§ 271.

S. 798 nach Zeile 18:

e) Die Amtl. Richtl. weisen in Ziffer 228 Abs. 1 auf die Pflichten des Urkundsbeamten und des Vorsitzenden für die Aufnahme des Protokolls hin.

S. 799 Zeile 22 nach (§ 274; RGSt. 7 388).: — Schließlich dient auch die Behauptung, daß ein nach § 22 Nr. 1 und § 31 kraft Gesetzes ausgeschlossener Urkundsbeamter als Protokollführer mitgewirkt habe, der Revision nicht zur Stütze (RGSt. **68** 272).

§ 273.

S. 802 Zeile 24 nach Protokoll nicht bedarf. —: Dasselbe gilt nach § 15 der SondergerichtsVO. v. 21. März 1933 für das Verfahren vor dem Sondergericht.

S. 802 Zeile 43 nach ein Zusammenfassen mehrerer ist unstatthaft.: Im übrigen ist das zu beachten, was die Amtl. Richtl. in Ziffer 228 wegen der Niederschrift von Zeugenaussagen bemerken.

§ 274.

S. 804 Zeile 8 nach gehören (RGSt. statt **65**: **66**.

S. 805 Zeile 23 nach versäumt worden ist (§ 265 Note 8).: Entsprechend dem zuvor dargelegten Grundsatz muß auch, wenn das Protokoll entgegen der Vorschrift des § 64 den Grund für das Unterbleiben der Vereidigung eines Zeugen nicht angibt, angenommen werden, daß das Gericht sich unter Verletzung des Gesetzes über die Frage der Vereidigung nicht schlüssig gemacht hat (RGSt. **68** 395).

S. 805 Zeile 47 nach nachträglich wieder entziehen (RGSt. **57** 396,: **67** 287;

S. 807 Zeile 1 nach **61** 18, **63** 410,: **68** 244;

S. 807 Zeile 12 nach (RG. II 1390/31 v. 4. Jan. 1932).: Also greift freie Beweiswürdigung gegenüber dem Inhalt des Protokolls Platz, wenn der Urkundsbeamte einen Beweisantrag beurkundet, wenn der Vorsitzende diese Angabe selbständig ändert und der Urkundsbeamte die Änderung erst genehmigt, nachdem eine Rüge wegen des beurkundeten Prozeßvorgangs erhoben worden war (RGSt. **68** 244).

§ 275.

S. 808 Zeile 31 nach die Gründe umfassen (RGSt. **19** 233).: Die Amtl. Richtl. weisen in Ziffer 223 für die beiden Möglichkeiten auf das Erfordernis vollständiger Angaben über die Person des Angeklagten hin.

S. 810 nach Zeile 26:

Ein Widerspruch zwischen Urteilsformel und Urteilsgründen, der sich nicht aus dem sonstigen Urteilsinhalt als ein offensichtliches Versehen lösen läßt, darf im Beschlußverfahren nicht verbessert werden (RG. JR. 1935 HRR. Nr. 995).

7. Abschnitt. Verfahren gegen Abwesende.

S. 810 nach Zeile 43:

1. Der Art. 6 des Ges. zur Änderung von Vorschriften des Strafverfahrens und des Gerichtsverfassungsgesetzes v. 28. Juni 1935 (RGBl. I 844) ersetzte die im Abschn. 7 vereinigten Bestimmungen über das Verfahren gegen Abwesende zum großen Teil durch neue Vorschriften. Diese weichen von dem Recht, das bis zum 31. Aug. 1935 in Geltung war, vornehmlich insoweit ab, als sie die Voraussetzungen für die Durchführung einer Hauptverhandlung gegen einen abwesenden Beschuldigten festlegen und den Kreis der Sachen bezeichnen, in denen die Hauptverhandlung trotz der Abwesenheit des Angeklagten durchgeführt werden kann.

Während der § 277 a. F. eine Hauptverhandlung gegen einen Abwesenden nur zugelassen hatte, wenn eine nur mit Geldstrafe oder Einziehung bedrohte Tat abzuurteilen war, findet jetzt die Hauptverhandlung gegen einen Beschuldigten, der für die richterliche Gewalt unerreichbar ist, ohne Unterschied nach dem Gegenstand der Untersuchung statt. Überdies ist die Hauptverhandlung gegen einen Abwesenden für den Kreis der in § 232 Abs. 1 angeführten Sachen von geringerer Bedeutung durch § 232 Abs. 3 n. F. erleichtert und vereinfacht (vgl. die Anm. zu dieser Vorschrift).

Außerhalb des kleinen Kreises der unbedeutenderen Sachen ist das Verfahren gegen Abwesende jetzt an die Voraussetzung gebunden, daß der Beschuldigte in dem gesetzlich bestimmten Sinn flüchtig ist. Für die Hauptverhandlung tritt die weitere Voraussetzung hinzu, daß die Staatsanwaltschaft die Hauptverhandlung in Abwesenheit des Angeklagten bei oder nach Erhebung der Anklage ausdrücklich beantragt. Für den Antrag der Staatsanwaltschaft schreibt das Gesetz vor, daß er zu stellen ist, wenn das Rechtsempfinden des Volkes die alsbaldige Aburteilung der Tat verlangt. Die dem neuen Recht angepaßte Ziffer 283a der Amtl. Richtl. erklärt hierzu,

> die alsbaldige Aburteilung des flüchtigen Beschuldigten sei vor allem bei schwereren Verbrechen geboten, die einen Verstoß weniger gegen das Wohl des Einzelnen als gegen den Bestand und die Sicherheit des Staates und den Gedanken der Volksgemeinschaft enthalten, sie könne ferner angezeigt sein, wenn die Hinausschiebung der Hauptverhandlung auf unbestimmte Zeit das Vertrauen des Volkes zur Rechtspflege beeinträchtigen oder für die Ermittlung der Wahrheit abträglich sein würde, oder wenn sich der Beschuldigte im Besitz von Vermögensstücken befindet, die durch die Strafvollstreckung im Inland ergriffen werden können.

Sie gibt noch andere den Antrag betreffende Anweisungen.

2. Der auf die Hauptverhandlung in Abwesenheit des Angeklagten gerichtete Antrag der Staatsanwaltschaft und der Zustand, der den Beschuldigten als flüchtig kennzeichnet, bilden Verfahrensvoraussetzungen. Die Amtl. Begr. bestätigt dies zum letzteren Teil auf S. 67 und anerkennt in diesem Zusammenhang den für die Prozeßvoraussetzungen und Prozeßhindernisse allgemein gültigen Grundsatz, daß das Gericht sie in jeder Lage des Verfahrens von Amts wegen zu prüfen hat. Die große Wichtigkeit der die Zulässigkeit des besonderen Abwesenheitsverfahrens bedingenden Voraussetzung der Flucht des Täters ist hier auf dem Boden reicher richterlicher Erfahrung näher zu erörtern. Die Hauptverhandlung wird von dem Gebot beherrscht, daß das Gericht von Amts wegen alles zu tun hat, was zur Erforschung der Wahrheit notwendig ist (vgl. die Anm. zu § 244 Abs. 2 n. F.). Regelmäßig ist zur Erforschung der Wahrheit nichts so notwendig und so dienlich, als daß das Gericht den Angeklagten in der Hauptverhandlung sieht und hört. Die Einwände, die gegen diesen Erfahrungssatz erhoben werden (Rempe JW. 1935 S. 2335), gehen fehl. Dies trifft insbesondere auf den Einwand zu, daß das Gericht durch die Abwesenheit des Angeklagten in der Hauptverhandlung in dieselbe Lage versetzt werde, wie durch die vom anwesenden Angeklagten bekundete Verweigerung der Einlassung auf die Klage. Denn der anwesende Angeklagte, der auf die Beschuldigung nicht erwidert, — was übrigens äußerst selten geschieht, — zeigt dem Gericht doch sein Wesen; das Gericht kann an ihm wahrnehmen, wie der Vorhalt des Vorsitzenden, die Beweisaufnahme, das Vorbringen des Verteidigers und der Vortrag des Staatsanwalts auf ihn einwirken (RGSt. **33** 404, **39** 304; vgl. Note 2 Abs. 1 a. E. zu § 261). Vielmehr rückt die fortschreitende Erkenntnis, daß es gilt, nicht die Tat, sondern den Täter zu bestrafen, und daß jedes Urteil eine Bewertung der Gesamtpersönlichkeit des Täters in sich schließen muß, die Notwendigkeit, den Angeklagten vor das zur Aburteilung berufene Gericht zu bringen, eindringlich vor Augen. Jenes Gebot, — das Geltung auch zu beanspruchen hätte, wenn es im Gesetz nicht ausgesprochen wäre, — verpflichtet also das Gericht dazu, das zuvor bezeichnete erste, wichtigste und tauglichste Mittel zur Erforschung der Wahrheit nur dann ungebraucht zu lassen, wenn es die Überzeugung gewinnt, daß es nicht gebraucht werden kann, weil der Angeklagte selbst den Gebrauch vorsätzlich verhindert. Ausnahmen haben nur da Raum, wo geringfügige Verfehlungen abzuurteilen sind; diese sind im neuen Abs. 3 des § 232 geregelt; sie kommen hier nicht in Betracht.

3. Das Ges. v. 28. Juni 1935 teilte ferner den Stoff in zwei Abschnitte; es verwies die Vorschriften über die „weiteren Maßnahmen gegen Flüchtige" in den neu geschaffenen 8. Abschnitt. Schließlich paßte es im Art. 9 Ziffer 5 lit. a und b die §§ 442 Abs. 4 und 473 RAbgO. dem neuen Verfahrensrecht an; zugleich strich es im Art. 9 Ziffer 6 lit. a und b den § 9 Abs. 2 des Ges. gegen den Verrat der deutschen Volkswirtschaft und den § 9 Ziffer 1 letzter Satz des ReichsfluchtsteuerGes.

Demnach gelten für das Verfahren gegen Flüchtige jetzt die Vorschriften, die hernach wiedergegeben und erläutert werden:

7. Abschnitt. Hauptverhandlung gegen Flüchtige.

§ 276. Gegen einen flüchtigen Beschuldigten kann die Hauptverhandlung durchgeführt werden, wenn das Rechtsempfinden des Volkes die alsbaldige Aburteilung der Tat verlangt.

Flüchtig im Sinne der Vorschriften dieses Abschnittes ist ein Beschuldigter, der sich der deutschen Gerichtsbarkeit dadurch entzieht, daß er sich im Auslande aufhält oder im Inlande verbirgt.

Für das Verfahren gelten die allgemeinen Vorschriften, soweit ihnen nicht die Abwesenheit des Beschuldigten entgegensteht oder in den folgenden Vorschriften etwas anderes bestimmt ist.

1. Die Vorschrift des Abs. 1 grenzt den Raum für die Hauptverhandlung gegen einen flüchtigen Beschuldigten nach keinen äußeren Merkmalen ab. Soweit sie die Anweisung für die Eröffnung und Durchführung der Hauptverhandlung aus der Eigenart der einzelnen abzuurteilenden Tat entnimmt, weist sie einige Ähnlichkeit mit der Vorschrift des § 376 auf. Die teilweise Übereinstimmung wird dadurch verstärkt, daß § 278 die Entscheidung über die Frage, ob das Rechtsempfinden des Volkes die alsbaldige Aburteilung verlange, dem pflichtgemäßen Ermessen der Staatsanwaltschaft anvertraut und ihren Entschluß der Nachprüfung durch das Gericht nicht unterwirft. Im übrigen wird wegen des Inhalts des Abs. 1 auf die Vorbem. 1 zum Abschn. 7, auf S. 65 der Amtl. Begr. und auf Ziffer 283a Abs. 1 der Amtl. Richtl. verwiesen.

2. Der im Abs. 2 verwendete Begriff der Flucht deckt sich mit dem, von dem die §§ 112 und 122 ausgehen (vgl. Note 4 zu § 112 und Note 3 zu § 122). Der Beschuldigte kann als flüchtig nicht etwa schon dann angesehen werden, wenn sein Aufenthalt unbekannt oder wenn ermittelt ist, daß er sich im Ausland aufhält. Vielmehr müssen außerdem bestimmte Tatsachen den Schluß auf ein vorsätzliches Verhalten des Angeklagten begründen, durch das er den ordnungsmäßigen Fortgang des Verfahrens wegen der ihm zur Last gelegten Tat, insbesondere die Verhängung und Vollstreckung einer Strafe dauernd oder zeitweise verhindern will. Dagegen ist nicht zu erfordern, daß eine solche Absicht als der ausschließliche Beweggrund für das Verharren des Beschuldigten außerhalb des Bereichs der deutschen Gerichtsbarkeit erscheine (vgl. die Amtl. Begr. S. 66).

3. Von den für das Verfahren gültigen allgemeinen Vorschriften sind die §§ 244 Abs. 2 und 261 um deswillen hervorzuheben, weil sie die Grundpfeiler jeder auf die Erforschung der Wahrheit bedachten Untersuchung bilden und in den ernsten Sachen, die für die Hauptverhandlung gegen Flüchtige allein in Betracht kommen, keine Schmälerung dulden. Die Abwesenheit des Beschuldigten steht der Anwendung des § 230 Abs. 1, der §§ 231 bis 233, 235 und 257, des § 258 Abs. 3 und des § 268 Abs. 3 entgegen. Dagegen ist der § 233a, wonach auf Grund einer ohne den Angeklagten durchgeführten Hauptverhandlung keine Maßregel der Sicherung und Besserung angeordnet werden darf, mangels einer anderweitigen Bestimmung der Vorschriften des 7. Abschn. anzuwenden. Dies hat die Unanwendbarkeit des § 246a zur Folge.

§ 277. In Abwesenheit des Flüchtigen findet die Hauptverhandlung nur auf Antrag der Staatsanwaltschaft statt. Der Antrag kann auch nach Erhebung der Anklage gestellt werden.

Ist den Umständen nach anzunehmen, daß sich der Beschuldigte im Auslande aufhält, so soll die Staatsanwaltschaft den Antrag nur stellen, wenn mit einer alsbaldigen Gestellung des Flüchtigen nicht gerechnet werden kann oder seine Auslieferung nicht möglich ist oder auf Schwierigkeiten stößt. Ist anzunehmen, daß er sich im Inlande verborgen hält, so soll sie den Antrag nur stellen, wenn die Ermittlungen nach dem Aufenthalt des Flüchtigen ergebnislos geblieben sind.

Gegen einen Ausländer soll der Antrag nur gestellt werden, wenn das Urteil auch im Inlande in seiner Abwesenheit wenigstens teilweise vollstreckt werden könnte.

1. Indem der Abs. 1 vorschreibt, daß die Hauptverhandlung in Abwesenheit des Flüchtigen nur auf Antrag der Staatsanwaltschaft stattfindet, erhebt sie den Antrag zu einer Voraussetzung für die Zulässigkeit des besonderen im Abschn. 7 geregelten Verfahrens. Wie das Gericht sich allgemein mit der Untersuchung und Entscheidung einer Sache nicht befassen darf, wenn die Klage fehlt (Einl. § 4 IV A S. 31, Vorbem. 2b vor § 337 S. 914), wie es dem Gericht ferner verwehrt ist, ein nachträgliches Sicherungsverfahren gemäß Art. 14 AG. z. GewVerbrG. aufzunehmen, wenn nicht der rechtzeitig angebrachte Antrag der Staatsanwaltschaft vorliegt (Note 3 zu Art. 14 a. a. O. S. 1474), so ist auch das Vorgehen des Gerichts gegen einen Flüchtigen, das im Rahmen des Abschn. 7 entfaltet wird, ohne den nach § 277 Abs. 1 gestellten Antrag der Staatsanwaltschaft im ganzen unzulässig. Das Gericht muß in jeder Lage des Verfahrens von Amts wegen hierauf achten.

2. Die in den Abs. 2 und 3 enthaltenen Anweisungen des Gesetzes wenden sich an den Staatsanwalt. Sie finden ihre Ergänzung in der Ziffer 283a Abs. 2 und 3 der Amtl. Richtl. Diese bestimmen, daß der Staatsanwalt, wenn er die Durchführung der Hauptverhandlung in Abwesenheit des Flüchtigen gegen einen Reichsangehörigen beantragen will, der Zustimmung des Generalstaatsanwalts, wenn der Antrag gegen einen Ausländer gestellt werden soll, der Zustimmung des Reichsministers der Justiz bedarf, und daß im ersteren Fall die Entscheidung des Generalstaatsanwalts dem Minister mitzuteilen ist.

§ 278. Ob die in den §§ 276 und 277 angegebenen Voraussetzungen vorliegen, prüft die Staatsanwaltschaft nach pflichtgemäßem Ermessen. Eine Nachprüfung durch das Gericht findet nicht statt.

1. Die Auslegung dieser Vorschrift fällt nicht leicht. Die Amtl. Begr. trägt wenig dazu bei, die auftauchenden Zweifel zu beheben. Doch läßt sich der wirkliche Wille des Gesetzgebers ergründen, wenn einesteils erwogen wird, daß für das Handeln der Staatsanwaltschaft nicht dieselben Voraussetzungen maßgebend sein können wie für das Vorgehen des Gerichts, und wenn zum anderen beachtet wird, daß Gedanken des im Werk befindlichen Neubaus des Verfahrensrechts die auszulegende Vorschrift beeinflußt haben. Dann bietet sich ein durchaus brauchbares Ergebnis dar.

2. Die **Staatsanwaltschaft** darf mit dem Antrag, daß in Abwesenheit des flüchtigen Beschuldigten verhandelt werde, an das Gericht nur herantreten, wenn sie auf Grund der nach pflichtgemäßem Ermessen bewirkten Prüfung annimmt, daß der Beschuldigte im Sinn des § 276 Abs. 2 flüchtig sei und daß das Rechtsempfinden des Volks die alsbaldige Aburteilung der Tat gemäß § 276 Abs. 1 verlange. Sie empfängt die nähere Anweisung für ihren Entschluß aus den Vorschriften des § 277 Abs. 1 und 2 mit der Ziffer 283a der Amtl. Richtl. Diese Vorschriften sorgen

dafür, daß der Antrag nur angebracht wird, wenn die vorgesetzten Stellen bis hinauf zum Reichsminister der Justiz die Ansicht der Staatsanwaltschaft über das aus der Eigenart der Tat herzuleitende Bedürfnis alsbaldiger Aburteilung billigen oder mindestens nichts gegen sie einzuwenden haben.

Geht der Antrag bei Gericht ein, so findet eine Nachprüfung jener ihm zugrundeliegenden Ansicht der Anklagebehörde durch das Gericht nicht statt. **Das Gericht** darf die Anberaumung des Termins zur Hauptverhandlung gegen den als flüchtig bezeichneten Beschuldigten und den Eintritt in die Hauptverhandlung nicht mit der Begründung verweigern, daß es von der Annahme der Staatsanwaltschaft in dem einen oder dem anderen Teil abweiche. Diese Regelung steht im Einklang mit dem Grundsatz des kommenden Verfahrensrechts, der dem Gericht, wenn der Staat durch die Anklagebehörde die Untersuchung einer Tat und die Entscheidung über sie auf Grund einer Hauptverhandlung verlangt, nicht erlaubt, sich diesem Verlangen zu entziehen, und der deshalb auch den Eröffnungsbeschluß in Wegfall bringen will. Die Amtl. Begr. gibt diesen Sinn des § 278 — und zwar ihn allein — an, indem sie bemerkt, das Gericht sei insoweit an die Auffassung der Staatsanwaltschaft gebunden und könne **die Eröffnung der Untersuchung** nicht ablehnen, weil es die erwähnten Voraussetzungen nicht für vorliegend halte.

3. Indes sind die Fragen, welche für die Hauptverhandlung gegen einen flüchtigen Beschuldigten maßgebenden Verfahrensvoraussetzungen **das Gericht** zu beachten, in welcher Lage es die Prüfung aufzunehmen und wie es zu entscheiden hat, wenn es einen begründeten Zweifel an dem Gegebensein einer Verfahrensvoraussetzung hegt, mit der bisher beschriebenen Auslegung des § 278 keineswegs erschöpfend beantwortet. Vielmehr ist hierüber noch folgendes zu sagen:

a) Das Gericht muß immer prüfen, ob der auf die Hauptverhandlung in Abwesenheit des flüchtigen Beschuldigten gerichtete **Antrag der Staatsanwaltschaft** vorliegt. Diese unerläßliche Verfahrensvoraussetzung (vgl. Vorbem. 2 zum Abschn. 7, Note 1 zum § 277 n. F.) nimmt die Aufmerksamkeit des Gerichts zuerst in Anspruch; sie darf in keinem Stand des Verfahrens außer acht gelassen werden. Die Nachprüfung hat auch in der Revisionsinstanz zu geschehen. Dagegen ist es selbstverständlich nicht Sache des Gerichts, danach zu fragen, ob die Staatsanwaltschaft der innerdienstlichen Vorschrift über die Einholung der Zustimmung der vorgesetzten Stellen zu dem Antrag genügt hat.

b) Das Gericht hat niemals zu prüfen, ob **das staatliche Anliegen** am Stattfinden der Hauptverhandlung in Abwesenheit des Beschuldigten so begründet ist, wie § 276 Abs. 1 dies vorschreibt. Eine Nachprüfung in dieser Beziehung setzt auch im Verlauf der Hauptverhandlung selbst dann nicht ein, wenn diese ergibt, daß die zu untersuchende Tat nicht die ihr ursprünglich beigemessene schwere Eigenart aufweist, sondern die Volksgemeinschaft in keiner Weise berührt und als eine geringfügige Verfehlung zu bewerten ist. Dann mag gerade an dieser Aufklärung gelegen sein. Ausschlaggebend ist aber, daß das Gesetz die Wahrnehmung jenes öffentlichen Anliegens aus wohlerwogenen Gründen der Behörde überträgt, die mit dienstlichen Weisungen im Sinn der allgemeinen Staatsverwaltung zu versehen ist. Richterliche Untersuchung und Entscheidung hat auf diesem Boden keinen Raum.

c) Andererseits ist das Gericht innerhalb der Hauptverhandlung jederzeit berechtigt und verpflichtet, zu prüfen, **ob der Angeklagte flüchtig ist.** Diese Prüfung, zu der die Beweisaufnahme wesentliches beitragen mag, kann dem Gericht nicht versagt sein. Denn hier bewegt das Gericht sich auf dem Gebiet, auf dem es seine vornehmste Aufgabe, die Wahrheit zu erforschen, in voller Freiheit und Unabhängigkeit zu erfüllen hat. Findet das Gericht jetzt Anlaß zu einem Zweifel gegenüber dem Vorbringen der Staatsanwaltschaft, erachtet es für wahrscheinlich, daß der Beschuldigte ohne den Willen zur Verhinderung eines gegen ihn schwebenden oder einzuleitenden Strafverfahrens in Ausübung seines Berufs ins Ausland gereist ist und dort verweilt, glaubt es einen Weg zeigen zu können, auf dem der Angeklagte zur Hauptverhandlung beigebracht werden kann, so liegt es ihm ob, darauf hinzuwirken, daß der Aufenthalt des Angeklagten ermittelt oder der Zweck seines Verweilens im Ausland festgestellt wird, damit das wichtigste und tauglichste

Mittel zur Erforschung der Wahrheit nicht ungebraucht bleibe, obwohl es brauchbar ist. Die Staatsanwaltschaft kann diesem Streben des Gerichts nach Aufhellung und nach Herbeischaffung des Angeklagten nicht mit der Antwort begegnen, sie betrachte den Angeklagten als flüchtig, also müsse das Gericht ihn auch als flüchtig gelten lassen. Es ist schlechterdings ausgeschlossen, daß der Wille des Gesetzgebers dahin gehen sollte, die Überzeugung des Gerichts da, wo es gilt, die Unterlagen für die Erforschung des Sachverhalts zu bereiten, unter die Ansicht eines Prozeßbeteiligten zu beugen, den in den §§ 244 Abs. 2 und 261 anerkannten Grundsatz, daß dem Gericht alle Türen offen stehen, durch die es zur Wahrheit vordringen kann, in der Sondervorschrift des § 278 für Sachen von hervorragend ernster Bedeutung preiszugeben. Ein Einwand, der sich auf den Wortlaut des § 278 stützen wollte, würde durch den Hinweis auf den leitenden Gedanken der Neugestaltung des Verfahrens, daß das Gericht der Herr der Hauptverhandlung ist, entkräftet werden.

Demnach muß das Gericht, wenn es eine weitere Erkundung über den Aufenthalt des Angeklagten oder über den Grund seines Verweilens im Ausland für angebracht hält, die Hauptverhandlung aussetzen und die erforderlichen Erhebungen anordnen. Vermag aber das Gericht den Angeklagten nach seiner freien Überzeugung nicht als flüchtig im Sinn des § 276 Abs. 2 anzusehen, so muß es das Verfahren vorläufig einstellen. Der letztere Beschluß unterliegt wegen seiner hemmenden Wirkung der Beschwerde nach § 305 (vgl. RGSt. **43** 181, **66** 326; Note 4 Abs. 2 zu § 305).

§ 279. Der Flüchtige wird zur Hauptverhandlung öffentlich geladen. Einer Zustellung der Anklageschrift und des Eröffnungsbeschlusses bedarf es nicht.

In der Ladung sollen angegeben werden:

1. der Name und, soweit bekannt, der Rufname, der Beruf, der frühere Wohn- oder Aufenthaltsort und der Geburtsort des Flüchtigen,
2. die Straftat, die ihm zur Last gelegt wird, mit ihren gesetzlichen Merkmalen und der Ort und die Zeit der Begehung,
3. die anwendbaren Strafvorschriften,
4. der Ort und die Zeit der Hauptverhandlung.

In der Ladung ist der Flüchtige darauf hinzuweisen, daß die Hauptverhandlung auch bei seinem Ausbleiben stattfinden werde und das Urteil vollstreckbar sei.

§ 280. Die Ladung ist in mindestens zwei öffentlichen Blättern, deren Auswahl die Staatsanwaltschaft trifft, bekanntzumachen. Sie gilt als erfolgt, wenn seit dem Erscheinen des Blattes, in dem die erste Bekanntmachung erfolgt ist, zwei Wochen verflossen sind.

Eine beglaubigte Abschrift der Ladung soll zwei Wochen an die Gerichtstafel des Gerichts erster Instanz angeheftet werden.

Ist der Aufenthalt des Flüchtigen, seiner Angehörigen oder anderer ihm nahestehenden Personen bekannt, so soll ihnen die Ladung unter Beifügung der Anklageschrift mitgeteilt werden.

Die Staatsanwaltschaft kann auch weitere Maßnahmen treffen, um die Ladung zur Kenntnis des Flüchtigen zu bringen. Sie kann insbesondere ihre Verbreitung durch Rundfunk veranlassen.

Zu den §§ 279 und 280. — Diese Vorschriften treten an die Stelle der §§ 278 und 279 a. F. Sie sind freier und beweglicher gestaltet, bieten aber doch die Gewähr dafür, daß nichts versäumt wird, was dazu dienen kann, den Ort und die Zeit der Hauptverhandlung sowie den Gegenstand der Untersuchung und Entscheidung und die Folgen des Ausbleibens zur Kenntnis des flüchtigen Beschuldigten zu bringen.

Hält der Angeklagte sich im Ausland auf, so ist es Sache des Vorsitzenden, den Termin zur Hauptverhandlung so anzuberaumen, daß für den Angeklagten von dem Tag ab, an dem die Ladung als erfolgt gilt, ausreichend Zeit bleibt, um die Reise an den Verhandlungsort vorzubereiten und auszuführen.

Wird die Hauptverhandlung, zu der nach den §§ 279 und 280 ordnungsmäßig geladen worden war, ausgesetzt, so gilt der § 40 Abs. 2 für die Ladung zum neuen Termin.

Im übrigen wird auf die Amtl. Begr. S. 67 verwiesen.

§ 281. Dem Flüchtigen ist ein Verteidiger von Amts wegen zu bestellen.

Die Vorschrift weicht vom § 280 a. F. erheblich ab. Sie macht die Verteidigung für jeden Fall notwendig, in dem die Staatsanwaltschaft mit dem Antrag hervortritt, daß eine Hauptverhandlung gegen einen Flüchtigen gemäß §§ 276, 277 in dessen Abwesenheit stattfinde. Ein Verzicht des Angeklagten auf die Bestellung des Verteidigers ist unwirksam, falls er nicht darin eine Stütze hat, daß der Angeklagte einen Verteidiger wählt. Dem Gericht liegt es ob, den Verteidiger unverzüglich nach dem Eingang jenes Antrags zu bestellen, damit der Verteidiger den Angeklagten dazu veranlassen kann, daß dieser in den Bereich der deutschen Gerichtsbarkeit zurückkehrt oder einen einwandfreien Grund seines Verweilens im Ausland glaubhaft macht und den voraussichtlichen Zeitpunkt der Rückkehr anzeigt.

Die Bestellung unterbleibt, wenn ein vom Angeklagten gewählter Verteidiger dem Gericht die Wahl zur Zeit des Eingangs des Antrags der Staatsanwaltschaft schon mitgeteilt hat. Sie ist zurückzunehmen, wenn der Angeklagte demnächst einen anderen Verteidiger wählt. Auch im übrigen finden die §§ 140, 143 und 145 in Ergänzung des § 281 Anwendung (vgl. die Noten 8, 10 zu § 140, 1 bis 4 zu § 143, 1 bis 9 zu § 145).

Findet die Hauptverhandlung in Abwesenheit des Angeklagten und des bestellten oder gewählten Verteidigers statt, so liegt der zwingende Revisionsgrund des § 338 Nr. 5 vor (vgl. die Noten 13 zu § 140 und 13d zu § 338).

Die Vorschrift des § 280 Satz 2 a. F. über die Zulassung der Angehörigen hat keinen Eingang in das neue Recht erlangt.

§ 282. Ergibt die Hauptverhandlung, daß sich in Abwesenheit des Angeklagten weder seine Schuld noch seine Nichtschuld feststellen läßt, so stellt das Gericht das Verfahren vorläufig ein. Der Beschluß ist nicht anfechtbar.

1. Die Vorschrift beugt dem vor, daß das Gericht sich zur Freisprechung des Angeklagten genötigt sieht, weil es seine Täterschaft und Schuld nicht nachweisen kann, ohne den Angeklagten gesehen und gehört zu haben. Sie gewährt aber auch dem Angeklagten einen Schutz davor, daß er zu Unrecht verurteilt wird, weil dem Gericht nicht alles vorgetragen wird, was zur Entlastung des Angeklagten dient.

Während also das Gericht einstellen muß, wenn es durch die Abwesenheit des Angeklagten an der zur Entscheidung über die Schuldfrage erforderlichen, erschöpfenden und zuverlässigen, tatsächlichen und rechtlichen Würdigung verhindert wird, gewährt das Gesetz keine Unterlage für eine Einstellung, die damit begründet wird, daß das Gericht zwar von der Schuld des Angeklagten überzeugt, aber mangels der Möglichkeit, die Gesamtpersönlichkeit des abwesenden Angeklagten zu bewerten, nicht imstande sei, die angemessene Strafe zu bestimmen.

2. Findet der Angeklagte sich in der teilweise durchgeführten Hauptverhandlung ein, so muß alles wiederholt werden, was bis dahin durch Verlesen einer Urkunde, Vernehmung eines Zeugen oder Sachverständigen oder sonstwie verhandelt worden war. Es genügt nicht, daß jetzt der Angeklagte gehört und daß ihm das wesentliche Ergebnis der bisherigen Verhandlung mitgeteilt wird (RGSt. **40** 230, **42** 198; vgl. die Noten 3 zu § 230, 13c zu § 338; a. M. Rempe JW. 1935 S. 2337).

§ 282 a. Das Urteil ist als Abwesenheitsurteil zu kennzeichnen und nach § 40 Abs. 2 zuzustellen. Die in den §§ 316 Abs. 2 und 343 Abs. 2 vorgeschriebenen Zustellungen erfolgen an den Verteidiger.

Das Urteil ist zu vollstrecken, soweit es möglich ist. Die Staatsanwaltschaft kann das Urteil öffentlich bekanntmachen.

1. Für den Inhalt des Urteils ist § 260 Abs. 1 Satz 1 maßgebend. Doch kann nach § 233a im Abwesenheitsurteil keine Maßregel der Sicherung und Besserung angeordnet werden.

2. Eine Wiedereinsetzung in den vorigen Stand gemäß § 235 kann nicht für zulässig erachtet werden, da im Verfahren gegen Flüchtige die begünstigte Wiederaufnahme auf Grund des § 282b dem Verurteilten die Möglichkeit gewährt, den Nachteil abzuwenden, der ihm aus einer unverschuldeten Verhinderung erwachsen ist.

3. Dem Angeklagten stehen die zulässigen Rechtsmittel gegen das Abwesenheitsurteil zu. Für den Angeklagten kann der Verteidiger Rechtsmittel einlegen.

4. Als trotz der Abwesenheit des Verurteilten zur Vollstreckung geeignet kommen die Entscheidungen in Betracht, die dem Angeklagten eine Vermögensstrafe auferlegen, ihn zur Leistung einer Buße verpflichten oder die Einziehung oder Unbrauchbarmachung eines Gegenstandes anordnen. Die Wirkung der Aberkennung der bürgerlichen Ehrenrechte sowie der Fähigkeit zur Bekleidung öffentlicher Ämter tritt mit der Rechtskraft des Abwesenheitsurteils ein.

§ 282 b. Wird der Verurteilte ergriffen oder stellt er sich freiwillig, so ist ihm das Abwesenheitsurteil erneut zuzustellen. Bei der Zustellung ist er über die Form und die Frist für die Wiederaufnahme des Verfahrens (Abs. 2) zu belehren.

Binnen einer Woche seit der Zustellung kann der Verurteilte, auch wenn die im § 359 vorgesehenen Gründe für die Wiederaufnahme des Verfahrens nicht vorliegen, die Wiederaufnahme des Verfahrens beantragen. Sie findet statt, wenn der Flüchtige sein Ausbleiben durch triftige Gründe rechtfertigt, oder wenn sonstige Umstände vorliegen, die eine Erneuerung der Hauptverhandlung als notwendig erscheinen lassen.

Im übrigen gelten für das Verfahren die allgemeinen Vorschriften.

Die Vorschrift erleichtert die Wiederaufnahme zugunsten des durch Abwesenheitsurteil verurteilten Angeklagten. Der Verurteilte kann den Antrag auch auf die im § 359 bezeichneten Gründe stützen. Ruft das Vorbringen, mit dem der Verurteilte das Gesuch um Wiederaufnahme begründet, gewichtige Bedenken gegen den Schuldspruch oder gegen die Strafbemessung hervor, so ist ein Umstand gegeben, der die Erneuerung der Hauptverhandlung im Sinn des § 282b notwendig erscheinen läßt (vgl. die Amtl. Begr. S. 70).

8. Abschnitt. Weitere Maßnahmen gegen Flüchtige.

Der Art. 6 Ziffer 4 des Ges. zur Änderung von Vorschriften des Strafverfahrens und des Gerichtsverfassungsges. v. 28. Juni 1935 (RGBl. I 844) faßte die §§ 283 bis 295 im neu gebildeten

Abschn. 8 zusammen. Er gab dem § 285 einen neuen Inhalt, ließ die §§ 283, 284, 286 Abs. 2, 291, 292, 293, 294 und 295 Abs. 2 und 3 unverändert bestehen und änderte die §§ 286 Abs. 1, 287, 288, 289, 290 und 295 Abs. 1 insofern ab, als er die Worte „Abwesenheit“ durch „Flucht“ und „Abwesende“ durch „Flüchtige“ ersetzte. Einer Ergänzung der Erläuterungen, die das Hauptwerk zu diesen Vorschriften gibt, bedarf es nicht. Die geänderten Vorschriften haben jetzt folgenden Inhalt:

§ 285. Findet eine Hauptverhandlung gegen einen Flüchtigen nicht statt, so ist für die Sicherung der Beweise zu sorgen.

Für dieses Verfahren gelten die Bestimmungen der §§ 286 bis 294.

§ 286 Abs. 1. Die Zulassung eines Verteidigers wird durch die Flucht des Beschuldigten nicht ausgeschlossen. Zur Wahl eines Verteidigers sind auch Angehörige des Beschuldigten befugt.

§ 287. Dem flüchtigen Beschuldigten steht ein Anspruch auf Benachrichtigung über den Fortgang des Verfahrens nicht zu.

Der Richter ist jedoch befugt, einem Flüchtigen, dessen Aufenthalt bekannt ist, Benachrichtigungen zugehen zu lassen.

§ 288. Der Flüchtige, dessen Aufenthalt unbekannt ist, kann in öffentlichen Blättern zum Erscheinen vor Gericht oder zur Anzeige seines Aufenthaltsorts aufgefordert werden.

§ 289. Stellt sich erst nach Eröffnung des Hauptverfahrens die Flucht des Angeklagten heraus, so erfolgen die noch erforderlichen Beweisaufnahmen durch einen beauftragten oder ersuchten Richter.

§ 290. Liegen gegen den Flüchtigen, gegen welchen die öffentliche Klage erhoben ist, Verdachtsgründe vor, welche die Erlassung eines Haftbefehls rechtfertigen würden, so kann sein im Deutschen Reiche befindliches Vermögen durch Beschluß des Gerichts mit Beschlag belegt werden.

§ 295 Abs. 1. Das Gericht kann einem flüchtigen Beschuldigten sicheres Geleit erteilen; es kann diese Erteilung an Bedingungen knüpfen.

3. Buch. Rechtsmittel. 1. Abschnitt. Allgemeine Bestimmungen.

§ 296.

S. 830 Zeile 24 nach entnommen werden können (RGSt. 63 26,: 69 35),

S. 831 Zeile 18 nach gestützt sei: (RGSt. 67 317;

S. 831 Zeile 46 nach Beling 333ff.).: — Trotz der durch das Ges. v. 28. Juni 1935 bewirkten Änderung der §§ 331, 358 Abs. 2 ist der Angeklagte nicht berechtigt, den Strafausspruch mit der Begründung anzufechten, daß die gegen ihn ausgesprochene Strafe zu nieder bemessen sei (vgl. die Noten zu § 331 n. F. und zu § 358 n. F.).

S. **901** Zeile 18 nach II 887/31 v. 3. Okt. 1932;: ebenso KG. JR. 1934 HRR. Nr. 1074),

S. **902** Zeile 32 nach ausgesprochene Strafe hinausgreifen: (RGSt. **67** 238;

S. **902** Zeile 42 nach angemessen erscheint: (RGSt. **67** 238;

S. **902** nach Zeile 51:

Der Art. 2 Ziffer 29 des AG. z. GewVerbrG. hatte dem § 331 einen zweiten Absatz hinzugefügt; dieser ist im Nachtrag zum Hauptwerk auf S. 1460 wiedergegeben und besprochen.

Das Ges. zur Änderung von Vorschriften des Strafverfahrens und des Gerichtsverfassungsgesetzes vom 28. Juni 1935 (RGBl. I 844) beseitigte aber im Art. 1 Ziffer 4 lit. a die einseitige Bindung des Rechtsmittelgerichts; es verlieh dem § 331 folgende Fassung:

§ 331. Auch wenn das Urteil nur von dem Angeklagten oder seinem gesetzlichen Vertreter oder zu seinen Gunsten von der Staatsanwaltschaft angefochten worden ist, kann es zum Nachteil des Angeklagten geändert werden.

1. Die Amtl. Begr. bemerkt auf S. 55 zu der neuen Vorschrift, das Verfahrensrecht müsse dem Richter das Recht geben, ein Urteil zu fällen, das wahrer Gerechtigkeit entspreche; dieses Gebot dulde keine einseitige Bindung des Gerichts an das angefochtene Urteil zugunsten des Angeklagten; sei der Angeklagte wirklich davon überzeugt, daß er schuldlos oder zu hoch bestraft sei, so werde er sich in der Regel vom Gebrauch eines Rechtsmittels auch durch die Gefahr einer härteren Bestrafung nicht zurückhalten lassen.

2. Die Vorschrift legt eine Schranke nieder, die der Macht des Gerichts bisher gezogen war. Dagegen dehnt sie das Recht des Angeklagten zum Gebrauch des Rechtsmittels keineswegs aus. Der Angeklagte ist also nach wie vor zur Anfechtung einer Entscheidung nur berechtigt, wenn diese ihn beschwert. Es ist ihm verwehrt, Berufung einzulegen, damit er eine ihm nachteilige Änderung erwirke. Gibt der Angeklagte in der Begründung seiner Berufung zu erkennen, daß er ein solches Ziel verfolgt, so ist die Berufung als unzulässig zu verwerfen (vgl. Note 27 zu § 296).

3. Liegt dagegen eine zulässige Berufung vor, so ist das Gericht jetzt auch gegenüber einer Berufung, die nur den Vorteil des Angeklagten als das von ihr verfolgte Ziel bezeichnet, zu jeder dem Angeklagten nachteiligen Änderung im Schuldspruch, in der Straffestsetzung, in der Anordnung einer Maßregel der Sicherung und Besserung sowie in der Bestimmung einer sonstigen Nebenfolge ermächtigt.

4. Für den **Übergang** schreibt das Ges. v. 28. Juni 1935 im Art. 9 Ziffer 2 vor, daß die Vorschriften dieses Gesetzes über die Beseitigung des Verbots der Schlechterstellung des Verurteilten nicht gelten, wenn das angefochtene Urteil vor dem Inkrafttreten dieses Gesetzes, also vor dem 1. Sept. 1935, ergangen ist.

4. Abschnitt. Revision.

S. **904** Zeile 3 nach Verletzung der Denkgesetze DRZ. **25** 103;: Schwinge Grundlagen des Revisionsrechts in den rechtsvergleichenden Untersuchungen zur gesamten Strafrechtswissenschaft Heft 4.

§ 333.

S. **905** Zeile 23 nach **65** 397; vgl. Note 3 zu § 260).: — Andererseits ist die Entscheidung, die ein Landgericht über die Zulässigkeit der Strafvollstreckung nach §§ 458 Abs. 1 und 462 Abs. 1 auf Grund mündlicher Verhandlung in der äußeren Form eines Urteils erläßt, statt sie ohne mündliche Verhandlung durch Beschluß zu treffen, um ihres Inhalts willen als Beschluß zu bewerten und deshalb mit der Revision nicht anfechtbar (RG. JR. 1933 HRR. Nr. 1199).

S. **906** nach Zeile 18:

Die Beschränkung, die der Art. 2 § 1 der VO. v. 14. Juni 1932 der Zulässigkeit der Revision auferlegt, wurde im Art. 1 Ziffer 1 lit. b des Ges. zur Änderung von Vorschriften des Strafverfahrens und des Gerichtsverfassungsgesetzes v. 28. Juni 1935 (RGBl. I 844) für die Fälle, in denen „Rechtsschöpfung durch entsprechende Anwendung der Strafgesetze" in Frage kommt, dadurch durchbrochen, daß das Ges. im Art. 2 § 1 der VO. hinter der Nr. 1 folgende Nr. 1a einfügte:

1a. Die Staatsanwaltschaft kann, ohne an die Schranken der Nr. 1 gebunden zu sein, Revision einlegen, wenn sie geltend macht, daß in dem angefochtenen Urteil die entsprechende Anwendung eines Strafgesetzes (§ 2 des Strafgesetzbuchs) zu Unrecht erfolgt oder nicht erfolgt sei.

§ 334.

S. **907** Zeile 12 nach Dresden DRZ. **22** Nr. 224;: BayObLG. JR. 1934 HRR. Nr. 1428, 1935 HRR. Nr. 912;

§ 335.

S. **910** Zeile 9 nach Koffka-Schäfer 38).: Wer Berufung eingelegt hat, kann Revision auch dann nicht mehr einlegen, wenn er erklärt, daß er die Berufung nicht durchführt (Dresden JR. 1934 HRR. Nr. 1432).

S. **910** Zeile 11 nach KG. JW. **62** 486 Nr. 30,: BayObLG. JR. 1934 HRR. Nr. 1000, 1084, 1085 unter Aufgabe der früher in DRZ. **25** Nr. 204 und 280 ausgesprochenen Ansicht,

S. **910** Zeile 12 nach Düsseldorf DRZ. **24** Nr. 850,: Hamm JW. 1935 S. 147 Nr. 17,

S. **910** Zeile 23 nach zu § 333).: Die Vorschrift des Abs. 4 gilt auch, wenn derselbe Prozeßbeteiligte als Angeklagter Revision und als Nebenkläger Berufung eingelegt hat und umgekehrt (BayObLG. JR. 1934 HRR. Nr. 1507).

S. **910** Zeile 31 nach zuständig ist (RGSt. **67** 59).: Jetzt bestimmt der Art. 8 Ziffer 5 des Ges. zur Änderung von Vorschriften des Strafverfahrens und des Gerichtsverfassungsgesetzes v. 28. Juni 1935 (RGBl. I 844), daß, soweit nach Kap. I Art. 1 § 4 des Ersten Teils der VO. v. 14. Juni 1932 die Zuständigkeit des erweiterten Schöffengerichts begründet ist, die große Strafkammer an dessen Stelle tritt.

§ 337.

S. **913** Zeile 22 nach in den hierfür etwa bestimmten Grenzen halten: (vgl. Schwinge a. a. O. S. 110ff., 158ff.).

S. **914** Zeile 33 nach festgestellte Tatzeit gelten lassen: (RGSt. **69** 318).

S. **914** Zeile 45 nach Olshausen StGB. Note 6 zu § 4).: — Was zuvor für die Klage ausgeführt ist, gilt ebenso für die Anträge der Staatsanwaltschaft, die sich auf Durchführung einer Hauptverhandlung gegen einen Flüchtigen gemäß § 277 Abs. 1 n. F. richten (vgl. die Noten zu dieser Vorschrift und zu § 278 n. F.) oder die Anordnung einer Maßregel der Sicherung und Besserung im besonderen Sicherungsverfahren nach §§ 429a ff. bezwecken (RGSt. **68** 291; RG. 4 D 526/34 v. 18. Mai 1934).

S. **914** Zeile 47 nach 256, **67** 58,: RG. 4 D 438/34 v. 6. Juli 1934).

S. **915** Zeile 14 nach Nr. 31). —: Übrigens steht der nachträglichen Anordnung der Sicherungsverwahrung gemäß Art. 5 Ziffer 2 GewVerbrG. der Umstand nicht entgegen, daß in einem anderen Verfahren die Entscheidung über die Anordnung dieser Maßregel nach Art. 5 Ziffer 1 aus verfahrensrechtlichen Gründen durch rechtskräftiges Urteil abgelehnt worden ist (RGSt. **68** 392).

S. **918** Zeile 9 nach Mannheim a. a. O. 75,: Schwinge a. a. O. 178ff., 183f., 186ff.).

§ 338.

S. **923** Zeile 30 nach durch § 339.: — An dieser Stelle ist hervorzuheben, daß eine Verletzung des § 229 zwar keinen zwingenden Revisionsgrund schafft, aber — zumal bei Überschreitung der durch die VO. v. 14. Juni 1932 verlängerten Frist — regelmäßig geeignet ist, die Entscheidung im Sinn des § 337 nachteilig zu beeinflussen (RGSt. **53** 334, **57** 266, **69** 23; vgl. Note 7 zu § 229).

Nr. 1.

S. **923** Zeile 36 nach **22** 134, 168,: RG. JR. 1935 HRR. Nr. 775;

S. **924** Zeile 2 nach GVG.).: — Hierbei ist zu beachten, daß ein Schöffe, der auf Grund des Ges. v. 7. April 1933 (RGBl. I 188) für die vom 1. Juli 1933 bis zum 31. Dez. 1934 laufende Wahlzeit gewählt worden ist, bei seiner ersten Dienstleistung in der Wahlperiode den Schöffeneid auch dann leisten muß, wenn er schon in der ersten Hälfte des Jahres 1933 während der ursprünglich die Jahre 1933 und 1934 umfassenden Wahlperiode vereidigt worden ist (RGSt. **67** 363).

S. **924** nach Zeile 39:

c) Nach dem schon genannten Ges. v. 7. April 1933 kann eine Revision nicht darauf gestützt werden, daß ein Gericht zwischen dem 21. März 1933 und dem 1. Juli 1933 nicht vorschriftsmäßig besetzt gewesen sei.

Nr. 2.

S. **924** Zeile 49 nach (RG. JW. **62** 1663 Nr. 23).: Dagegen sind der Untersuchungsrichter und sein Stellvertreter gemäß § 23 Abs. 2 von der Ausübung des Richteramts auch ausgeschlossen, wenn sie nach § 191 Abs. 1 in dringenden Fällen Untersuchungshandlungen von Amts wegen vorgenommen haben (RGSt. **68** 375).

Nr. 5.

S. **926** Zeile 7 nach **42** 246, **44** 18, **55** 168).: — Demnach verletzt auch eine nur auf kurze Zeit beschränkte Abwesenheit des Staatsanwalts während der Vernehmung des Angeklagten die gesetzliche Vorschrift (RG. JR. 1935 HRR. Nr. 155).

S. **926** Zeile 47 nach RGSt. **54** 210, **62** 259,: RG. 1 D 125/35 v. 8. März 1935). Ein Verstoß gegen die §§ 230 Abs. 1, 231, der den Revisionsgrund des § 338 Nr. 5 schafft, liegt zwar vor, wenn das Gericht sich damit einverstanden erklärt, daß der Angeklagte sich — ohne die Voraussetzung des § 232 — aus einer Hauptverhandlung entfernt oder bei einer Sitzung ausbleibt; er ist aber nicht gegeben, wenn der Vorsitzende bei einer gegen mehrere Angeklagte durchgeführten, über einen langen Zeitraum erstreckten Verhandlung anordnet, daß jeder Angeklagte, der bei der Fortsetzung einer unterbrochenen Verhandlung ausbleibt, spätestens bei Beginn der weiteren Verhandlung eine Erklärung beizubringen habe, wonach er freiwillig und unabhängig von sonstigen Umständen ausgeblieben sei (RGSt. **69** 18).

S. **926** Zeile 51 nach Note 12 zu § 177 GVG.).: Übrigens ist eine dem Gesetz zuwiderlaufende Abwesenheit des Angeklagten darin nicht zu erblicken, daß das Gericht, während die gesetzliche

Voraussetzung für die Entfernung des Angeklagten nach § 247 erfüllt ist, nur die Formvorschriften verletzt, die hierbei wegen der Anhörung der Beteiligten und wegen der Verkündung eines mit Gründen versehenen Beschlusses zu beachten sind (RG. 1 D 125/35 v. 8. März 1935).

S. **927** Zeile 2 nach GA. **70** 107,: JW. 1935 S. 2380 Nr. 36,

S. **927** Zeile 13 nach (RG. DRZ. **23** Nr. 291),: weil insbesondere etwa die Beschwerde des Angeklagten über die Nichtbestellung unberücksichtigt blieb (RGSt. **67** 313),

S. **927** Zeile 26 nach (RGSt. **66** 112).: Übrigens ist hierzu zu bemerken, daß die Notwendigkeit der Verteidigung im Sinn des § 140 Abs. 3 nicht ohne weiteres begründet wird, wenn bei einer Straftat, die an sich mit Gefängnis, in besonders schweren Fällen aber mit Zuchthaus bedroht ist, die Annahme eines besonders schweren Falls in Betracht kommt (RGSt. **69** 49). —

S. **927** nach Zeile 44:

Ist dem Angeklagten kein Verteidiger bestellt worden, so muß das Urteil, das eine der im § 140 Abs. 2 bezeichneten Maßregeln der Sicherung und Besserung anordnet, in ganzem Umfang aufgehoben werden (RGSt. **68** 397).

S. **927** Zeile 50 nach (RG. JW. **56** 2040).: Dieser Grundsatz erleidet eine Ausnahme im Anwendungsgebiet des § 246a; soweit er gilt, hat die Nichtanwesenheit des Arztes als Sachverständigen in der Hauptverhandlung die Wirkung eines zwingenden Revisionsgrundes (RG. JR. 1935 HRR. Nr. 993).

Nr. 6.

S. **928** nach Zeile 37:

Die Rechtsprechung des Reichsgerichts hält den Grundsatz, daß auch ein Verzicht aller Beteiligten auf die Beachtung der hier eingreifenden wichtigen Verfahrensvorschriften deren Verletzung nicht heilen kann, an sich aufrecht (RG. JW. 1935 S. 1497 Nr. 15), sucht aber lästige Folgen einer übertriebenen Formstrenge tunlichst zu vermeiden. In dieser Richtung bewegen sich vornehmlich folgende Entscheidungen: Ist die Öffentlichkeit wegen Gefährdung der Sittlichkeit ausgeschlossen worden und wird dann weiter beschlossen, sie auch wegen Gefährdung der Staatssicherheit auszuschließen, so muß der Beschluß hierüber nicht öffentlich verkündet werden (RG. 2 D 139/35 v. 18. März 1935; vgl. RGSt. **3** 297, **43** 367). Obwohl der Beschluß, durch den die Öffentlichkeit für die Verkündung der Urteilsgründe ausgeschlossen wird, eine vorherige Verhandlung mit den Beteiligten erfordert, erwächst der zwingende Revisionsgrund des § 338 Nr. 6 doch nicht, wenn diese Verhandlung unterbleibt (RGSt. **69** 175 unter Aufgabe von RGSt. **53** 106).

Nr. 8.

S. **930** Zeile 27 nach (RG. JW. **51** 587; Note 17 zu § 244).: — Hat sich in der Verhandlung gegen mehrere Angeklagte wegen einer gemeinschaftlich begangenen Tat ein Angeklagter freiwillig aus der Verhandlung entfernt und bringt das Gericht, indem es keine Maßnahme gegen das Verhalten dieses Angeklagten ergreift, im Sinn des § 231 Abs. 2 zum Ausdruck, daß es ohne den abwesenden Angeklagten verhandeln will, so ist es Sache des zurückbleibenden Angeklagten, der Wert auf die Aussage des fehlenden Angeklagten legt, die Aussetzung der Verhandlung und die Herbeiholung dieses Angeklagten zu beantragen; erst die Ablehnung eines solchen Antrags kann als Stütze einer Verfahrensbeschwerde nach § 338 Nr. 8 dienen (RG. JW. 1935 S. 2380 Nr. 36).

§ 340.

S. **931** Zeile 39 nach (Note 5c zu § 335;: BayObLG. JR. 1934 HRR. Nr. 1000, 1084 und 1085; a. M. Hamm JW. 1935 S. 147 Nr. 17).

§ 341.

S. **933** Zeile 45 nach **2. a)**: Die Amtl. Richtl. geben in Ziffer 240 eine Anleitung für die Einlegung der Revision zu Protokoll der Geschäftsstelle. —

S. **934** Zeile 6 nach dem Gericht gegenüber abgegeben ist: (RGSt. **67** 386;

S. **934** Zeile 6 nach DRZ. **21** Nr. 1007,: 1 D 404/34 v. 26. Juni 1934;

S. **934** Zeile 12 nach bei Gericht in einem Schriftsatz eingeht,: der lediglich in einer beglaubigten Abschrift der Erklärung des Staatsanwalts über die Einlegung der Revision besteht (RGSt. **57** 280; vgl. Amtl. Richtl. Ziffer 239) oder

§ 343.

S. **936** nach Zeile 31:

c) Die Amtl. Richtl. regeln in der Ziffer 250 das Verfahren, das bei der Zustellung des Urteils an die Staatsanwaltschaft zu beobachten ist.

§ 344.

S. **938** Zeile 28 nach RG. III 519/32 v. 7. Nov. 1932).: Da die Merkmale der Gewerbsmäßigkeit, der Arbeitsscheu und der Liederlichkeit Bestandteile der Schuldfrage sind, kann die Revision nicht auf die Anordnung der Unterbringung im Arbeitshaus nach § 42 d StGB. beschränkt werden (RG. JR. 1935 HRR. Nr. 914; vgl. RGSt. **64** 151, 153). — Ist im angefochtenen Urteil die Strafe gemäß § 20 a StGB. geschärft und Sicherungsverwahrung auf Grund des § 42 e StGB. angeordnet worden und richtet sich die Beschwerde nur gegen die Anordnung dieser Maßregel, so liegt eine zulässige Beschränkung auf den Strafausspruch vor, während die Beschränkung auf jene Anordnung rechtlich unwirksam ist (RGSt. **68** 385). — Droht das Gesetz, wie im § 312 HGB., Geldstrafe zwingend neben Freiheitsstrafe an, so bilden die beiden Strafen in ihrer Gesamtheit die Hauptstrafe; deshalb muß, wenn das angefochtene Urteil nur eine Strafe ausgesprochen hat, der Strafausspruch auf die Revision der Staatsanwaltschaft in ganzem Umfang aufgehoben werden (RGSt. **19** 237, **46** 268; RG. 2 D 1225/35 v. 15. April 1935).

S. **938** Zeile 51 nach (KG. JW. **62** 1962 Nr. 3).: — Eine zulässige und wirksame Beschränkung auf die Straffestsetzung liegt insbesondere vor, wenn der Beschwerdeführer nur Verletzung des Gesetzes durch Nichtanwendung oder unrichtige Anwendung des § 51 Abs. 2 StGB. rügt (RGSt. **69** 110; Niethammer JR. 1935 S. 121 ff.); ebenso, wenn er sich ausschließlich gegen die Annahme oder die Nichtannahme eines besonders schweren Falls im Sinn des § 263 Abs. 4 oder des § 266 Abs. 2 StGB. wendet (RGSt. **68** 219, **69** 53; RG. JR. 1934 HRR. Nr. 84, JW. 1935 S. 2201 Nr. 5). Endlich steht auch dem nichts entgegen, daß der verurteilte Angeklagte die Anordnung der Entmannung zum alleinigen Gegenstand seiner Sachbeschwerde macht (RG. 3 D 1419/34 v. 21. Jan. 1935).

§ 345.

S. **943** nach Zeile 43:

Zu beachten ist, daß der § 324 Abs. 1 Satz 1 MStGO. den Beginn des Fristenlaufs für die Revisionsbegründung anders regelt als der § 345 Abs. 1 (RGSt. **68** 185).

S. **945** Zeile 6 nach erfordert das Gesetz,: das im § 345 Abs. 2 formstrenger ist als in den §§ 314 Abs. 1 und 341 Abs. 1,

S. **945** Zeile 10 nach genügt nicht (RGSt. **34** 358,: **67** 385, 388, **69** 137;

S. 945 Zeile 34 nach HR. 2 30).: Dies trifft insbesondere zu, wenn der Schriftsatz des Angeklagten, auf den der Verteidiger Bezug nimmt, nicht zur Sache gehörige Ausführungen enthält (RG. JR. 1934 HRR. Nr. 1501).

S. 946 Zeile 40 nach SächsThürArchR. 4 65).: — Dem Formerfordernis ist übrigens auch genügt, wenn die Revisionsbegründung nicht vom Urkundsbeamten, sondern vom Richter unter Zuziehung des Urkundsbeamten aufgenommen ist (RG. 1 D 627/34 v. 12. Juni 1934).

§ 347.

S. 951 Zeile 11 nach des Entw. der StPO.).: Für die Gegenerklärung des Staatsanwalts ist die Ziffer 253 der Amtl. Richtl. maßgebend.

S. 951 Zeile 25 nach eingestellt ist (RGSt. 67 145;: BayObLG. JW. 1935 S. 1191 Nr. 6).

S. 951 nach Zeile 26:

Die Amtl. Richtl. schreiben in den Ziffern 254 bis 262 eingehend vor, wie die Staatsanwaltschaft bei der Übersendung der Akten, Beiakten und Beweisstücke zu verfahren hat; hervorzuheben ist die in der Ziffer 262 n. F. enthaltene Bestimmung, wonach der Oberreichsanwalt und in den Fällen der Zuständigkeit des Kammergerichts und des Oberlandesgerichts München die zuständigen Generalstaatsanwälte, wenn sie die Revision für unzulässig oder unbegründet erachten, das Rechtsmittel zurückzunehmen oder die Zurücknahme zu veranlassen haben (vgl. die Amtl. Begr. zu den Novellen vom 28. Juni 1935 S. 70).

S. 951 nach Zeile 29:

§ 347a. Über die Revision entscheidet auf Antrag der Staatsanwaltschaft statt des Oberlandesgerichts das Reichsgericht, wenn die Staatsanwaltschaft geltend macht, daß in dem angefochtenen Urteil die entsprechende Anwendung eines Strafgesetzes (§ 2 des Strafgesetzbuchs) zu Unrecht erfolgt oder nicht erfolgt sei. Die Staatsanwaltschaft kann diesen Antrag auch dann stellen, wenn sie nicht selbst Revision eingelegt hat.

Der Antrag muß vor Beginn der Hauptverhandlung des Revisionsgerichts gestellt werden; er kann zurückgenommen werden, solange die Hauptverhandlung vor dem Reichsgericht nicht begonnen hat.

1. Das Ges. zur Änderung von Vorschriften des Strafverfahrens und des Gerichtsverfassungsgesetzes v. 28. Juni 1935 (RGBl. I 844) führte diese Vorschrift in dem „Freiere Stellung des Richters" überschriebenen Art. 1 Ziffer 1 lit. c neu ein, damit die Revision ihren vornehmsten Zweck, die Rechtseinheit in der Anwendung des Strafrechts zu wahren (Schwinge a. a. O. 25, 30, 35 f.) gegenüber der auf Art. 1 des Ges. zur Änderung des Strafgesetzbuchs v. 28. Juni 1935 (RGBl. I 839) beruhenden „Rechtsschöpfung durch entsprechende Anwendung der Strafgesetze" zu erfüllen vermöge. Der Staatsanwaltschaft liegt es ob, darauf hinzuwirken, daß jenem Zweck da Genüge geschehe, wo die berührte Frage auf dem Boden des sachlichen Rechts auftaucht. Deshalb gewährt das Gesetz ihr das Recht zum Antrag auch dann, wenn der Verurteilte die Revision eingelegt hat.

2. Die Vorschrift des Abs. 2 ermöglicht insbesondere dem Oberreichsanwalt die Zurücknahme des Antrags, wenn er entgegen der Ansicht der Staatsanwaltschaft die Entscheidung durch das Reichsgericht nicht für erforderlich erachtet (Amtl. Begr. S. 52).

§ 349.

S. 953 nach Zeile 18:

Die im Art. 1 Ziffer 4 lit. b des Ges. zur Änderung von Vorschriften des Strafverfahrens und des Gerichtsverfassungsgesetzes v. 28. Juni 1935 (RGBl. I 844) bewirkte Beseitigung der bisher für das Rechtsmittelverfahren vorgeschriebenen einseitigen Bindungen schränkt das Recht zur Verwerfung der Revision als offensichtlich unbegründet nur in erträglichem Maß ein (vgl. die Note 7 zu § 353 im vorliegenden Ergänzungsband).

§ 352.

S. 955 Zeile 11 nach vgl. die Noten zu § 344, insbesondere Noten 3, 4: sowie die Zusätze zu diesen Noten im vorliegenden Ergänzungsband.

S. 955 Zeile 18 nach (RG. JW. **61** 1774 Nr. 26).: — Hat das angefochtene Urteil in einem Fall, in dem der Eröffnungsbeschluß Tateinheit angenommen hatte, auf Freisprechung von einem Vergehen erkannt und wegen des anderen Vergehens verurteilt, so unterliegt der ganze Gegenstand der Klage der Prüfung des Revisionsgerichts auch dann, wenn die Staatsanwaltschaft erklärt, ihr Rechtsmittel auf die Freisprechung beschränken zu wollen, und wenn die Annahme der Tateinheit im Eröffnungsbeschluß rechtlich falsch erscheint (RG. JR. 1935 HRR. Nr. 1112).

§ 353.

S. 956 Zeile 11 nach ist das Rechtsmittel zu verwerfen".: Eine teilweise Aufhebung kann immer nur insoweit stattfinden, als die Beschränkung des Rechtsmittels zulässig ist; deshalb muß, wenn das Strafgesetz, wie § 312 HGB., Geldstrafe zwingend neben Freiheitsstrafe androht, die beiden Strafen in ihrer Gesamtheit also die Hauptstrafe bilden, der nur auf die eine der beiden Strafen lautende Strafausspruch auf die Revision der Staatsanwaltschaft in seiner Gesamtheit aufgehoben werden (RG. 2 D 1225/35 v. 15. April 1935; vgl. RGSt. **19** 237, **46** 268).

S. 958 nach Zeile 7:

7. Wirkung der Zulässigkeit der Änderung des Urteils zum Nachteil des Angeklagten — Die Neugestaltung des § 358 Abs. 2 (s. die folgende Erläuterung dieser Vorschrift) ruft die Frage hervor, ob das Revisionsgericht das angefochtene Urteil aufheben müsse, wenn es zwar alles für unbegründet erachtet, was der Beschwerdeführer vorbringt, um den Angeklagten als zu Unrecht belastet erscheinen zu lassen, wenn es aber im angefochtenen Urteil einen Rechtsfehler findet, der im Fall der Aufhebung eine Änderung zum Nachteil des Angeklagten rechtfertigen könnte. Die Frage ist so zu beantworten: Der § 358 Abs. 2 n. F. gibt den Grundsatz, daß der Beschwerdeführer ein berechtigtes Anliegen an der Anfechtung des Urteils haben muß (vgl. Note 2b zu § 296), keineswegs preis. Er bestimmt vielmehr ebenso wie der § 358 Abs. 2 a. F. lediglich eine spätere Wirkung der vom Revisionsgericht beschlossenen Aufhebung. Diese Wirkung tritt ohne weiteres ein, wenn das Revisionsgericht das Urteil des Untergerichts aufhebt, weil es die Revision des Angeklagten im Sinn des § 353 als begründet ansieht. Dann steht es dem Gericht, an das zurückverwiesen wird, frei, im neuen Urteil eine schwerere Strafe zu verhängen, als das aufgehobene Urteil erkannt hatte. In den andern Fällen, in denen sich die Gründe des nur zugunsten des Angeklagten gestellten Revisionsantrags nicht als stichhaltig erweisen, hat dagegen das Revisionsgericht zu prüfen, ob das Gesetz durch die Nichtanwendung einer Rechtsnorm verletzt ist, die an sich eine schwerere Bestrafung des Angeklagten ermöglichen würde, und ob der Rechtsfehler eine mit dem Gebot wahrer Gerechtigkeit unvereinbare, allzu milde Bestrafung nach sich gezogen hat. Bejaht das Revisionsgericht diese Frage in ihren beiden Teilen, so muß es den Weg für die regelmäßig vom Untergericht im neuen Urteil auszusprechende Verschärfung der Strafe eröffnen. Im übrigen wird auf die Noten zu § 358 Abs. 2 n. F. verwiesen.

§ 354.

S. 959 Zeile 23 nach Kolmar DJZ. 21 1002).: — Ferner ist es möglich, daß das Revisionsgericht die Anordnung der Entmannung aufhebt, den Strafausspruch aber bestehen läßt (RG. 3 D 1419/34 v. 21. Jan. 1935).

S. 960 Zeile 9 nach vom Revisionsgericht selbst auszusprechen.: Dem Revisionsgericht steht es ferner zu, eine zwingend vorgeschriebene polizeiliche Maßregel, wie etwa eine landesgesetzlich ohne Rücksicht auf das Eigentum bestimmte Einziehung, selbst anzuordnen (Darmstadt JR. 1934 HRR. Nr. 1564).

S. 962 nach Zeile 26:

Der Vorschrift des Abs. 2, daß die Zurückverweisung nur an ein demselben Land angehöriges Gericht erfolgen dürfe, wird nach dem Übergang aller Hoheitsrechte auf das Reich keine Geltung mehr beigemessen (RGSt. 68 353).

S. 962 Zeile 45 nach RG. III 534/32 v. 27. Okt. 1932).: Hier ist eine Änderung eingetreten, da der Art. 8 Ziffer 5 des verfahrensrechtlichen Ges. v. 28. Juni 1935 bestimmt, daß die große Strafkammer an die Stelle des erweiterten Schöffengerichts insoweit tritt, als dessen Zuständigkeit nach Kap. I Art. 1 § 4 des Ersten Teils der VO. v. 14. Juni 1932 noch begründet ist.

S. 963 nach Zeile 35:

§ 354 a. Das Revisionsgericht hat auch dann nach § 354 zu verfahren, wenn es das Urteil aufhebt, weil zur Zeit der Entscheidung des Revisionsgerichts ein anderes Gesetz gilt als zur Zeit des Erlasses der angefochtenen Entscheidung.

1. Nach der Auslegung, die § 2 Abs. 2 StGB. a. F. fand, hatte das Revisionsgericht eine nach dem Erlaß der angefochtenen Entscheidung eingetretene Änderung des Strafgesetzes nicht zu berücksichtigen; eine Ausnahme von diesem Grundsatz wurde nur für den Fall zugelassen, daß eine im Urteil des Untergerichts vertretene Rechtsansicht, die zur Zeit der Urteilsfällung unrichtig war, inzwischen gesetzliche Anerkennung erlangt hatte (vgl. die Note 1b zu § 337). Auch der die Maßregeln der Sicherung und Besserung betreffende § 2a StGB. a. F., der durch den Art. 3 Ziffer 1 des GewVerbrG. eingefügt worden war, konnte nur in dem Sinn angewandt werden, daß das Gesetz maßgebend war, das zur Zeit der Aburteilung durch den Tatrichter galt (Schäfer-Wagner-Schafheutle GewVerbrG. Anm. 3 zu § 2a StGB.). Die §§ 2 und 2a StGB. wurden durch den Art. 1 des Ges. zur Änderung des Strafgesetzbuchs v. 28. Juni 1935 (RGBl. I 839) in folgender Fassung vereinigt:

§ 2a.

Die Strafbarkeit einer Tat und die Strafe bestimmen sich nach dem Recht, das zur Zeit der Tat gilt.

Gilt zur Zeit der Entscheidung ein milderes Gesetz als zur Zeit der Tat, so kann das mildere Gesetz angewandt werden; ist die Tat zur Zeit der Entscheidung nicht mehr mit Strafe bedroht, so kann die Bestrafung unterbleiben.

Ein Gesetz, das nur für eine bestimmte Zeit erlassen ist, ist auf die während seiner Geltung begangenen Straftaten auch dann anzuwenden, wenn es außer Kraft getreten ist.

Über Maßregeln der Sicherung und Besserung ist nach dem Gesetz zu entscheiden, das zur Zeit der Entscheidung gilt.

2. Der durch den Art. 8 Ziffer 1 lit. a des Ges. zur Änderung von Vorschriften des Strafverfahrens und des Gerichtsverfassungsgesetzes v. 28. Juni 1935 (RGBl. I 844) neu geschaffene § 354a trägt der Neugestaltung jener sachlich-rechtlichen Bestimmungen Rechnung. Die neue

Nach dieser Ansicht müssen das Berufungsgericht und das Revisionsgericht jetzt so verfahren, als ob ein neuer § 301 Abs. 2 folgenden Inhalts Geltung hätte:

Jedes vom Beschuldigten oder zu dessen Gunsten eingelegte Rechtsmittel hat die Wirkung, daß die angefochtene Entscheidung auch zuungunsten des Beschuldigten abgeändert oder aufgehoben werden kann.

Die andere Ansicht erblickt im neuen Abs. 2 des § 358 keinen dem Revisionsgericht unmittelbar erteilten Auftrag. Sie geht — an sich zutreffend — davon aus, daß der am Schluß der Vorschriften über die Revision eingeteilte § 358 a. F. in seinen beiden Absätzen nicht etwa das vom Revisionsgericht zu beobachtende Verfahren, sondern das Verfahren geregelt hatte, das im Fall der Aufhebung des angefochtenen Urteils und der Zurückverweisung der Sache vom Untergericht bei der neuen Entscheidung einzuhalten war. Das Fehlen einer Änderung des § 352 über den Umfang der Prüfung des Revisionsgerichts dient ihr zur Stütze. Sie faßt die Neuordnung so auf, daß der Gesetzgeber, indem er die neue Vorschrift im § 358 als Abs. 2 beließ, den inneren Zusammenhang der beiden Absätze nicht gelöst, den Empfänger der Vorschrift nicht gewechselt, sondern nur das Verbot der Strafschärfung, das im Abs. 2 a. F. enthalten war, in eine Erlaubnis verwandelt habe. Für diese Ansicht hat der neue Abs. 2 des § 358, — aus der leidenden in die handelnde Form übertragen, — folgenden Inhalt:

Das im Abs. 1 bezeichnete Gericht kann das Urteil, auch wenn es nur vom Angeklagten oder seinem gesetzlichen Vertreter oder zu seinen Gunsten von der Staatsanwaltschaft angefochten war, zum Nachteil des Angeklagten ändern.

3. Von den beiden zuvor wiedergegebenen Ansichten ist die erstere abzulehnen, die letztere aus dem Zusammenhang der im Art. 1 Ziffer 4 des Ges. v. 28. Juni 1935 vereinigten Vorschriften zu ergänzen. Jene wird ohne weiteres durch die Erwägung widerlegt, daß der Gesetzgeber, wenn er gewillt gewesen wäre, dem § 301 eine Vorschrift anzufügen, die den bisher gültigen Rechtssatz auch in der dem Beschuldigten ungünstigen Umkehrung aufstellte, diesen Willen an dem hierfür allein in Betracht kommenden Ort unzweideutig hätte erklären können und müssen. Überdies würde die abgelehnte Ansicht — folgerichtig und ausnahmslos durchgeführt — nutzlose Verzögerungen des Eintritts der Rechtskraft verurteilender Erkenntnisse und andere lästige und schädliche Weiterungen in großem Umfang unausbleiblich nach sich ziehen. Die andere Ansicht aber bedarf einer weiteren Entwicklung in Rücksicht auf den im Art. 1 Ziffer 4 des Ges. geoffenbarten Willen des Gesetzgebers, alle angeführten Rechtsbehelfe für die Erzielung „eines wirklich gerechten Urteilsspruchs" einzusetzen. Eine Auslegung, die den Zweck des Gesetzes ins Auge faßt, muß also das Revisionsgericht für berechtigt und verpflichtet ansehen, dem Gericht, an das zurückzuverweisen ist, den Weg zur Änderung der angefochtenen Entscheidung gemäß § 358 Abs. 2 n. F. immer dann und nur dann zu eröffnen, wenn die wahre Gerechtigkeit dies verlangt.

4. Demnach hat das Revisionsgericht, wenn das Urteil nur vom Angeklagten oder seinem gesetzlichen Vertreter oder zu seinen Gunsten von der Staatsanwaltschaft angefochten war, nach folgenden Leitsätzen zu verfahren:

a) Die Prüfung des Revisionsgerichts erstreckt sich kraft des § 352 mit § 344 nur auf den Gegenstand der Verurteilung, den die vom Angeklagten oder für diesen eingelegte Revision angreift. Sie darf also die Grenzen nicht überschreiten, die durch die zulässige Beschränkung des Rechtsmittels gezogen werden (Noten 3, 4 zu § 344, Note 2b zu § 352).

b) Wird die vom Angeklagten oder zu dessen Gunsten verfolgte Revision im Sinn des § 353 für begründet erachtet, weil der vom Untergericht festgestellte Sachverhalt den Schuldspruch nicht oder nicht ganz trägt, so ist die fehlerhafte Entscheidung wegen des den Angeklagten beschwerenden Fehlers aufzuheben. Ergibt die Prüfung des Revisionsgerichts in einem solchen Fall, daß überdies die Anwendbarkeit eines vom Untergericht nicht herangezogenen schwereren Gesetzes in Frage steht, so hat das Revisionsgericht in den Gründen des aufhebenden Urteils darauf hinzuweisen.

c) Sieht das Revisionsgericht die zum Vorteil des Angeklagten betriebene Revision mangels eines ihm nachteiligen Rechtsverstoßes als unbegründet an, so muß es ferner prüfen, ob etwa ein

Gesetz nicht angewandt worden sei, das es an sich ermöglichen würde, den Angeklagten noch schwerer zu bestrafen. Die Bejahung dieser rechtlichen Frage führt, sofern der Schuldspruch angefochten ist, zu dessen Änderung seitens des Revisionsgerichts. Dann liegt es dem Revisionsgericht noch ob, in wertender Arbeit darüber zu befinden, ob die angesetzte Strafe der vom Untergericht ermittelten Art des Täters und der Schwere der Tat trotz dem Rechtsfehler entspricht oder ob sie wegen des Fehlers unangemessen mild ist. Fällt das Revisionsgericht sein Werturteil dahin, daß die vom Untergericht verhängte Strafe ungeachtet der Gesetzesverletzung genüge, so bewendet es bei der Änderung des Schuldspruchs. Glaubt das Revisionsgericht, daß die Gerechtigkeit bei Anwendung des vom Untergericht nicht angewandten schwereren Gesetzes eine fühlbare Verschärfung der Strafe gebiete, so muß es regelmäßig den Strafausspruch aufheben und dem Untergericht anheimgeben, ihn zu ändern. Ist die im § 354 Abs. 1 bestimmte Voraussetzung erfüllt, so kann das Revisionsgericht die Strafe selbst aussprechen.

d) Die dem Revisionsgericht obliegende Prüfung gestaltet sich schwieriger, wenn die Verhandlung über die Revision ergibt, daß das zugunsten des Angeklagten eingestellte Beschwerdevorbringen unbegründet ist, daß aber das Untergericht, die Möglichkeit der Anwendung eines schwereren Gesetzes verkannt und deshalb die tatsächliche Nachforschung nicht in diese Richtung gelenkt, also den Sachverhalt, der den Tatbestand des schwereren Gesetzes erfüllen würde, weder festgestellt, noch ausgeschlossen hat. In der Regel nötigt dieses Prüfungsergebnis das Revisionsgericht dazu, die Sache unter Aufhebung des angefochtenen Schuldspruchs sowie der durch die Gesetzesverletzung betroffenen, dem Urteil zugrunde liegenden Feststellungen zu neuer Untersuchung und Entscheidung zurückzuverweisen. Immerhin sind Fälle denkbar, in denen das Revisionsgericht sich davon überzeugen mag, daß es um der wahren Gerechtigkeit willen nicht erforderlich ist, auf eine Änderung des Schuldspruchs hinzuwirken, und daß die erkannte Strafe auch unter der Annahme eines tatsächlichen Hergangs oder Zustands, der die Anwendung des schwereren Gesetzes begründen würde, im richtigen Verhältnis zur Art des Täters und zur Schwere der Tat steht. Gegen eine solche Stellungnahme des Revisionsgerichts liegt regelmäßig dann kein durchgreifendes Bedenken vor, wenn die Staatsanwaltschaft als Wahrerin der wesentlichen Belange des Staats und der Rechtspflege (Amtl. Richtl. Ziffer 237 Abs. 1) ihre Überzeugung von der Belanglosigkeit des möglicherweise unterlaufenen Verstoßes dadurch zu erkennen gibt, daß sie Verwerfung der Revision des Angeklagten im Beschlußverfahren beantragt oder in der Hauptverhandlung von einem Antrag auf Aufhebung des Urteils und Zurückverweisung absieht.

5. Die in den Noten 3, 4 befürwortete Auslegung anerkennt also, daß der Gesetzgeber dem Revisionsgericht einen neuen Auftrag erteilt hat. Sie bestimmt diesen Auftrag nach dem Erfordernis eines innerlich gerechten Urteils. Diese Ansicht hält sich im Einklang mit der in ihren Grundzügen erkennbaren Entwicklung des kommenden Rechts. Auch dieses wird dem Revisionsgericht die Wahrung der Rechtseinheit im sachlichen Recht (Schwinge a. a. O. S. 29 ff.) als vornehmste Aufgabe zuweisen und darauf achten müssen, daß nur ein Gerichtshof, dessen Arbeitskreis und Richterzahl einen mäßigen Umfang nicht überschreiten, diese Aufgabe erfüllen kann. Sie wird trotzdem dem Bestreben Raum schaffen wollen, die Tätigkeit des obersten Gerichtshofs dem allgemeinen Verständnis dadurch näher zu rücken, daß er mehr als bisher auch für die Richtigstellung offenbar ungerechter Fehlurteile in Anspruch genommen wird.

6. Wegen der im Art. 9 Ziffer 2 des Ges. v. 28. Juni 1935 enthaltenen Übergangsvorschrift wird auf die Note 4 zu § 331 verwiesen.

4. Buch. Wiederaufnahme eines durch rechtskräftiges Urteil geschlossenen Verfahrens.

Vorbemerkungen.

S. 972 nach Zeile 28:

Das BayObLG. hat in JW. 63 (1934) 2863 und in JR. 1935 HR. Nr. 776, Nr. 1364 angenommen, daß ein Wiederaufnahmeverfahren, wenn die Tat unter eine nach Rechtskraft erlassene Amnestie fällt, ohne sachliche Stellungnahme einzustellen sei. Das BayObLG. folgt damit der von Becker LZ. **12** (1918) 468 und von Siebert DRZ. 1934, 336 vertretenen Ansicht, die der bis zur Anordnung der Erneuerung der Hauptverhandlung fortbestehenden Rechtskraft der früheren Entscheidung und auch den Interessen des Verurteilten nicht genügend Rechnung trägt. Dagegen sind der im Komm. vertretenen (herrschenden) Ansicht beigetreten: Düsseldorf DRZ. 1934 Nr. 694; Königsberg DStrafr. 1935 S. 123; Schäfer DStrafr. 1935 S. 56.

S. **972** nach Zeile 38:

8. Einen weiteren Fall der Wiederaufnahme des Verfahrens hat § 16 Abs. 2 VO. über die Bildung von Sondergerichten v. 21. März 1933 (RGBl. I 136) geschaffen. Gegen Entscheidungen der Sondergerichte ist kein Rechtsmittel zulässig, es findet aber die Wiederaufnahme zugunsten des Verurteilten auch dann statt, wenn Umstände vorliegen, die es notwendig erscheinen lassen, die Sache im ordentlichen Verfahren nachzuprüfen. Über die Anträge entscheidet die Strafkammer, und es ist, wenn der Antrag begründet ist, die Hauptverhandlung vor dem zuständigen ordentlichen Gericht anzuordnen. § 363 StPO. bleibt unberührt; die Wiederaufnahme kann also nicht begehrt werden, um eine andere Strafbemessung usw. herbeizuführen.

9. Endlich hat das Ges. v. 28. Juni 1935 (RGBl. I 844) in Art. 6 betr. das Verfahren gegen Flüchtige den neuen § 282b StPO. eingefügt, nach dem eine Wiederaufnahme des Verfahrens statthaft ist. Gegen das im Abwesenheitsverfahren ergangene Urteil sind zunächst die regelmäßigen Rechtsmittel gegeben, und es können Staatsanwalt und Verurteilter die Wiederaufnahme des Verfahrens nach §§ 359, 362 StPO. beantragen. Darüber hinaus ist aber in § 282b Abs. 2 StPO. eine besondere Wiederaufnahme zugelassen. Binnen einer Woche seit der Zustellung des Abwesenheitsurteils kann der Verurteilte — nicht der Staatsanwalt —, auch wenn ein Grund i. S. des § 359 StPO. nicht vorliegt, die Wiederaufnahme des Verfahrens beantragen, wenn der Flüchtige sein Ausbleiben durch triftige Gründe rechtfertigt, oder wenn sonstige Gründe vorliegen, die eine Erneuerung der Hauptverhandlung als notwendig erscheinen lassen. Solche Gründe können nach der amtlichen Begründung auch darin bestehen, daß nachträglich schwere Bedenken gegen den Schuldspruch oder die Strafhöhe auftauchen. Danach kann in diesem Falle § 363 StPO. keine Anwendung finden, während im übrigen sich das Verfahren nach §§ 359 ff. StPO. regelt.

§ 359.

S. **973** neuer Abs. 2 s. Komm. S. 1461 Nr. 31.

S. **974** zu Note 8:

Nach dem Ges. zur Einschränkung der Eide im Strafverfahren v. 24. Nov. 1933 (RGBl I 1008) — s. Komm. S. 1475 — findet vielfach keine Vereidigung der Zeugen mehr statt. Dadurch wird das Anwendungsgebiet der Nr. 2 stark eingeschränkt. Vgl. Rohling JW. **63** (1934) 1840.

S. **976** zu Note 20:

Abw. v. Komm. nimmt KG. JR. 1935 HR. Nr. 227 an, daß die Wiederaufnahme nicht auf den Mangel des Strafantrags gestützt werden kann. Dafür, daß mit der Wiederaufnahme nicht das Begehren der Straffreierklärung geltend gemacht werden kann, auch KG. JR. 1935 HR. Nr. 560.

S. **978** zu Note 22a:

Gründe, die in einem früheren Wiederaufnahmeverfahren gewürdigt worden sind, können in einem späteren Verfahren zur Unterstützung vorgebrachter Tatsachen verwertet werden: BayObLG. JW. **64** (1935) 961.

S. **979** Zeile 1 nach JW. **58** (1929) 264;: KG. JR. 1934 HR. Nr. 1179. Zur Frage der Wiederaufnahme bei fortgesetzter Handlung vgl. Hamburg JR. 1935 HR. Nr. 708; Kiel JR. 1935 HR. Nr. 709;

§ 363.

S. **984** neue Fassung s. Komm. S. 1461.

S. **985** Zeile 10 nach JW. **58** (1929) 264;: KG. JR. 1934 HR. Nr. 1179;

§ 371.

S. **999** neuer Satz zu Abs. 3 s. Komm. S. 1462 Nr. 33.

S. **1000** zu Note 3:

Dadurch, daß das Gericht die Wiederaufnahme des Verfahrens und die „Erneuerung der Hauptverhandlung" angeordnet hat, wird es nicht gehindert, nachträglich nach § 371 Abs. 2 ohne Hauptverhandlung zu verfahren: RG. JR. 1934 HR. Nr. 232 (= DRZ. 1934 Nr. 53).

§ 373.

S. **1003** § 373 Abs. 2 erhält folgende Fassung:

Auch wenn die Wiederaufnahme des Verfahrens nur von dem Verurteilten oder seinem gesetzlichen Vertreter oder zu seinen Gunsten von der Staatsanwaltschaft beantragt worden war, kann das Urteil zum Nachteil des Angeklagten geändert werden.

Durch diese Neufassung des Abs. 2 im Gesetz zur Änderung des Strafverfahrens und des Gerichtsverfassungsgesetzes v. 28. Juni 1935 (RGBl. I 844) hat sich die im Komm. S. 1462 Nr. 34 wiedergegebene Änderung erledigt. Die neue Vorschrift hebt das Verbot der sog. reformatio in pejus auch für das Wiederaufnahmeverfahren auf, ebenso wie das in §§ 331, 358 StPO. geschehen ist. Auf die Bemerkungen zu diesen beiden Vorschriften wird verwiesen. Eine große praktische Bedeutung wird die neue Vorschrift nicht gewinnen, da das Verblassen der Beweise nur selten ihre Anwendung ermöglichen wird. Sie wird auch kaum bewirken, daß Gesuche um Wiederaufnahme mit größerer Zurückhaltung angebracht werden.

5. Buch. Beteiligung des Verletzten bei dem Verfahren.

1. Abschnitt. Privatklage.

§ 374.

S. **1009** Zeile 3 nach verfolgt werden.: Bei den Vergehen nach § 12 UnlWettbG. ist nur der Mitbewerber des Bestechenden, nicht auch der Dienstherr oder Auftraggeber des Angestellten oder Beauftragten verletzt und daher berechtigt, Strafantrag zu stellen und die Zuerkennung einer Buße zu verlangen (RG. 1 D 435/33 v. 9. Okt. 1934).

§ 375.

S. **1013** Zeile 43 nach JW. **61** 428).: Die nachträgliche Erstreckung der Privatklage auf einen weiteren Kläger ist nur in der Form des Beitritts, dagegen nicht so möglich, daß die von einem Verletzten erhobene Privatklage nachträglich so umgedeutet wird, als habe er sie zugleich im Namen des anderen Verletzten gestellt (BayObLG. JR. 1935 HRR. Nr. 1084).

§ 376.

S. **1015** Zeile 40 nach Interesses verneine.: Die herrschende Ansicht, daß der Bescheid der Staatsanwaltschaft, der die Erhebung der öffentlichen Klage mangels öffentlichen Interesses ablehnt, mit dem Antrag auf gerichtliche Entscheidung nicht angefochten werden kann, wird in der höchstrichterlichen Rechtsprechung bis in die jüngste Zeit aufrechterhalten (KG. JR. 1935 HRR. Nr. 1333).

§ 379.

S. 1023 nach Zeile 21:

4. Im übrigen wird auf Kap. I Art. 10 des Ersten Teils der VO. über Maßnahmen auf dem Gebiet der Rechtspflege und Verwaltung vom 14. Juni 1932 verwiesen; dort finden sich ergänzende Vorschriften über den Gebührenvorschuß bei Privatklage und Nebenklage.

§ 380.

S. 1028 Zeile 35 nach N. E. III § 374 Abs. 4: Die Amtl. Richtl. empfehlen in Ziffer 270 die Anberaumung eines besonderen Vergleichtermins vor dem Amtsgericht.

§ 381.

S. 1030 nach Zeile 26:

e) Die Amtl. Richtl. geben in Ziffer 271 eine eingehende Anleitung für das Verfahren des Staatsanwalts, das der Entschließung über die Frage, ob er die Verfolgung übernimmt, dienen soll.

§ 383.

S. 1031 Zeile 17 nach verfolgt werden könne.: Die Amtl. Richtl. sprechen sich über die Zulässigkeit und Zweckmäßigkeit der Anordnung einzelner Beweiserhebungen in Ziffer 269 aus.

S. 1031 nach Zeile 42:

7. **Einstellung kleiner Sachen.** — Kap. I § 7 des Sechsten Teils der VO. zur Sicherung von Wirtschaft und Finanzen v. 6. Okt. 1931 (RGBl. I 537, 563) ermöglicht die Einstellung des Verfahrens bei den im Weg der Privatklage verfolgten Vergehen, wenn die Schuld des Täters gering ist und die Folgen der Tat unbedeutend sind; die Vorschrift regelt das hierbei zu beobachtende Verfahren sowie die Kostenverteilung und bestimmt, daß gegen die Einstellung die sofortige Beschwerde stattfindet.

§ 384.

S. 1031 Zeile 44:

Art. 2 Ziffer 35 des AG. zum GewVerbrG. hat dem Abs. 1 des § 384 einen zweiten Satz folgenden Inhalts hinzugefügt:

Jedoch dürfen Maßregeln der Sicherung und Besserung nicht angeordnet oder für zulässig erklärt werden.

Der neue Satz ist im Nachtrag zum Hauptwerk auf S. 1462 wiedergegeben und erläutert. Das Gesetz über Reichsverweisungen vom 23. März 1934 (RGBl. I 213) hat die in diesem Satz enthaltenen Worte „oder für zulässig erklärt" in Rücksicht darauf beseitigt, daß auf die Maßregel der Reichsverweisung nach § 42m StGB. seit dem 1. Juni 1934 nicht mehr erkannt werden darf. Was jene Erläuterung über die Reichsverweisung ausführt, ist hiermit gegenstandslos geworden.

§ 391.

S. 1045 Zeile 41 nach Alsberg Entsch. 3 53).: Die Amtl. Richtl. weisen in Ziffer 273 darauf hin, daß es, falls in einem Privatklageverfahren eine Buße vereinbart wird, zweckmäßig ist, den Vergleich so zu fassen, daß die Privatklage nur unter der Bedingung der Leistung der Buße zurückgenommen wird.

2. Abschnitt. Nebenklage.

§ 395.

S. 1051 Zeile 31 nach RGSt. **7** 437, **43** 261,: **59** 100, **69** 244,

S. 1051 Zeile 33 nach Schneidewin LZ. **18** 79).: Also bleibt der Vater, der als gesetzlicher Vertreter seines Kindes Strafantrag wegen einer dem Kind zugefügten Beleidigung gestellt hat, auch dann berechtigt, sich dem Verfahren als Nebenkläger anzuschließen, wenn der Eröffnungsbeschluß die vom Täter an dem Kind begangene Tat nur als ein Verbrechen nach §§ 176 Nr. 3, 182 StGB. würdigt (RG. JW. 1935 S. 2496 Nr. 11).

S. 1051 Zeile 37 nach **54** 306, **59** 103,: **69** 244;

S. 1051 nach Zeile 45:

Die Finanzbehörde kann als Nebenkläger ein Rechtsmittel auch darauf stützen, daß ein Nebenbeteiligter zu Unrecht zum gerichtlichen Steuerstrafverfahren gegen einen bestimmten Beschuldigten nicht zugezogen worden sei (RGSt. **69** 33).

§ 396.

S. 1054 Zeile 27 nach RGSt. **6** 139, **48** 236,: **69** 244;

§ 402.

S. 1062 nach Zeile 8:

5. Revision. — Der Nebenkläger kann — anders als der Privatkläger — die Anschlußerklärung noch in der Revisionsinstanz widerrufen; der Widerruf macht — ebenso wie der Tod — die Zuerkennung einer Buße hinfällig; dies ist auch in der Revisionsinstanz zu beachten, da mit der Zurücknahme der Nebenklage eine für die Zuerkennung der Buße wesentliche Verfahrensvoraussetzung wegfällt (RGSt. **67** 322).

§ 403.

S. 1062 Zeile 32 nach unlauteren Wettbewerb v. 7. Juli 1909.: Bei den Vergehen nach § 12 dieses Gesetzes ist übrigens nur der Mitbewerber des Bestechenden, nicht auch der Dienstherr oder Auftraggeber des Angestellten oder Beauftragten verletzt und daher berechtigt, Strafantrag zu stellen und die Zuerkennung einer Buße zu verlangen (RG. 1 D 1435/33 v. 19. Okt. 1934).

S. 1062 Zeile 45 nach ElsLothZ. **26** 50,: Köln JR. 1935 HRR. Nr. 1086,

S. 1063 Zeile 23 nach JR. 1932 HR. Nr. 588).: Dagegen ist der Verletzte als Nebenkläger auch dann noch zuzulassen, wenn er als Kläger im bürgerlichen Rechtsstreit ein auf Entschädigung lautendes Urteil erwirkt hat (RG. JR. 1935 HRR. Nr. 1114).

S. 1063 nach Zeile 29:

c) Der Nebenkläger muß seine Zulassung zwecks Verfolgung des Angeklagten aus dem rechtlichen Gesichtspunkt begehren, der das Recht zum Anschluß gibt (RGSt. **43** 260, 262, **69** 244). — Verlangt der Bußberechtigte seine Zulassung mit der Begründung, daß die mit der öffentlichen Klage verfolgte Tat des Angeklagten sich zugleich als ein Antragsvergehen darstelle, so setzt seine Zulassung nicht voraus, daß gerade er selbst Strafantrag gestellt hat; es muß aber überhaupt — gegebenenfalls von einem anderen Antragsberechtigten — wirksam Strafantrag gestellt sein (RGSt. **41** 168, **65** 125, **69** 244; RG. JW. 1933 S. 1417).

6. Buch. Besondere Arten des Verfahrens.

1. Abschnitt. Verfahren bei amtsrichterlichen Strafbefehlen.

§ 407.

S. **1069** neue Fassung des Abs. 3 s. Komm. S. 1463 Nr. 36. In dieser Neufassung sind durch das Ges. über Reichsverweisungen v. 23. März 1934 § 8 Nr. 3 (RGBl. I 213) die Worte „oder für zulässig erklärt" gestrichen worden, da dieses Gesetz eine gerichtliche Zulassung der Reichsverweisung nicht mehr kennt.

S. **1071** zu Note 6: Nähere Vorschriften über den Antrag auf Erlaß eines Strafbefehls s. Richtl. d. RJM. v. 13. April 1935 Nr. 274 ff.

S. **1072** zu Note 8:

Über das Verfahren, wenn der StA. wegen eines nicht zur primären Zuständigkeit des Einzelrichters gehörenden Vergehens Strafbefehl beantragt, es aber unterläßt, Antrag nach Abs. 4 zu stellen, und der Amtsrichter Bedenken hat, die Strafe ohne Hauptverhandlung festzusetzen s. Darmstadt JR. 1933 HR. Nr. 355.

§ 411.

S. **1078** zu Note 2:

„Fallenlassen der Klage" steht neuerlicher Klagerhebung wegen derselben Straftat nicht entgegen. Einen noch nicht zugestellten Strafbefehl kann der Amtsrichter (auch stillschweigend) zurücknehmen. BayObLG. JR. 1935 HR. Nr. 410.

S. **1079** zu Note 8:

Im Verfahren nach gerichtlichem Strafbefehl kann sich der Angeklagte auch in der Berufungsinstanz durch einen Verteidiger vertreten lassen. Abs. 2 gilt auch für die zweite Instanz: RG. JW. **61** (1932) 3114; BayObLG. JW. **62** (1933) 342; JR. 1933 HR. Nr. 1478; auch JW. **61** (1932) 3117.

§ 412.

S. **1080** Zeile 33 nach BayZ. **11** 180: Vogel JW. **62** (1933) 2244.

S. **1080** zu Note 1a:

Begriff des Ausbleibens ohne genügende Entschuldigung: Königsberg JW. **61** (1932) 2920.

S. **1081** zu Note 3:

Über das zulässige Rechtsmittel im Verfahren nach § 412 s. BayObLGSt. **31**, 71, KG. JR. 1932 HR. Nr. 2332; Breslau JR. 1930 HR. Nr. 467; Vogel JW. **61** (1933) 1634.

2. Abschnitt. Verfahren nach vorangegangener polizeilicher Strafverfügung.

§ 413.

S. **1085** zu Note 4:

Eine polizeiliche Strafverfügung wird nicht dadurch rechtsunwirksam, daß sie ein nicht bestehendes Strafgesetz anführt und einen Text enthält, der nicht zur Erfüllung eines strafgesetzlichen Tatbestandes dienen kann. Auch ein sonstiger Mangel in der Bezeichnung des Strafgesetzes oder die Unterlassung der Angabe von Beweismitteln macht die Strafverfügung nicht unwirksam: Dresden JW. **62** (1933) 1610; Stuttgart JW. **62** (1933) 1611; Karlsruhe JW. **64** (1935) 1256.

S. 1086 zu Note 8:

Für die Unterbrechung der Verjährung kommt bereits der Erlaß, nicht erst die Bekanntmachung der Strafverfügung in Betracht: Dresden DRZ. 1934 Nr. 311.

§ 414.

S. 1087 zu Note 2: Die mündliche Erklärung eines Antrags auf gerichtliche Entscheidung an einen Polizeiwachtmeister, der darüber dem Polizeiamt schriftlich berichtet, ist ausreichend: Rostock 29. Aug. 1935. Ss 30/35.

3. Abschnitt. Verfahren bei Zuwiderhandlungen gegen die Vorschriften über die Erhebung öffentlicher Abgaben und Gefälle.

§ 419.

S. 1094 zu Note 5:

Der Antrag auf gerichtliche Entscheidung ist bereits ein Teil des gerichtlichen Verfahrens. § 444 RAbgO. gilt nicht für das gerichtliche Verfahren in Steuersachen. Ein Bevollmächtigter bedarf daher zum Antrag auf gerichtliche Entscheidung keiner schriftlichen Vollmacht: RGSt. 66 209.

§ 420.

S. 1094: Nach Eröffnung des gerichtlichen Verfahrens ist eine Unterwerfung nach § 445 RAbgO. nicht mehr zulässig: RGSt. 69 163.

§ 421.

S. 1095 zur Note: So auch RG. II v. 18. Jan. 1934 (2 D 1054/33).

§ 427.

S. 1101 zu Note 6:

Das Finanzamt kann als Nebenkläger ein Rechtsmittel auch darauf stützen, daß die Zuziehung eines Nebenbeteiligten zu Unrecht unterblieben ist: RGSt. 69 33.

Nach S. 1102:

Der Art. 2 Ziffer 37 des Ausführungsgesetzes zu dem Gesetz gegen gefährliche Gewohnheitsverbrecher und über Maßregeln der Sicherung und Besserung v. 24. Nov. 1933 (RGBl. I 1000) — AG.GewVerbrG. — fügte hinter dem 3. Abschnitt des 6. Buchs folgenden Abschnitt in die StPO. neu ein:

3a. Abschnitt. Sicherungsverfahren.

Die Vorschriften dieses Abschnitts sind im Nachtrag zum Hauptwerk auf S. 1463—1468 wiedergegeben und erläutert. Ergänzend ist folgendes zu bemerken:

§ 429a.

S. 1464 Zeile 16 nach §§ 430—432).: Die Rechtsgrundsätze, die für den Verbrauch der Strafklage gelten (Einl. S. 37, Note 2b Abs. 5 zu § 337 auf S. 915 des Hauptwerks), finden auch insoweit Anwendung, als die selbständige Anordnung einer Maßregel der Sicherung und Besserung in Betracht kommt (RGSt. 68 171, 384, 392, 69 170); das Sicherungsverfahren findet also nicht statt, wenn das Gericht im Strafverfahren auf Freisprechung des Angeklagten erkannt und die Anordnung der Unterbringung in einer Heil- oder Pflegeanstalt aus sachlichen Gründen abgelehnt hat; würde die Staatsanwaltschaft trotzdem nachträglich einen Antrag gemäß § 429a auf die

Handlung stützen, die den Gegenstand des Urteils im Strafverfahren gebildet hatte, so müßte das Gericht den Antrag von Amts wegen als unzulässig zurückweisen.

S. 1464 Zeile 38 nach dem Gericht aufgetragen werden.: — Andererseits ist die Staatsanwaltschaft auch dann berechtigt, den im § 429a bestimmten Antrag zu stellen, wenn die vom Beschuldigten begangene, mit Strafe bedrohte Handlung im Sinn des § 61 StGB. nur auf Antrag verfolgt wird und der zum Strafantrag Berechtigte es unterläßt, den Antrag rechtzeitig und an der richtigen Stelle anzubringen; denn der Antrag auf selbständige Anordnung der Unterbringung soll ausschließlich der öffentlichen Sicherheit dienen; für ihn kann es nicht darauf ankommen, ob im einzelnen Fall der Verletzte das Verlangen zu erkennen gibt, daß der Beschuldigte bestraft werde.

5. Das Sicherungsverfahren nach § 429a bezweckt den Schutz der Allgemeinheit vor den Gefahren, die aus den Trieben **zurechnungsunfähiger Personen** drohen und in einer an sich mit Strafe bedrohten Handlung offenbar geworden sind; wird das Verfahren gegen einen vermindert zurechnungsfähigen Beschuldigten auf Grund des § 2 des StraffreiheitsG. v. 7. Aug. 1934 eingestellt, so kann gegen diesen die nur neben der Strafe zulässige Unterbringung in einer Heil- oder Pflegeanstalt nicht selbständig angeordnet werden (RGSt. **69** 262).

§ 429b.

S. 1464 Zeile 45 im Gesetzestext nach für das Strafverfahren statt das Reichsgericht: der Volksgerichtshof (vgl. Art. IX Abs. 2 des Ges. zur Änderung von Vorschriften des Strafrechts und des Strafverfahrens v. 24. April 1934, der bestimmt, daß, soweit Gesetze das Reichsgericht in seiner Eigenschaft als Gericht erster Instanz betreffen, der Volksgerichtshof an seine Stelle tritt).

S. 1465 Zeile 5 nach auf Note 3 zu § 429a verwiesen.: Der Antrag der Staatsanwaltschaft bildet für das Sicherungsverfahren eine Verfahrensvoraussetzung; das Gericht muß von Amts wegen prüfen, ob der Antrag vorliegt und ob er, wenn es sich um eine nachträgliche Anordnung im Sinn des Art. 14 des AG.GewVerbrG. oder des Art. XIII des Ges. v. 24. April 1934 handelt, rechtzeitig angebracht worden ist; fehlt der Antrag oder ergibt sich im letzteren Fall sein verspäteter Eingang, so muß das Gericht das unzulässigerweise eröffnete Sicherungsverfahren einstellen (RGSt. **68** 291; RG. 4 D 526/34 v. 18. Mai 1934; vgl. die Note 2b Abs. 3 zu § 337).

S. 1465 nach Zeile 26:

Das Gericht muß bei der Prüfung der Frage, ob die Unterbringung des Beschuldigten anzuordnen oder ob der Antrag abzulehnen sei, regelmäßig auch den inneren Zustand des Täters zur Zeit der mit Strafe bedrohten Handlung erforschen; dies gilt insbesondere dann, wenn die Willensrichtung des Täters maßgebend dafür ist, ob die Tat die Merkmale eines Verbrechens oder Vergehens oder nur die einer Übertretung aufweist, da die gerichtliche Anordnung der Unterbringung bei einer bloßen Übertretung nach § 42b Abs. 1 Satz 2 StGB. nicht zulässig ist (RG. JW. 1935 S. 532 Nr. 37, S. 2368 Nr. 18).

§ 429c.

Nachträgliches Sicherungsverfahren.

S. 1468 nach Zeile 37:

3. Während das im § 429c geregelte nachträgliche Sicherungsverfahren für die Dauer bestimmt ist, ermöglichen gesetzliche **Übergangsvorschriften**, indem sie die Rechtskraft gewisser in der Vollstreckung befindlicher Urteile durchbrechen, ein nachträgliches Sicherungsverfahren, das dazu dienen soll, rechtskräftig verurteilte Verbrecher, die noch Strafe verbüßen, um der öffentlichen Sicherheit willen in Sicherungsverwahrung zu nehmen oder durch Entmannung ungefährlich zu machen. Von diesen Vorschriften ist zunächst die des Art. XIII des schon genannten Ges. v. 24. April 1934 (RGBl. I 341) anzuführen; sie hat folgenden Inhalt:

Artikel XIII.

Verbüßt jemand nach dem Inkrafttreten dieses Gesetzes auf Grund eines vor diesem Zeitpunkt ergangenen Urteils eine Freiheitsstrafe und wäre die Anordnung der Sicherungsverwahrung zulässig gewesen, wenn die Vorschrift des § 93 des Strafgesetzbuchs in der Fassung des Artikels I dieses Gesetzes schon bei der Aburteilung gegolten hätte, so kann das Gericht auf Antrag der Staatsanwaltschaft die Sicherungsverwahrung nachträglich anordnen, wenn die öffentliche Sicherheit es erfordert.

Zuständig für die Entscheidung ist das Gericht, das auf die Strafe erkannt hat; an die Stelle des Reichsgerichts tritt der Volksgerichtshof.

Die Staatsanwaltschaft kann die nachträgliche Anordnung der Sicherungsverwahrung beantragen, solange die Strafe nicht verbüßt, bedingt ausgesetzt, verjährt oder erlassen ist.

Auf das Verfahren findet § 429 b Abs. 1, 2 der Strafprozeßordnung entsprechende Anwendung.

Indes treten an die ordentlichen Gerichte weit mehr die Fragen heran, die sich auf das

nachträgliche Sicherungsverfahren nach Art. 14 AG.GewVerbrG.

beziehen. Diese Übergangsvorschrift ist im Nachtrag zum Hauptwerk auf S. 1473—1475 wiedergegeben und erläutert. Zur Ergänzung der dort abgedruckten Noten ist folgendes aus der Rechtsprechung der obersten Gerichte zu erwähnen:

S. **1474** nach Zeile 7:

Die Rechtsprechung des Reichsgerichts hat in Übereinstimmung mit den Ausführungen der **Note 1** folgende **allgemeine Grundsätze** über den Zweck der Übergangsvorschrift und über ihre Anwendbarkeit aufgestellt:

a) Die Vorschrift des Art. 14 AG.GewVerbrG. in Verbindung mit dem Art. 5 Ziffer 2 und 3 GewVerbrG. durchbricht gegenüber Urteilen, die vor dem 1. Jan. 1934 ergangen sind, bewußt den Grundsatz der Rechtskraft, um eine richterliche Nachprüfung zu ermöglichen, ob eine der beiden hier in Betracht kommenden Sicherungsmaßregeln gegen einen rechtskräftig abgeurteilten Verbrecher um der öffentlichen Sicherheit willen anzuordnen sei (RGSt. **69** 77, RG. JW. 1935 HRR. Nr. 559 und Nr. 994). Sie verläßt zugleich den Grundsatz, daß der Vorbehalt einer weiteren Entscheidung über eine bereits abgeurteilte Sache unzulässig ist (RGSt. **68** 384).

b) Sinn und Zweck der Vorschrift gehen dahin, daß das nachträgliche Sicherungsverfahren keinesfalls mehr eingeleitet werden soll, wenn sich die Vollstreckung des letzten Urteils aus einem der im Art. 14 AG.GewVerbrG. bezeichneten Gründen schon erledigt hat, daß die Staatsanwaltschaft also die nachträgliche Anordnung der Sicherungsmaßregel vorher beantragen muß (RGSt. **68** 232). Im Fall des Art. 5 Ziffer 2 GewVerbrG. setzt die Anordnung der Sicherungsverwahrung voraus, daß nach dem 1. Jan. 1934 noch die Strafe aus dem zeitlich letzten der drei Urteile verbüßt wird (RGSt. **68** 149, 215); demnach muß das Gericht, um die nachträgliche Anordnung der Sicherungsverwahrung zu begründen, insbesondere feststellen, daß der Angeklagte die im dritten Urteil erkannte Strafe noch nicht verbüßt hatte, als der Antrag der Staatsanwaltschaft auf Sicherungsverwahrung bei Gericht einging (RGSt. **68** 313).

c) Dem Zeitablauf seit Begehung der letzten Straftat oder seit der letzten Verurteilung kommt keine Bedeutung zu; die äußeren Voraussetzungen für die nachträgliche Anordnung der Sicherungsverwahrung können auch dann gegeben sein, wenn auf die Strafe, die nach dem 1. Jan. 1934 verbüßt wird, schon vor mehr als zehn Jahren erkannt und ihr Vermerk im Strafregister getilgt worden ist; der § 67 Abs. 5 StGB. n. F. wird vom Art. 5 Ziffer 2 verdrängt (RGSt. **69** 8).

d) Hat die Staatsanwaltschaft den Antrag auf nachträgliche Anordnung der Sicherungsmaßregel rechtzeitig angebracht, so bleibt die Anordnung auch zulässig, wenn die im dritten Urteil ausgesprochene Strafe nach dem Eingang des Antrags bei Gericht erlassen wird (RG. JW. 1934 HRR. Nr. 1490).

e) Das Gericht ist inhaltlich an den Antrag der Staatsanwaltschaft nicht gebunden, muß also die nach dem Ergebnis der Hauptverhandlung gebotene Maßregel ohne Rücksicht darauf anordnen, ob die Staatsanwaltschaft diese oder die andere Maßregel beantragt hat (RGSt. **68** 232). Die nachträgliche Anordnung der Sicherungsverwahrung ist auch gegenüber einem vermindert Zurechnungsfähigen zulässig (RG. 2D 153/35 v. 25. März 1935).

S. **1474** nach Zeile 15:

Die entsprechende Anwendung der Vorschriften über das Strafverfahren erfordert es jedenfalls, daß das zuständige Gericht, wenn es die Zulässigkeit des Antrags der Staatsanwaltschaft bejaht und auch sonst kein durchgreifendes rechtliches Bedenken findet, die **Eröffnung des nachträglichen Sicherungsverfahrens** beschließt (RG. JR. 1935 HRR. Nr. 87, 228 und 321; Jena JR. 1934 HRR. Nr. 1657). Soweit die gegenteilige Ansicht auf die Bemerkung in Note 5 Abs. 1 auf S. 1474 f. des Hauptwerks gestützt wird (BayObLG. JR. 1934 HRR. Nr. 1646), beruht sie auf einem offenbaren Mißverständnis. Die Gerichte erachten es — im Gegensatz zu der in der Note 2 ausgesprochenen Ansicht — für zulässig, daß im nachträglichen Sicherungsverfahren ein **Haftbefehl** gegen den Verurteilten erlassen werde (Breslau JR. 1934 HRR. Nr. 1733). Ist das nachträgliche Sicherungsverfahren eröffnet, so darf das Gericht das Verfahren, wenn nicht ein besonderer gesetzlicher Grund vorliegt, nicht um deswillen aussetzen, weil erst gegen das Ende der Strafzeit zuverlässig beurteilt werden könne, wie die Strafverbüßung auf den Verurteilten wirken und in welche Verhältnisse er hernach gelangen werde (KG. JR. 1935 HRR. Nr. 569).

S. **1474** nach Zeile 28:

Die in der Note 3 dargelegte Ansicht ist von der Rechtsprechung durchaus anerkannt worden. Das Vorliegen des rechtzeitig angebrachten Antrags der Staatsanwaltschaft und der Beschluß, durch den das Gericht das nachträgliche Sicherungsverfahren eröffnet, gelten als **Verfahrensvoraussetzungen**, auf die von Amts wegen geachtet werden muß (RGSt. **68** 291; RG. JR. 1935 HRR. Nr. 87, 228, 321 und 478, 4D 526/34 v. 18. Mai 1934). Das Gericht muß also von Amts wegen erheben, ob der Verurteilte zur Zeit des Eingangs des Antrags der Staatsanwaltschaft bei Gericht noch die Strafe aus dem Urteil verbüßte, das durch die Anordnung der Sicherungsmaßregel zu ergänzen ist; hierbei ist insbesondere im Fall des Art. 5 Ziffer 2 GewVerbrG. zu beachten, daß die dem dritten Urteil zugrunde liegende Tat nach dem Eintritt der Rechtskraft der beiden früheren Urteile begangen sein muß, und kann allgemein eine Untersuchungs- oder Schutzhaft, die zur Durchführung des Sicherungsverfahrens angeordnet worden ist, der Strafverbüßung nicht gleichgeachtet werden (RGSt. **68** 214, 313; RG. JR. 1935 HRR. Nr. 320, 478 und 996).

S. **1475** nach Zeile 11:

Die Ansicht, die in der Note 5 zur Frage der **sachlichen Zuständigkeit** ausgedrückt ist, hat die Billigung der Rechtsprechung erlangt (RG. JR. 1935 HRR. Nr. 88 und 479; BayObLG. JR. 1934 HRR. Nr. 1502). Jetzt ist diese Frage durch den Gesetzgeber im gleichen Sinn entschieden, da der Art. 8 Ziffer 5 des Ges. zur Änderung von Vorschriften des Strafverfahrens und des Gerichtsverfassungsgesetzes v. 28. Juni 1935 (RGBl. I 844) bestimmt, daß die große Strafkammer an die Stelle des erweiterten Schöffengerichts insoweit tritt, als dessen Zuständigkeit nach Kap. I Art. 1 § 4 des Ersten Teils der VO. v. 14. Juni 1932 (RGBl. I 285) begründet ist.

6. Für die **Wirkung der Rechtskraft**, die im nachträglichen Sicherungsverfahren zu berücksichtigen ist oder von den in ihm erlassenen Urteilen ausgeht, gilt folgendes: Der Art. 14 des AG.GewVerbrG. durchbricht den Grundsatz der Rechtskraft allerdings gegenüber den Urteilen, deren Ergänzung durch die Anordnung einer Sicherungsmaßregel er ermöglicht. Wenn jedoch in einem nach dem 1. Jan. 1934 rechtskräftig gewordenen Urteil die Sicherungsverwahrung nach Art. 5 Ziffer 1 GewVerbrG. angeordnet werden konnte und mußte, aber nicht angeordnet worden ist, so ist die Klage für die Sicherungsverwahrung verbraucht und das nachträgliche Sicherungsverfahren unzulässig; der nachträglichen Anordnung der Sicherungsverwahrung gemäß Art. 5 Ziffer 2 GewVerbrG. steht ein nach dem 1. Jan. 1934 erlassenes Urteil nur dann nicht entgegen, wenn darin aus verfahrensrechtlichen Gründen eine sachliche Entscheidung über die Sicherungsverwahrung überhaupt abgelehnt ist (RGSt. **68** 394) oder wenn die darin abgeurteilte Tat nicht als kennzeichnend für die Eigenschaft des Täters als eines gefährlichen Gewohnheitsverbrechers angesehen worden ist (RGSt. **69** 170). Ferner greift der Grundsatz der Rechtskraft wieder gegenüber den Urteilen Platz, die im nachträglichen Sicherungsverfahren ergehen; das Gericht muß in diesem Verfahren erschöpfend prüfen, auf welche Maßregel zu erkennen ist, ob insbesondere Grund vorliegt, die Sicherungsverwahrung statt der Entmannung oder neben ihr anzuordnen; die Entscheidung, die das Gericht über diese Frage trifft, verbraucht, wenn sie rechtskräftig wird, das Antragsrecht so, daß kein Raum für die spätere Anordnung einer nicht angeordneten Maßregel bleibt (RG. JR. 1935 HRR. Nr. 994).

In diesem Zusammenhang ist schließlich noch folgendes wegen des **Verbots der Schlechterstellung** zu bemerken, das im jetzt aufgehobenen § 358 Abs. 2 a. F. ausgesprochen war und nach Art. 9 Ziffer 2 des Ges. zur Änderung von Vorschriften des Strafverfahrens und des Gerichtsverfassungsgesetzes v. 28. Juni 1935 (RGBl. I 844) für die Übergangszeit im dort bezeichneten Umfang Geltung bewahrt: Der § 358 Abs. 2 a. F. ist nicht anwendbar gegenüber Urteilen, die vor dem 1. Jan. 1934 ergangen sind, also auf Sicherungsverwahrung nicht erkennen konnten; er ist anwendbar, wenn Taten, mögen sie auch vor dem 1. Jan. 1934 begangen sein, erst nach diesem Zeitpunkt vom Tatrichter abgeurteilt werden, so daß dieser die Frage der Sicherungsverwahrung prüfen konnte und mußte (RG. JR. 1935 HRR. Nr. 559). — War die Anordnung der Sicherungsverwahrung im ersten Urteil zulässig, ist aber nicht sie, sondern zulässigerweise die Entmannung angeordnet worden, so darf im zweiten Urteil auf Sicherungsverwahrung auch dann nicht erkannt werden, wenn die Entmannung in diesem Urteil nicht aufrechterhalten wird (RGSt. **69** 76).

4. Abschnitt. Verfahren bei Einziehungen und Vermögensbeschlagnahmen.

Zu §§ 430—432.

S. 1105 Zeile 3 nach Anwendung (RGSt. **63** 26).: Für die Zuziehung der Einziehungsbeteiligten zum Steuerstrafverfahren, das sich gegen einen bestimmten Beschuldigten richtet, sind folgende Grundsätze maßgebend: Die bloße Behauptung einer Person, daß sie ein Recht an dem der Einziehung unterliegenden Gegenstand habe, genügt nicht, um ihr den Eintritt in das gegen den Beschuldigten anhängige Verfahren zu eröffnen; vielmehr ist zu erfordern, daß die Person, die den Zutritt begehrt, ihr Recht glaubhaft macht (RGSt. **69** 32). Hat sie dieses Erfordernis erfüllt, so muß ihr gegenüber, da sie als Nebenbeteiligter im Sinn des § 421 Abs. 3 Ziffer 1 der RAbgO. anzusehen ist, in entsprechender Anwendung der §§ 431, 432 verfahren, sie muß zur Hauptverhandlung geladen und, wenn sie der Ladung folgt, in der Verhandlung gehört werden; sie ist berechtigt, der Klage in allen Teilen zu widersprechen und selbständig geltend zu machen, daß eine die Einziehung rechtfertigende Straftat nicht begangen worden sei; gegen das die Einziehung aussprechende Urteil stehen ihr die allgemeinen Rechtsmittel zu, mit denen sie freilich immer nur den Wegfall der Einziehung betreiben kann (RGSt. **69** 32). Versäumt das Gericht die Zuziehung eines solchen Nebenbeteiligten, so kann die Finanzbehörde als Nebenkläger ein Rechtsmittel auf den Verstoß stützen (RGSt. **69** 33).

S. 1105 Zeile 8 nach Niethammer DRZ. **25** 197).: Dem in den DevNotVOn. v. 1931 und 1932 bestehenden Mangel einer Vorschrift über die Zuziehung der Personen, die ein Recht an einem der Einziehung unterliegenden Wert geltend machen, zum Verfahren gegen den Beschuldigten wurde zunächst durch den Art. IV §§ 23ff. der Vierten DurchfVO. v. 9. Mai 1933 (RGBl. I 278) abgeholfen (vgl. den Nachtrag auf S. 1468 des Hauptwerks). Jetzt trifft die DurchfVO. zum

DevBewG. v. 4. Febr. 1935 (RGBl. I 114) im Art. IV §§ 31—34 eingehende Bestimmungen darüber, unter welchen Voraussetzungen eine solche andere Person zur Hauptverhandlung als Beteiligter geladen werden soll, und welche Rechte dem Beteiligten zustehen.

S. **1105** Zeile 27 nach ist ausgeschlossen (RGSt. **18** 14).: Demnach kann insbesondere die Verfallerklärung gemäß § 335 im selbständigen Einziehungsverfahren nicht ausgesprochen werden (RGSt. **55** 35, **68** 405).

S. **1106** Zeile 17 nach **44** 317, **66** 422;: a. M. BayObLG. JW. 1935 HRR. Nr. 710). Die als Sicherungsmaßregel gekennzeichnete Einziehung, die der § 36 der DevNotVO. v. 23. Mai 1932 (RGBl. I 231) — jetzt der § 45 des DevBewG. v. 4. Febr. 1935 (RGBl. I 106) — vorschreibt, kann deshalb im regelmäßigen Verfahren gegen einen bestimmten Täter für sich allein auch ausgesprochen werden, wenn die Abwesenheit des Angeklagten in der Hauptverhandlung seiner Verurteilung zu Strafe entgegensteht (KG. JW. 1934 HRR. Nr. 1322).

S. **1106** nach Zeile 21:

Das gegen einen Angeklagten eingeleitete Strafverfahren verwandelt sich mit dessen Tod, wenn eine Einziehung in Frage kam und kommt, keinesfalls ohne weiteres in ein Verfahren gemäß §§ 430 ff. (RGSt. **68** 406).

Zu § 430.

S. **1107** Zeile 46 nach bis 432;: a. M. BayObLG. JW. 1935 HRR. Nr. 710),

S. **1110** Zeile 22 nach zu Dohna 262; hernach Note 3c).: Diese Glaubhaftmachung aber muß erfordert werden; die bloße Behauptung einer Person, daß sie ein Recht an dem der Einziehung unterliegenden Gegenstand habe, verpflichtet für sich allein nicht zur Ladung (RGSt. **69** 32).

S. **1112** zu Zeile 18:

Das Ges. zur Änderung von Vorschriften des Strafrechts und des Strafverfahrens v. 24. April 1934 (RGBl. I 341) schaltete die Vorschrift des § 93 StGB. a. F. aus dem sachlichen Recht aus, um sie unter gleichzeitiger Änderung des Inhalts in das Verfahrensrecht zu übertragen. Demgemäß bestimmte der Art. V Ziffer 3 dieses Ges., daß der § 433 StPO. durch folgende Vorschrift ersetzt wird:

§ 433. Das Vermögen eines Beschuldigten, gegen den wegen eines Verbrechens des Hochverrats oder des Landesverrats die öffentliche Klage erhoben oder Haftbefehl erlassen worden ist, kann in Beschlag genommen werden. Die Beschlagnahme umfaßt auch das Vermögen, das dem Beschuldigten später zufällt. Sie wirkt, bis das Verfahren rechtskräftig beendet ist.

Die Beschlagnahme und ihre Aufhebung erfolgen durch Beschluß des Gerichts. Bei Gefahr im Verzuge kann die Staatsanwaltschaft die Beschlagnahme vorläufig anordnen; die vorläufige Anordnung tritt außer Kraft, wenn sie nicht binnen drei Tagen vom Gericht bestätigt ist.

Auf die Beschlagnahme finden die Bestimmungen der §§ 291 bis 293 entsprechende Anwendung.

1. Folgende Abweichungen von dem Rechtszustand, der bis zum 2. Mai 1934, dem Tag des Inkrafttretens jenes Ges., gegeben war, sind hervorzuheben:

a) Der § 93 StGB. a. F. ließ die Beschlagnahme nur zu, wenn genau bezeichnete Verbrechen des Hochverrats oder des Landesverrats den Gegenstand der Untersuchung bildeten. Bei den Verbrechen der öffentlichen Aufforderung zum Hochverrat und anderer ein hochverräterisches Unternehmen vorbereitender Taten nach §§ 85 und 86 StGB. fand die Beschlagnahme nicht statt; ebensowenig bei den im Gesetz gegen den Verrat militärischer Geheimnisse vom 3. Juni 1914 (RGBl. 195) mit Zuchthaus bedrohten Handlungen. Jetzt kann die Beschlagnahme bei allen Verbrechen des Hochverrats und des Landesverrats angeordnet werden, die in den neuen Abschnitten 1 und 1a des zweiten Teils des StGB. unter Einschluß der Verbrechen des Geheimnisverrats beschrieben sind.

b) Die Beschlagnahme war früher an die Voraussetzung gebunden, daß eine gerichtliche Untersuchung eröffnet war oder wurde. Sie findet jetzt schon statt, wenn die Staatsanwaltschaft die öffentliche Klage im Sinn des § 170 Abs. 1 erhoben oder ein Amtsrichter oder ein besonderer Ermittlungsrichter — Art. IV § 1 des Ges. v. 24. April 1934 — einen Haftbefehl gemäß § 125 auf Antrag der Staatsanwaltschaft oder von Amts wegen erlassen hat. Diese weite Ausdehnung hat ihren Grund vornehmlich darin, daß für die Strafsachen wegen der im Art. III § 3 Abs. 1 jenes Ges. bezeichneten, zur Zuständigkeit des Volksgerichtshofes gehörigen hoch- und landesverräterischen Handlungen die §§ 4 und 5 des Art. IV maßgebend sind, wonach die Voruntersuchung entfällt, wenn sie nach dem Ermessen der Anklagebehörde für die Vorbereitung der Hauptverhandlung nicht erforderlich ist, und wonach es keines Beschlusses über die Eröffnung des Hauptverfahrens bedarf.

2. Während der Raum für die Beschlagnahme in solcher Weise erweitert ist, bleibt die Beschränkung unverändert, die aus dem Zweck der Vorschrift folgt. Bei der im § 433 zugelassenen Beschlagnahme handelt es sich nicht um eine Fürsorge für die Deckung der den Beschuldigten voraussichtlich treffenden Vermögensstrafen und Kosten, wie sie in den §§ 283, 284 vorgesehen ist. Hier kommt ein höheres Anliegen in Betracht. Die Beschlagnahme ist nur begründet, wenn es gilt, einen Schaden, den die Allgemeinheit vom Beschuldigten während des Strafverfahrens zu befürchten hat, durch den Zugriff auf das Vermögen des Beschuldigten abzuwenden, den Beschuldigten „unschädlich zu machen" (StenB. 375 ff., Olshausen Note 1 Abs. 2 zu § 93 StGB., Klinghardt DJZ. 25 560).

3. Aus den Vorschriften des Art. III des Ges. v. 24. April 1934 ergibt sich, daß die Beschlagnahme Sache des Volksgerichtshofs, im Fall der Überweisung des Oberlandesgerichts ist.

4. Die entsprechend anwendbaren §§ 291—293 betreffen die Bekanntmachung der Beschlagnahme, ihre Wirkung und ihre Aufhebung beim Wegfall des Grundes, der für die Anordnung bestimmend war.

S. 1112 nach Zeile 34:

Der Art. 7 des Ges. zur Änderung von Vorschriften des Strafverfahrens und des Gerichtsverfassungsgesetzes v. 28. Juni 1935 (RGBl. I 844) beseitigte die bisherige Überschrift des 5. Abschnittes, die „Besondere Vorschriften über das Verfahren bei militärischen Straftaten für Strafsachen gegen Angehörige der Reichswehr und für Militärstrafsachen" gelautet hatte, sowie die Vorschriften der §§ 434—448, da sie infolge der Wiedereinführung der Militärgerichtsbarkeit gegenstandslos geworden waren. Er setzte Bestimmungen über das „Verfahren bei Verletzung der Wehrpflicht" in die freigewordenen Stellen ein. Hiermit verschaffte er den Vorschriften der §§ 470—476 StPO. a. F. mit einigen Änderungen wieder Geltung. Die neue Überschrift und die neuen Vorschriften haben folgenden Inhalt:

5. Abschnitt. Verfahren gegen Abwesende, die sich der Wehrpflicht entzogen haben.

§ 434. Bei der Untersuchung gegen einen Wehrpflichtigen wegen eines Vergehens gegen die Vorschriften der §§ 140, 140 a und 140 b des Straf-

S. 1120 zu Note 4:

An die Stelle des Reichsgerichts in erstinstanzlichen Sachen ist der Volksgerichtshof getreten (Ges. v. 24. April 1934 — RGBl. I 341).

§ 449.

S. 1122 zu Note 6c:

Rechtskräftig erkannte Einzelstrafen können vollstreckt werden, auch wenn die im Urteilssatz allein ausgesprochene Gesamtstrafe — infolge Teilanfechtung — nicht rechtskräftig wird. BayObLG. JW. 1935 HR. Nr. 915, Nr. 1198.

§ 450.

S. 1123 zu Note 1a:

Die Vorschrift soll verhindern, daß dem Angeklagten eine ohne sein Zutun eingetretene Verlängerung der Untersuchungshaft zum Nachteil gereicht. Danach ist die Untersuchungshaft auch anzurechnen, wenn der wegen mehrerer Straftaten zu einer Gesamtstrafe verurteilte Angeklagte das Urteil nur wegen einer Verurteilung anficht, im übrigen aber auf die Einlegung eines Rechtsmittels verzichtet: BayObLG. JW. 1935 HR. Nr. 1198.

S. 1124 zu Note 1b: Die Untersuchungshaft, die zwischen dem Eintritt der Rechtskraft und der Einlieferung in die Strafanstalt liegt, ist anzurechnen: BayObLG. JW. 1935 HR. Nr. 1198.

§ 452.

S. 1128. An die Stelle des Reichsgerichts tritt der Volksgerichtshof (Art. IX Abs. 2 des Ges. v. 24. April 1934 — RGBl I 341 —).

S. 1128 zu Note 1: Das Gnadenwesen im Reich ist jetzt durch die VO. über das Verfahren in Gnadensachen (Gnadenordnung) v. 6. Febr. 1935 (Deutsche Justiz S. 203) geordnet.

§ 454.

S. 1128 § 454 Abs. 2 hat durch das Ges. v. 28. Juni 1935 (RGBl. I 844) Art. 8 Nr. 1c folgende neue Fassung erhalten:

Bei der Vollstreckung müssen ein Beamter der Staatsanwaltschaft, ein Beamter der Geschäftsstelle der Staatsanwaltschaft und ein Gefängnisbeamter zugegen sein.

Amtliche Begründung: Nach dem bisher geltenden Recht mußten bei der Vollstreckung der Todesstrafe außer den Strafvollzugsbeamten zwei Mitglieder des Gerichts erster Instanz sowie zwölf Personen aus der Gemeinde, in der die Hinrichtung stattfand, zugegen sein. Der Entwurf sieht vor, daß künftig lediglich ein Beamter der Staatsanwaltschaft, ein Beamter der Geschäftsstelle der Staatsanwaltschaft sowie ein Gefängnisbeamter zuzuziehen sind. Die bisher vorgeschriebene Zuziehung zweier Gerichtsmitglieder hat sich als entbehrlich erwiesen. Sie widerspricht dem in § 451 StPO. ausgesprochenen und in der neueren Rechtsentwicklung immer stärker betonten Grundsatz, daß die Staatsanwaltschaft allein zur Strafvollstreckung berufen ist. Es fehlt jeder innere Grund, für den Fall der Vollstreckung der Todesstrafe von diesem Grundsatz eine Ausnahme zu machen. Die Zuziehung von Gemeindemitgliedern ist gleichfalls entbehrlich. Die an sich erwünschte Beteiligung nicht rechtsgelehrter Volksgenossen an der Rechtspflege ist nur da innerlich gerechtfertigt, wo dem Volksgenossen eine Einflußnahme auf den sachlichen Inhalt der zu treffenden Maßnahme möglich ist. Diese Voraussetzung trifft aber für eine vom Gesetz nach Art und Form festgelegte Vollstreckung nicht zu. Hier wird die Beteiligung nicht rechtsgelehrter

Volksgenossen zu einer leeren Äußerlichkeit, deren Aufrechterhaltung lediglich aus Gründen geschichtlicher Art nicht mehr gerechtfertigt wäre.

S. 1129. In § 454 Abs. 4 ist das Wort „Urkundsbeamten" durch das Wort „Beamten" ersetzt durch das Ges. v. 28. Juni 1935 (RGBl I 844) Art. 8 Nr. 1c.

Amtliche Begründung: Der hier getroffenen Regelung, daß künftig Gerichtsmitglieder nicht mehr zuzuziehen sind, entspricht es, daß auch der für die Aufnahme des Protokolls (§ 454 Abs. 4 StPO.) bestimmte Beamte nicht von der Geschäftsstelle des Gerichts, sondern von der Geschäftsstelle der Staatsanwaltschaft abzuordnen ist.

§ 456a.

S. 1132. Neue Fassung des § 456a s. Komm. S. 1469 Nr. 38. In dieser neuen Fassung sind durch § 8 d. Ges. über Reichsverweisungen v. 23. März 1934 (RGBl. I 213) die Worte „auf Grund eines Strafurteils" gestrichen worden, da eine Zulassung der Reichsverweisung durch Strafurteil nicht mehr in Frage kommt.

§ 456b.

S. 1133. Fassung des neuen § 456b s. Komm. S. 1469 Nr. 39.

Zu der Vorschrift vgl. Art. 3 der VO. über den Vollzug von Freiheitsstrafen und von Maßregeln der Sicherung und Besserung, die mit Freiheitsstrafen verbunden sind, v. 14. Mai 1934 (RGBl. I 383). Die VO. gibt, nachdem die Rechtspflege auf das Reich übergeleitet ist, die reichsrechtlichen Grundsätze über den Vollzug von Freiheitsstrafen.

§ 456c.

S. 1133. Fassung des neuen § 456c s. Komm. S. 1470 Nr. 39.

§ 456d.

S. 1133. Fassung des neuen § 456d s. Komm. S. 1470 Nr. 39.

§ 458.

S. 1133. Neue Fassung des § 458 Abs. 2 und 3 s. Komm. S. 1471 Nr. 40.

S. 1134 zu Note 2:

Einwendungen, die sich auf einen allgemeinen Gnadenerlaß (Straffreiheitsgesetz) stützen, können im Wege des § 458 geltend gemacht werden: BayObLG. JR. 1935 HR. Nr. 1206; vgl. auch RG. JR. 1935 HR. Nr. 1199.

S. 1135 nach Zeile 6:

8. Trifft ein Landgericht eine Entscheidung über die Zulässigkeit der Vollstreckung, die ohne mündliche Verhandlung durch Beschluß zu erlassen ist, auf Grund mündlicher Verhandlung durch Urteil, so findet gegen diese Entscheidung keine Revision statt: RG. JR. 1935 HR. Nr. 1199.

9. Die Rechtskraft der Entscheidung aus §§ 458, 462 hat die Bedeutung, daß über den Einwand des Verurteilten eine endgültige, im Vollstreckungsverfahren nicht mehr nachprüfbare Entscheidung getroffen ist. Ist der Einwand des Verurteilten über das Ende der Strafzeit im Vollstreckungsverfahren rechtskräftig zurückgewiesen worden, so kann er im Verfahren nach Art. V Ziff. 2 GewVerbrG. nicht mehr nachgeprüft werden: RG. V v. 6. Sept. 1934 (5 D 3/34).

§ 460.

S. 1136 zu Note 1a:

Ist es unter Verletzung des § 460 unterlassen worden, die durch zwei Urteile ausgesprochenen Strafen zu einer Gesamtstrafe zusammenzuziehen und dadurch zu vereinheitlichen, so können für die Anwendung des Art. 5 Ziff. 3 GewVerbrG. nicht zwei Verurteilungen zugrunde gelegt werden: RGSt. 68 343.

S. 1137 zu Note 2:

Bei der Bildung der Gesamtstrafe muß eine inzwischen geschehene Straffreierklärung einer Tat berücksichtigt werden: Hamburg JR. 1935 HR. Nr. 827.

§ 462.

S. 1139. In Abs. 3 und 4 tritt an die Stelle des Reichsgerichts der Volksgerichtshof (Art. IX Abs. 2 d. Ges. v. 24. April 1934 — RGBl. I 341 —).

S. 1140 zu Note 5 (Abs. 2):

Dem Erfordernis des Abs. 2 ist genügt, wenn der Verurteilte sich beim Urkundsbeamten der Geschäftsstelle des Amtsgerichts bei dessen Anwesenheit im Gefängnis gemeldet und von sich aus beantragt hat, die gegen ihn erkannten Strafen nachträglich auf eine Gesamtstrafe zurückzuführen; denn er hat dann vor dem Erlaß des Gesamtstrafenbeschlusses Gelegenheit gehabt, Anträge zu stellen und zu begründen: KG. JR. 1935 HR. Nr. 637.

S. 1140 zu Note 9 (Abs. 4):

Der Beschluß, durch den eine Gesamtstrafe nach § 462 Abs. 4 gebildet worden ist, ist der formellen und materiellen Rechtskraft fähig: BayObLG. JR. 1935 HR. Nr. 1206; vgl. auch RG. V Urt. v. 6. Sept. 1934 (5 D 3/34) — oben bei S. 1135. Trifft ein Landgericht die Entscheidung, die ohne mündliche Verhandlung durch Beschluß zu erlassen ist, auf Grund mündlicher Verhandlung durch Urteil, so findet gegen diese Entscheidung keine Revision statt: RG. JR. 1935 HR. Nr. 1199.

§ 463a.

S. 1142. Fassung des neuen § 463a s. Komm. S. 1471 Nr. 41. Durch das Ges. v. 28. Juni 1935 (RGBl. I 844) hat Abs. 3 folgende Fassung erhalten:

§ 462 findet auch auf die nach den §§ 42f bis h, § 42l Abs. 4 des Strafgesetzbuchs zu treffenden Entscheidungen Anwendung.

Amtliche Begründung: Durch Art. 12 des Ges. zur Änderung des StGB. v. 28. Juni 1935 (RGBl. I 839) hat § 42l StGB. einen neuen (4.) Absatz erhalten, wonach das Gericht die Untersagung der Berufsausübung wieder aufheben kann, wenn der Zweck der Maßregel ihre Fortdauer nicht mehr erforderlich erscheinen läßt. Durch die Erweiterung des § 463a Abs. 3 StPO. wird das für die Wiederaufhebung der Untersagung der Berufsausübung geltende Verfahren geregelt, indem — ebenso wie schon bisher für die Fälle der §§ 42f bis 42h des Strafgesetzbuchs — auch im Falle des § 42l Abs. 4 der § 462 des Strafprozeßordnung für anwendbar erklärt wird.

2. Abschnitt. Kosten des Verfahrens.

§ 465.

S. 1146. Neue Fassung des Abs. 1 s. Komm. S. 1472 Nr. 42. In dieser neuen Fassung sind durch das Ges. über Reichsverweisungen v. 23. März 1934 (RGBl. I 213) § 8 Nr. 5 die Worte „oder zugelassen" und „oder zugelassenen" gestrichen worden, da nach diesem Gesetz eine gerichtliche Zulassung der Reichsverweisung nicht mehr stattfindet.

§ 466.

S. 1148. Neue Fassung des § 466 s. Komm. S. 1472 Nr. 43. In dieser neuen Fassung sind durch das Ges. über Reichsverweisungen v. 23. März 1934 die Worte „oder zugelassen" gestrichen worden.

§ 467.

S. 1150. Einen neuen Abs. 3 s. Komm. S. 1473 Nr. 44.

S. 1151 Zeile 39 nach GA. 41 383;: JW. 63 (1934) 1855;

S. 1152 zu Note 5a: Kosten der Verteidigung als notwendige Auslagen: JW. 63 (1934) 2803; 64 (1935) 313; 964.

§ 471.

S. 1160 zu Note 6a:

Wird ein Privatklageverfahren auf Grund einer Amnestie eingestellt, so fallen regelmäßig die dem Beschuldigten erwachsenen notwendigen Auslagen dem Privatkläger zur Last: KG. JR. 1935 HR. Nr. 561 (= JW. 63 [1934] 3303).

S. 1161 zu Note 7: Braunschweig JR. 1935 HR. Nr. 229.

§ 473.

S. 1165 zu Note 1a:

Wird ein Nebenkläger nach der Einlegung der Berufung seitens des Angeklagten zugelassen, die Berufung aber vor der Hauptverhandlung zurückgenommen, so können die Kosten der Nebenklage durch besonderen Beschluß dem Angeklagten auferlegt werden: LG. Paderborn JW. 62 (1933) 2476.

S. 1165 zu Note 1b:

Im Fall eines von der Staatsanwaltschaft erfolglos eingelegten Rechtsmittels hat sich die Kostenpflicht des Fiskus durch das Dritte Gesetz zur Überleitung der Rechtspflege auf das Reich v. 24. Jan. 1935 (RGBl. I 68) §§ 1, 2 geändert. Diese Kosten sind vom 1. April 1935 ab der Reichskasse aufzuerlegen. Durch dasselbe Gesetz hat auch die bisherige Streitfrage, welche Kasse die Kosten eines von der Zoll- oder Steuerbehörde erfolglos eingelegten Rechtsmittels zu tragen hat, ihre Erledigung gefunden. Auch diese Kosten fallen nunmehr der Reichskasse zur Last.

S. 1166 zu Note 2a:

Das vom Staatsanwalt eingelegte Rechtsmittel hat dann nur teilweisen Erfolg, wenn die Erhöhung der Strafe nicht das vom Staatsanwalt beantragte Maß erreicht: BayObLG. JR. 1935 HR. Nr. 828 (= JW. 64 [1935] 961).

S. 1167 zu Note 2b: Den dort angeführten Entscheidungen ist hinzuzufügen: RG. JW. 63 (1934) 2853.

S. 1169 zu Note 5c: Den angeführten Entscheidungen ist hinzuzufügen: RG. JW. 62 (1933) 2776.

S. 1170 zu Note 7: Über die Kosten der strafprozessualen Wiedereinsetzung s. Hümmer JW. 1935, 199.

§ 474a.

S. 1170. Hinter § 474 wird folgender § 474a eingefügt:

§ 474a. Wird nach einem Urteil gegen einen Flüchtigen die Hauptverhandlung erneuert (§ 282b), so können ihm die Kosten der früheren Hauptverhandlung in dem neuen Urteil auch dann auferlegt werden, wenn er freigesprochen wird.

Die neue Vorschrift beruht auf der Neuregelung des Verfahrens gegen Flüchtige im 7. Abschnitt des Zweiten Buches (§§ 276—282b). Nach § 282b Abs. 2 kann der Flüchtige, gegen den ein Abwesenheitsurteil ergangen ist, binnen einer Woche seit dessen Zustellung die Wiederaufnahme des Verfahrens beantragen, wenn er sein Ausbleiben durch triftige Gründe rechtfertigt, oder wenn sonstige Umstände vorliegen, die eine Erneuerung der Hauptverhandlung als notwendig erscheinen lassen. Dann kann es der Billigkeit entsprechen, daß der Angeklagte die Kosten der früheren Hauptverhandlung auch dann trägt, wenn er freigesprochen worden ist. Um für eine solche Entscheidung Raum zu schaffen, ist § 474a eingefügt worden.

Gerichtsverfassung.

I. Einführungsgesetz zum Gerichtsverfassungsgesetz.

§ 1.

S. 1173 Zeile 31 nach „§ 85);": G. z. Änderung des GerichtskostenG. v. 20. März 1935 (RGBl. I 456) (Änd. des § 10 Abs. 1 und des § 72); VO. über die Umstellung von Kostenvorschriften im Saarland v. 22. Febr. 1935 (RGBl. I 252);

S. 1173 Zeile 8 von unten nach „des § 23a;": VO. über die Umstellung von Kostenvorschriften im Saarland v. 22. Febr. 1935 (RGBl. I 252);

S. 1173 Zeile 6 von unten nach I 471);: VO. über die Umstellung von Kostenvorschriften im Saarland v. 22. Febr. 1935 (RGBl. I 252);

S. 1173 letzte Zeile Zusatz: Vgl. G. v. 28. Juni 1935 (RGBl. I 844) Art. 8 Nr. 6; VO. über die Umstellung von Kostenvorschriften im Saarland v. 22. Febr. 1935 (RGBl. I 252).

§ 3.

S. 1175—1177:

Die Vorschriften der Abs. 1, 2 sind durch den Übergang der Rechtspflege auf das Reich für die Zukunft **gegenstandslos** geworden. Die Bestimmungen, die z. Zt. des Überganges bestanden haben, sind unberührt geblieben. Vgl. G. v. 24. Januar 1935 (RGBl. I 68).

§ 4.

S. 1177:

Die Vorschrift ist durch den Übergang der Rechtspflege auf das Reich für die Zukunft **gegenstandslos** geworden. Die Bestimmungen, die zur Zeit des Übergangs bestanden haben, sind unberührt geblieben, soweit nicht durch die VO. v. 18. März 1935 (RGBl. I 381) anderweite Regelungen getroffen worden sind.

Wegen der Zuständigkeit der Gerichte für **Justizverwaltungsangelegenheiten** vgl. noch die VO. v. 18. März 1935 (RGBl. I 402) sowie Art. IX der VO. v. 20. März 1935 (RGBl. I 403). (Art. IX der letztgenannten VO. ist bei den Zusätzen zu § 22 GVG. abgedruckt.) Vgl. ferner die AV. d. RJM. v. 2. April 1935 (Deutsche Justiz 549). Über die Einführung der Justizverwaltungsbestimmungen im Saarland vgl. AV. d. RJM. v. 25. Febr. 1935 (Deutsche Justiz 320).

§ 6.

S. 1178:

Die Vorschrift wird durch den Übergang der Rechtspflege auf das Reich nicht berührt.

§ 7.

S. 1181 zu Zeilen 15—18:

Zur MStGO. sind unter dem 23. Nov. 1934 (RGBl. I 1165) und 9. Oktober 1935 (RGBl. I 1223) umfassende Novellen ergangen. Vgl. ferner die Ausführungsbestimmungen zur MStGO. und zum EGMStGO. v. 29. Nov. 1933 (RGBl. I 989).

S. 1181 zu Zeilen 19—20: Abschnitt a) der Note 3 erhält folgende Fassung:

a) Für den **persönlichen Geltungsbereich der Militärgerichtsbarkeit** gilt § 1 MStGO. v. 4. Nov. 1933 i. d. F. d. Art. 2 Nr. 55 des Ges. v. 23. Nov. 1934 (RGBl. I 1165, 1172) und des Art. 2 Nr. 2, 3 des Ges. v. 9. Okt. 1935 (RGBl. I 1223) i. Verb. mit § 21 des Wehrgesetzes v. 21. Mai 1935 (RGBl. I 609); vgl. ferner für Wehrpflichtige des Beurlaubtenstandes §§ 7a, 7b MStGO. (i. d. F. d. Art. 2 Nr. 9 des Ges. v. 9. Okt. 1935).

Für Strafsachen, in denen nach den allgemeinen Gesetzen der **Volksgerichtshof** in erster und letzter Instanz zuständig ist, bleibt diese Zuständigkeit, soweit nicht das mobile Verfahren Platz greift, auch für die sonst der Militärgerichtsbarkeit Unterworfenen bestehen (jedoch ohne Abgabemöglichkeit an die Oberlandesgerichte). (§ 2 MStGO. i. d. F. Art. 2 Nr. 1 d. Ges. v. 23. Nov. 1934 RGBl. I 1165 und d. Art. 2 Nr. 4 d. Ges. v. 9. Okt. 1935 RGBl. I 1223).

S. 1181 zu Zeilen 22—26: Der Grundsatz ist neuerdings durchbrochen worden in §§ 2—5 MStGO. i. d. F. d. Art. 2 Nr. 4—7 des Ges. v. 9. Okt. 1935 (RGBl. I 1223).

S. 1181 Zeile 30 nach (§ 3 MStGO.: i. d. F. d. Art. 2 Nr. 5 d. Ges. v. 9. Okt. 1935 RGBl. I 1223).

S. 1181 Zeile 33 nach (§ 4 MStGO.: i. d. F. d. Art. 2 Nr. 6 d. Ges. v. 9. Okt. 1935 RGBl. I 1223).

S. 1181 Zeile 3 von unten nach (§ 7 MStGO.: i. d. F. d. Art. 2 Nr. 8 d. Ges. v. 9. Okt. 1935 RGBl. I 1223).

§ 8.

S. 1182—1183:

Vgl. jetzt die VO. über Änderungen des Gerichtswesens in Bayern v. 19. März 1935 (RGBl. I 383). Danach ist § 8 jetzt gegenstandslos geworden.

§ 9.

S. 1183—1184:

Vgl. für **Bayern** jetzt die VO. v. 19. März 1935 (RGBl. I 383). Danach ist das Oberste Landesgericht aufgehoben worden. Seine Zuständigkeit für Strafsachen ist auf das Oberlandesgericht München übergegangen.

Für **Preußen** ist an der Regelung des § 50 AGGVG. durch den Übergang der Rechtspflege auf das Reich nichts geändert worden.

Zu beachten ist die AV. d. RJM. v. 21. Mai 1935 über die „**Zuständigkeit zur Entscheidung landesrechtlich vorgesehener Beschwerden**" (Deutsche Justiz 1935 766). Sie lautet:

Soweit in landesrechtlichen Vorschriften gegen Entscheidungen einer dem Oberlandesgerichtspräsidenten oder dem Generalstaatsanwalt nachgeordneten Justizbehörde ein Rechtszug an die oberste Landesjustizbehörde vorgesehen ist, übertrage ich die auf mich übergegangene Zuständigkeit zur Entscheidung auf den Oberlandesgerichtspräsidenten und den Generalstaatsanwalt je für ihren Geschäftsbereich (§ 1 des Zweiten Ges. z. Überleitung der Rechtspflege auf das Reich v. 5. Dez. 1934 RGBl. I 1214).

Wie weit sie für Strafsachen Bedeutung hat, ist nicht zu übersehen.

§ 10.

S. 1187:

Die Vorschrift ist durch die Aufhebung des bayer. Obersten Landesgerichts (VO. v. 19. März 1935 RGBl. I 383) gegenstandslos geworden. Vgl. die Zusätze zu §§ 8, 9.

§ 17.

S. 1190—1191:

Vgl. die VO. über die Behörden zur Entscheidung von Kompetenzkonflikten v. 27. März 1935 (RGBl. I 492) und für Bayern VO. über Änderungen des Gerichtswesens in Bayern v. 19. März 1935 (RGBl. I 383) Art. 2 § 2.

II. Gerichtsverfassungsgesetz.

S. 1191 Zeile 33 Zusatz:

Weitere Änderungen des GVG.: G. v. 13. Dez. 1934 (RGBl. I 1233) (Änd. der §§ 18, 19, 34, 40, 152, 162), G. v. 7. März 1935 (RGBl. I 352) (Aufhebung der §§ 199—202), G. v. 28. Juni 1935 (RGBl. I 844) Art. 2, 3 (Einfügung des § 131a, Änd. d. §§ 136—138), Art. 8 Nr. 2 (Änd. d. § 146 Abs. 2); vgl. auch Art. 8 Nr. 4, 5, Art. 9 Nr. 3. Vgl. G. v. 24. April 1934 (RGBl. I 341).

Das Gerichtsverfassungsgesetz ist ferner durch die **Überleitung der Rechtspflege auf das Reich** naturgemäß stark beeinflußt worden. Die einzelnen Gesetze und Verordnungen, die hier in Frage kommen, werden bei den einzelnen Bestimmungen des GVG., soweit nötig im Wortlaut, mitgeteilt werden. Sie haben den Wortlaut des GVG. nicht geändert. In Betracht kommen vor allem: das Ges. über den Neuaufbau des Reiches v. 30. Jan. 1934 (RGBl. I 75), das Ges. über das Staatsoberhaupt des Deutschen Reiches v. 1. Aug. 1934 (RGBl. I 747), das Erste Gesetz zur Überleitung der Rechtspflege auf das Reich v. 16. Febr. 1934 (RGBl. I 91), das Zweite Gesetz zur Überleitung der Rechtspflege auf das Reich v. 5. Dez. 1934 (RGBl. I 1214), das Dritte Gesetz zur Überleitung der Rechtspflege auf das Reich v. 24. Jan. 1935 (RGBl. I 68) und die VO. z. einheitlichen Regelung der Gerichtsverfassung v. 20. März 1935 (RGBl. I 403).

Eine Zusammenstellung der Texte aller Gesetze, Verordnungen und allgemeinen Verwaltungsverfügungen, die zur Vereinheitlichung und Überleitung der Rechtspflege bis zum 10. Aug. 1935 erlassen worden sind, findet sich in dem Werk von Bärtling Die Vereinheitlichung der Rechtspflege, Berlin 1935, Verlag „Beamtenpresse" G. m. b. H.

Im **Saarland** ist einstweilen die Gerichtsverfassung dem seit 1918 geänderten Rechtszustande noch nicht vollständig angeglichen worden. Sie ist zunächst nur soweit geändert worden, als die Änderung der staatsrechtlichen Verhältnisse dazu nötigte. Die völlige Angleichung wird voraussichtlich erst mit Beginn des Jahres 1936, vielleicht sogar erst mit dem Inkrafttreten eines allgemeinen neuen GVG. vorgenommen werden. Zur Zeit gelten das Ges. über die vorläufige Verwaltung des Saarlandes v. 30. Jan. 1935 (RGBl. I 66), die VO. über die vorläufige Regelung der Gerichtsverfassung im Saarland v. 22. Febr. 1935 (RGB. I 246), die VO. zur Überleitung der Strafrechtspflege im Saarland v. 21. Febr. 1935 (RGBl. I 248), die VO. über die Einführung der Justizüberleitungsgesetze im Saarland v. 8. Juli 1935 (RGBl. I 1018) und die VO. über die Einführung reichsrechtlicher Vorschriften im Saarland v. 27. Sept. 1935 (RGBl. I 1204) §§ 1, 2, 4 Nr. 4—6. Ferner sind zu beachten die AV. d. RJM. v. 25. Febr. 1935 (Deutsche Justiz 320) über die Einführung der Justizverwaltungsbestimmungen im Saarland und die AV. d. RJM. v. 1. Juni 1935 (Deutsche Justiz 834) über die Einführung der Aktenordnung im Saarland.

Vgl. dazu die Aufsätze von Thees Die VO. über die vorläufige Regelung der Gerichtsverfassung im Saarland (Deutsche Justiz 1935 324), L. Schäfer Überleitung der Strafrechtspflege im Saarland (ebenda 326), Melsheimer Umstellung von Kostenvorschriften im Saarland (ebenda 341), Féaux de la Croix Die Einführung der Justizverwaltungsbestimmungen im Saarland (ebenda 348), Mettgenberg Zur Wiedereingliederung des Saarlandes in das deutsche Außenrecht (ebenda 349), Thees Die VO. über die Einführung reichsrechtlicher Vorschriften im Saarland (ebenda 1446).

Erster Titel. Richteramt.

§ 1.

S. 1192 zu Zeile 15:

Zur Literaturübersicht sind nachzutragen: Sauer Rechtsprechung und Regierung (Deutsche Justiz 1935 181), Freisler Richter, Staat und Gesetz (Deutsche Justiz 1934 1333), Heintzeler

Autoritärer Staat und unabhängiges Richtertum (Deutsche Justiz 1934 1438), Dahm Strafrichter und Gesetz im neuen Staat (GA. n. F. 1 248), Schwister Gesetz und Richteramt (DJZ. 1934 1329), Friedersdorff Gesetz, Recht und Richter im Wandel der Zeiten (DRZ. 1935 171).

S. 1192 Zeile 33 nach „Dienstaufsicht —": Die Dienstaufsicht über die Gerichte und sonstigen Justizbehörden ist jetzt einheitlich für das ganze Reich in der VO. v. 20. März 1935 (RGBl. I 403) Art. IX (abgedruckt bei § 22 GVG.) geordnet. Vgl. auch die VO. v. 18. März 1935 (RGBl. I 402) sowie die AV. d. RJM. v. 2. April 1935 (Deutsche Justiz 549).

§ 2.

S. 1194—1195:

Vgl. die VO. über die **Laufbahn für das Amt des Richters und des Staatsanwalts** v. 29. März 1935 (RGBl. I 487), die Durchführungsvorschriften zu der vorgen. VO. v. 26. Juni 1935 (RGBl. I 812) und die AV. d. RJM. v. 28. Juni 1935 (Deutsche Justiz 948) z. Durchführung des § 7 der VO.

Vgl. ferner die **Justizausbildungsordnung** v. 22. Juli 1934 (RGBl. I 727), die drei Durchf-VO.en dazu v. 13. Sept. 1934 (RGBl. I 831), v. 8. Okt. 1934 (RGBl. I 915) und v. 1. Nov. 1934 (RGBl. I 1104), ferner Erlaß über die Errichtung des Reichsjustizprüfungsamtes v. 21. Sept. 1934 (RGBl. I 845), VO. über den Ausbau des Reichsjustizprüfungsamtes v. 27. Febr. 1935 (RGBl. I 342), VO. über den weiteren Ausbau des Gemeinschaftslagers Hans Kerrl v. 9. März 1935 (RGBl. I 359 = Deutsche Justiz 388), Durchf.- und Übergangsbest. zu den beiden vorstehenden VO.en = AV. d. RJM. v. 9. März 1935 (Deutsche Justiz 388), AV. d. RJM. v. 27. Sept. 1935 (Deutsche Justiz 1430) über Errichtung der Prüfungsstelle des Reichsjustizprüfungsamtes in Düsseldorf, VO. über die Ausbildung der Gerichtsreferendare in der Verwaltung v. 13. April 1935 (RGBl. I 545), Vfg. über Unterhaltszuschüsse und Vergütungen für Referendare v. 16. Mai 1935 (Deutsche Justiz 767), AV. d. RJM. v. 27. Sept. 1935 (Deutsche Justiz 1430) über Vorbereitungsdienst der Gerichtsreferendare.

Zu dem Ges. zur Wiederherstellung des Berufsbeamtentums vgl. weiter die Änderungen v. 22. März 1934 (RGBl. I 203), 11. Juli 1934 (RGBl. I 604), 26. Sept. 1934 (RGBl. I 845).

§ 6.

S. 1195 nach der letzten Zeile:

Die Richter ernennt der Führer und Reichskanzler (Erlaß v. 1. Febr. 1935 RGBl. I 74).

§ 8.

S. 1196 zu Zeilen 10—1 von unten:

Vgl. die VO. zur vorläufigen Regelung des Dienststrafrechts im Bereich der Justizverwaltung v. 15. März 1935 (RGBl. I 379) und die AV. d. RJM. v. 25. März 1935 über Mitteilungen in Dienststrafsachen usw. (Deutsche Justiz 479). Wegen der Ausübung des Gnadenrechts in Dienststrafsachen s. die Zusätze zu S. 1203—1206.

§ 10.

S. 1197—1198:

Die landesrechtlichen Bestimmungen über die Befähigung zur zeitweiligen Wahrnehmung richterlicher Geschäfte sind auch durch den Übergang der Rechtspflege auf das Reich zunächst noch nicht berührt worden; insbesondere enthält die VO. v. 26. März 1935 (RGBl. I 403) darüber noch keine einheitlichen Vorschriften. Vgl. die VO. über die Laufbahn für das Amt des Richters und Staatsanwalts v. 29. März 1935 (RGBl. I 487), insbes. § 5, und die DurchfVorschr. dazu v. 26. Juni 1935 (RGBl. I 812), insbes. §§ 5—11.

Zweiter Titel. Gerichtsbarkeit.

Vorbemerkungen.

S. **1198—1200** zu den Vorbem. 1—8:

Auf Grund des Dritten Ges. zur Überleitung der Rechtspflege auf das Reich v. 24. Jan. 1935 (RGBl. I 68) ist mit dem 1. April 1935 die gesamte Gerichtsbarkeit, soweit sie nicht durch besondere Gesetze Verwaltungsbehörden und Verwaltungsgerichten übertragen war, auf das Reich übergegangen. Dadurch erledigen sich die Ausführungen der Vorbem. 1—3, 5—8, soweit sie sich auf die Gerichtsbarkeit der Länder und ihr Verhältnis zueinander und zu der des Reiches beziehen.

S. **1201—1203**:

Die Vorbemerkungen 9 und 10 behalten auch für das neue Recht ihre Bedeutung.

S. **1202** Zeile 15 Zusatz:

e) Mit der nationalsozialistischen Staatsauffassung ist die Verzichtslehre, die ganz in liberalen Gedankengängen wurzelt, überhaupt nicht mehr vereinbar.

S. **1202** zu Zeilen 28 ff.: Vgl. jetzt auch RGSt. **68** 124, RG. v. 24. Jan. 1935 1 D 1460/34.

S. **1203—1206** zu Vorbemerkung 11: Der Text der Vorbem. ist wie folgt zu ersetzen:

C. **Gnadenrecht.**

I. **Inhaber des Gnadenrechts** — Das Gnadenrecht ist im Zuge der Reichsreform neu geregelt worden. Durch das **Ges. über den Neuaufbau des Reiches v. 30. Jan. 1934** Art. 2 ist es, soweit es bisher den Ländern zustand, auf das Reich, und zwar kraft der RVerf. auf dessen oberste Spitze, seit dem Ges. über das Staatsoberhaupt des Deutschen Reiches v. 1. Aug. 1934 (RGBl. I 747) den Führer und Reichskanzler, übertragen worden, nachdem das Gnadenrecht der Länder schon durch das zweite Gleichschaltungsgesetz v. 7. April 1933 praktisch gegenstandslos geworden war. Im **ReichsstatthalterGes. v. 30. Jan. 1935** (RGBl. I 65) **§ 8** ist dann auch ausdrücklich bestimmt worden:

> Das Gnadenrecht steht dem Führer und Reichskanzler zu. Er übt es selbst aus oder überträgt die Ausübung anderen Stellen mit dem Recht der Weiterübertragung.

Der Führer und Reichskanzler ist sonach nunmehr der **einzige und alleinige Inhaber des Gnadenrechts** in Deutschland.

II. **Die Ausübung des Gnadenrechts** findet ihre **Grundlage** jetzt ausschließlich in dem **Erlaß des Führers und Reichskanzlers über die Ausübung des Gnadenrechts v. 1. Febr. 1935** (RGBl. I 74), durch den der Führer und Reichskanzler das ihm zustehende Gnadenrecht in weitem Umfange zur Ausübung an andere Stellen übertragen hat. Der Erlaß hat folgenden Wortlaut:

Erlaß des Führers und Reichskanzlers
über die Ausübung des Gnadenrechts.
Vom 1. Februar 1935.

Auf Grund des § 8 des Reichsstatthaltergesetzes vom 30. Januar 1935 (Reichsgesetzbl. I S. 65) bestimme ich über die Ausübung des Gnadenrechts in Strafsachen und Dienststrafsachen unter Aufhebung der Erlasse vom 3. und 7. Februar, 21. März, 16. April und 24. Oktober 1934 (Reichsgesetzbl. I S. 82, 87, 211, 338, 1069) was folgt:

I. Ich behalte mir vor

1. die Entschließung über die Ausübung des Begnadigungsrechts
   a) bei Todesstrafen,
   b) bei Strafen wegen Hoch- und Landesverrats,
   c) bei Strafen gegen Soldaten und Wehrmachtsbeamte, wenn auf Freiheitsstrafe von mehr als sechs Monaten erkannt ist,
   d) bei anderen Strafen, wenn ich den Vorbehalt allgemein oder im Einzelfall ausspreche,
2. die Niederschlagung von Strafverfahren, die zur Zuständigkeit der Gerichte gehören, und von Dienststrafverfahren, die bei Dienststrafgerichten bereits anhängig sind.

II. Im übrigen übertrage ich mit dem Rechte der Weiterübertragung die Befugnis zu Gnadenerweisen und ablehnenden Entschließungen in Gnadensachen:

1. für die zur Zuständigkeit der Gerichte gehörigen Sachen, soweit es sich nicht um die nachstehend genannten Fälle handelt, dem Reichsminister der Justiz,
2. für die zur Zuständigkeit der Militärgerichte gehörigen Sachen einschließlich der Strafen, die gegen Soldaten und Wehrmachtsbeamte vor dem Inkrafttreten der Militärstrafgerichtsordnung von allgemeinen Gerichten verhängt worden sind, dem Reichswehrminister,
3. für Steuerzuwiderhandlungen (einschließlich Zollzuwiderhandlungen), für Zuwiderhandlungen gegen Finanzmonopole und für Zuwiderhandlungen gegen Ein- und Ausfuhrverbote dem Reichsminister der Finanzen,
4. für Strafen, die durch rechtskräftige Verfügung der Polizei- oder anderer Verwaltungsbehörden verhängt sind, den Reichsministern, die die Dienstaufsicht über diese Behörden führen,
5. für Ordnungsstrafen den Reichsministern, zu deren Geschäftsbereich die Stellen gehören, die die Ordnungsstrafen verhängt haben,
6. für von Verwaltungsgerichten verhängte Strafen — abgesehen von Dienststrafen — den Reichsministern, die die Dienstaufsicht über die Verwaltungsgerichte führen,
7. für Dienststrafsachen und für Amts- und Ruhegehaltsverlust, der auf einem Strafurteil beruht,
   a) für die unmittelbaren Reichsbeamten den zuständigen Obersten Reichsbehörden,
   b) für die unmittelbaren Landesbeamten
      in Preußen dem Ministerpräsidenten,
      in den übrigen Ländern den Reichsstatthaltern, soweit sich nicht der zuständige Reichsminister im Einvernehmen mit dem Reichsminister des Innern für bestimmte Fälle die Entschließung über die Ausübung des Gnadenrechts vorbehält,
   c) für die Beamten der Gemeinden und Gemeindeverbände dem Reichsminister des Innern,
   d) für die übrigen Beamten den für die Dienstaufsicht zuständigen Reichsministern.

Die Übertragung nach Nr. 7a gilt nicht für die Aufhebung eines auf Dienstentlassung lautenden Disziplinarurteils, für die Zuerkennung eines im Disziplinarurteil nicht ausgesprochenen Teilruhegehalts, für die Erhöhung eines zugebilligten Teilruhegehalts und für die Beseitigung der beamtenrechtlichen Folgen einer strafgerichtlichen Verurteilung.

III. Die Vorbereitung der mir nach I vorbehaltenen Entschließungen und die Ausführung des Erlasses im übrigen liegt den unter II zur Ausübung von Gnadenbefugnissen ermächtigten Behörden ob.

Ergänzt wird dieser Erlaß durch den **Erlaß des Führers und Reichskanzlers über die Ausübung des Gnadenrechts in Ehrengerichtssachen der Rechtsanwälte v. 27. Febr. 1935** (Deutsche Justiz 356). Vgl. auch die Erlasse v. 25. Juni und 24. Aug. 1935 (RGBl. I 1096, 1119).

III. Zu den Erlassen des Führers und Reichskanzlers haben **Ausführungsvorschriften** erlassen:

a) der Reichsminister des Innern die „Anordnung über die Ausübung des Gnadenrechts in Dienststrafsachen" v. 21. Febr. 1935 (RGBl. I 213);

b) derselbe Minister die „Anordnung über die Ausübung des Gnadenrechts bei Polizeistrafen, Ordnungsstrafen usw." v. 23. Febr. 1935 (RGBl. I 316);

c) der Reichsverkehrsminister die „Anordnung über die Ausübung des Gnadenrechts bei Bahnpolizeistrafen und bei Dienststrafen im Bereiche der Deutschen Reichsbahngesellschaft" v. 7. Mai 1935 (RGBl. I 587);

d) derselbe Minister die „Anordnung über die Ausübung des Gnadenrechts bei ehemaligen Eisenbahnbeamten der Länder mit Ausnahme von Preußen" v. 15. Mai 1935 (RGBl. I 607);

e) der Reichsminister für Wissenschaft, Erziehung und Volksbildung die „Anordnung über die Ausübung des Gnadenrechts in Dienststrafsachen im Bereiche des Reichs- und Preußischen Ministeriums für Wissenschaft, Erziehung und Volksbildung" v. 21. Juni 1935 (RGBl. I 753);

f) der Reichsjustizmister die AV. über „Ausübung des Gnadenrechts gegenüber Beamten der Reichsjustizverwaltung und Rechtsanwälten" v. 23. März 1935 (Deutsche Justiz 480);

g) der preußische Ministerpräsident den „Erlaß über die Ausübung des Gnadenrechts" v. 6. Febr. 1935 (pr. GS. 13);

h) der Reichsarbeitsminister die „Anordnung über die Ausübung des Gnadenrechts in Dienststrafsachen gegen Beamte der Sozialverwaltung im Reich und in den Ländern" v. 2. Sept. 1935 (RGBl. I 1124).

IV. **Verfahren in Gnadensachen.** Im Bereich des Reichsministers der Justiz ist die **„VO. über das Verfahren in Gnadensachen (Gnadenordnung)" v. 6. Febr. 1935** (Deutsche Justiz 203) erlassen worden. Sie regelt im wesentlichen das Verfahren in Gnadensachen für die Fälle, die durch gerichtliches Strafurteil erledigt worden sind. Vgl. dazu noch die AV. d. RJM. v. 7. Juni 1935 über die Befürwortung von Gnadenerweisen durch die erkennenden Gerichte (Deutsche Justiz 884) und v. 19. Juni 1935 über Erteilung von Gnadenerweisen bei geringfügigen Strafen (Deutsche Justiz 918).

Für Hoch- und Landesverratssachen vgl. die RV. d. RJM. v. 6. Mai 1935 III a 15673/35 (veröffentlicht bei Freisler-Grauert Ic 5 S. 173), die RV. v. 30. April 1935 III a 15652/35 (ebenda) und die RV. v. 4. Okt. 1935 II a 16341/35.

Die Gnadenordnung findet sich mit eingehenden Erläuterungen von Oberlandesgerichtsrat Dr. Schäfer abgedruckt bei Grauert-Freisler Das neue Recht in Preußen. Vgl. ferner Richter Ein einheitliches Gnadenrecht im ganzen Reich (Deutsche Justiz 1935 251), Meeske Über die Neuordnung des Gnadenwesens im Bereich der Justizverwaltung (DJZ. 1935 223), Das neue Gnadenrecht, ein weiterer Baustein des Dritten Reiches (Der deutsche Justizbeamte 1935 207), Schmidt Die Ausübung des Gnadenrechts (DJZ. 1935 679), Koch Die Handhabung der Reichsgnadenordnung bei den Amtsgerichten (Der deutsche Justizbeamte 1935 593), Schäfer Beschwerde gegen die Ablehnung von Gnadengesuchen? (Deutsche Justiz 1933 607, 1934 182), Stolzenburg Schadensersatzauflage bei Bewilligung von Bewährungsfristen (Deutsche Justiz 1934 55), Wittland Die Ausübung des Gnadenrechts gegenüber Beamten (Deutsche Justiz 1935 289).

V. **Niederschlagungsrecht** — Besonders zu bemerken ist, daß das Gnadenrecht jetzt allgemein auch das Niederschlagungsrecht umfaßt. Nur ist seine Ausübung, soweit die Niederschlagung einer Strafsache in Frage kommt, die bereits bei Gericht anhängig ist, dem Führer und Reichskanzler allein vorbehalten; dasselbe gilt für gerichtlich anhängige Dienststrafverfahren.

VI. **Allgemeine Gnadenakte** (Amnestien) sind nur noch im Wege des Reichsgesetzes zulässig (Art. 2 Abs. 2 des Ersten Ges. z. Überleitung der Rechtspflege auf das Reich v. 16. Febr. 1934 RGBl. I 91).

S. **1206** zu Zeilen 13—42:

Der Inhalt der Vorbem. 13, 14 ist durch den Übergang der Rechtspflege auf das Reich im wesentlichen überholt. Es gibt, soweit nicht Verwaltungsbehörden und Verwaltungsgerichte für bestimmte Rechtsgebiete landesrechtlich eingesetzt sind, nur noch Reichsjustizbehörden. Zu Vorbem. 14 vgl. noch die VO. über die Zuständigkeit in Justizverwaltungssachen v. 18. März 1935 (RGBl. I 402).

§ 12.

S. **1206** zu Zeilen 3—1 von unten:

Als weiteres Gericht der streitigen Gerichtsbarkeit ist auf Grund des Ges. v. 24. April 1934 (RGBl. I 341) der **Volksgerichtshof** geschaffen worden. Er hat — mit einigen Erweiterungen — die Zuständigkeit des RG., soweit es auf Grund der bisherigen Gesetze als Strafgericht des ersten Rechtszuges tätig gewesen ist, übernommen. Das RG. ist damit als Gericht des ersten Rechtszuges überhaupt ausgeschieden. Es ist nur noch Revisionsgericht.

Ob man den Volksgerichtshof als ein Gericht der ordentlichen Gerichtsbarkeit oder als ein Sondergericht anzusehen hat, kann zweifelhaft sein. Vgl. dazu den Zusatz zu § 13.

S. **1209** zu Zeilen 22—23:

Vgl. jetzt VO. z. einheitlichen Regelung der Gerichtsverfassung v. 20. März 1935 (RGBl. I 403) § 1 Abs. 1.

§ 13.

S. **1214** zu Zeilen 18—23: Der Abs. ist wie folgt zu ersetzen:

Die Staatsgerichtshöfe (vgl. insbes. Art. 108 RV., G. v. 9. Juli 1921 RGBl. 905; vgl. RGBl. 1921 1535) sind zwar nicht förmlich beseitigt worden, haben aber als aufgehoben zu gelten, da ihre Tätigkeit mit der staatsrechtlichen Neuordnung des Reiches nicht mehr verträglich wäre. Es kann deshalb dahingestellt bleiben, ob sie als „Sondergerichte" für Strafsachen anzusehen waren.

Zu den reichsrechtlich bestellten Sondergerichten gehört seit dem Ges. v. 24. April 1934 (RGBl. I 341) auch der Volksgerichtshof (RGSt. **69** 155). Er nimmt aber zu den ordentlichen Gerichten eine andere Stellung ein als die übrigen Sondergerichte; das drückt sich insbesondere darin aus, daß gegenseitige Verweisung von Sachen zulässig ist, die bei einem dieser Gerichte anhängig sind (ebenda).

S. **1214** zu Zeilen 24—26: Vgl. jetzt insbes. VO. über die Bildung von Sondergerichten v. 21. März 1933 (RGBl. I 136), 6. Mai 1933 (RGBl. I 259) und dazu die AV. d. pr. JM. v. 23. März, 28. April und 16. Mai 1933 (JMBl. 98, 138, 154), ferner die VO. v. 20. Dez. 1934 (RGBl. 1935 I 4) i. d. F. d. VO. v. 24. Sept. 1935 (RGBl. I 1179) und Ges. v. 28. Juni 1935 (RGBl. I 844) Art. 8 Nr. 4.

S. **1214** zu Zeilen 26—29: Die Bildung von Sondergerichten durch die Länder kommt nicht mehr in Frage (G. v. 30. Jan. 1934 RGBl. I 75).

S. 1214 zu Zeilen 34—39: Vgl. den Zusatz zu § 17 EGGVG.

S. 1214 zu Zeilen 40—42: Vgl. den Zusatz zu § 8 GVG.

S. 1214 zu Zeilen 43—49, S. 1215 zu Zeilen 1—27: Vgl. den Zusatz zu S. 1214 Zeilen 18—23.

S. 1215 nach Zeile 30:

e) Für den Volksgerichtshof vgl. RGSt. **69** 155.

§ 14.

S. 1217 zu Zeilen 28—37:

Jetzt gilt für das ganze Reich das Ges. über die Rheinschiffahrtsgerichte v. 5. Sept. 1935 (RGBl. I 1142). Danach bestehen Rheinschiffahrtsgerichte jetzt nur noch bei den Amtsgerichten in Duisburg-Ruhrort, St. Goar, Mainz, Mannheim, Ludwigshafen und Kehl, Rheinschiffahrtsobergerichte bei den Oberlandesgerichten Karlsruhe und Köln. Nach § 11 des Ges. erläßt der RJM. die zur Durchführung und Ergänzung des Ges. erforderlichen Rechts- und Verwaltungsvorschriften. Vgl. die DurchfVO. v. 25. September 1935 (RGBl. I 1167).

§ 15.

S. 1218 zu Zeilen 21—40:

Wegen der Überleitung der Rechtspflege auf das Reich vgl. den Zusatz zu S. 1191 Zeile 33.

Art. 1 des Ersten Ges. z. Überleitung der Rechtspflege auf das Reich v. 16. Febr. 1934 (RGBl. I 91) lautet:

Sämtliche Gerichte sprechen Recht im Namen des Deutschen Volkes.

§ 16.

S. 1219 Zeile 12: Die ersten Worte der Zeile „besondere .... Fällen eingesetzt werden" sind wie folgt zu ersetzen: bestimmte Fälle oder eine Mehrheit von solchen eingesetzt werden

S. 1219 Zeile 13 nach „246"; RG. JW. 1934 Nr. 451,

§§ 18, 19.

S. 1222—1225:

Die Vorschriften sind durch das **Ges. v. 13. Dez. 1934** (RGBl. I 1233) **Nr. 1** neu gefaßt worden und haben jetzt folgenden Wortlaut:

§ 18. Die deutsche Gerichtsbarkeit erstreckt sich nicht auf die Leiter und Mitglieder der bei dem Deutschen Reich beglaubigten diplomatischen Vertretungen. Sie erstreckt sich auch nicht auf andere Personen, die nach den allgemein anerkannten Regeln des Völkerrechts oder nach einem Staatsvertrag von der deutschen Gerichtsbarkeit befreit sind.

Die Bestimmungen des Absatzes 1 finden auf die den Hausstand teilenden Familienmitglieder und das Geschäftspersonal der im Abs. 1 bezeichneten Personen Anwendung, es sei denn, daß die Befreiung von der deutschen Gerichtsbarkeit nach einer im Reichsgesetzblatt veröffentlichten Bekanntmachung der Reichsregierung nicht gewährt wird.

Die Vorschrift des Absatzes 2 gilt auch für die nichtdeutschen Bediensteten der im Abs. 1 bezeichneten Personen.

§ 19. Besitzt eine der im § 18 Absätze 1 und 2 bezeichneten Personen die Reichsangehörigkeit, so ist die Person von der deutschen Gerichtsbarkeit nur befreit, wenn das Reich sich der Gerichtsbarkeit über sie durch eine Verfügung der Reichsregierung begeben hat.

1. a) Die **Begründung** zu den neuen Vorschriften ist in der Deutschen Justiz 1934 1606 veröffentlicht worden. Sie hat folgenden Wortlaut:

„Eine Änderung der §§ 18, 19 GVG. ist bereits bei der Aufstellung des Entwurfs eines Einführungsgesetzes zum Allgemeinen Deutschen Strafgesetzbuch und zum Strafvollzugsgesetz ins Auge gefaßt worden (vgl. Drucksachen des Reichstags IV. Wahlperiode 1928 Nr. 2070, Artikel 68 Ziffer 1). Die Vorschriften bedürfen einer Neufassung, da sie mit den veränderen staatsrechtlichen Verhältnissen im Deutschen Reich und seither zutage getretenen Bedürfnissen nicht mehr völlig in Einklang stehen. Im Gegensatz zu der im Entwurf des Einführungsgesetzes vorgesehenen Fassung beschränkt sich die jetzige Neufassung der Vorschriften — dem Aufgabenkreis des Gerichtsverfassungsgesetzes entsprechend — auf eine Regelung des Bereichs der deutschen Gerichtsbarkeit. Es ist daher von der Einführung des Begriffes der Exterritorialität in das Gerichtsverfassungsgesetz, den der frühere Entwurf vorgesehen hat, abgesehen worden. Die Exterritorialität bedeutet nach deutscher Auffassung ganz allgemein die grundsätzliche Befreiung von dem Zugriff der staatlichen Zwangsgewalt. Sie geht also über die Befreiung von der Gerichtsgewalt (Gerichtsbarkeit), die nur einen Ausschnitt, wenn auch einen besonders wichtigen Ausschnitt aus der rechtlichen Sonderstellung der Exterritorialität darstellt, erheblich hinaus.

Im einzelnen ist zu § 18 Abs. 1 Satz 2 der Neufassung zu bemerken, daß die Einfügung dieses Satzes nur einer Klarstellung dient. Schon bisher ist angenommen worden, daß das Gerichtsverfassungsgesetz die Fälle der Befreiung von der deutschen Gerichtsbarkeit nicht erschöpfend geregelt hat, daß vielmehr die allgemein anerkannten Regeln des Völkerrechts neben dem Gesetz in Geltung geblieben sind. Ebenso versteht es sich, daß durch einen Staatsvertrag, d. h. durch einen Vertrag, der innerstaatlich Gesetz geworden ist, bestimmten Personen die Befreiung von der deutschen Gerichtsbarkeit eingeräumt werden kann.

§ 18 Abs. 2 und 3 sollen sicherstellen, daß im Deutschen Reich Befreiung von der deutschen Gerichtsbarkeit nicht auch in Fällen gewährt werden muß, in denen das Ausland keine Gegenseitigkeit übt. Bei der unterschiedlichen Abgrenzung des Personenkreises, dem die Befreiung von der Gerichtsbarkeit in den einzelnen Staaten eingeräumt wird, muß die Möglichkeit bestehen, die deutschen Zugeständnisse nach den ausländischen Gepflogenheiten abzustimmen. Die rechtliche Sonderstellung, die durch Befreiung von der Gerichtsgewalt eingeräumt wird, kann daher bei Familienmitgliedern, dem Geschäftspersonal und den Bediensteten durch eine Bekanntmachung des Reichsministers der Justiz, der sich dabei mit dem Reichsminister des Auswärtigen zu verständigen haben wird, versagt werden. Die Rechtssicherheit gebietet, daß die Versagung im Reichsgesetzblatt veröffentlicht wird.

§ 19 trägt dem auch dem geltenden Recht zugrundeliegenden Gedanken Rechnung, daß Reichsdeutsche der deutschen Gerichtsbarkeit grundsätzlich unterliegen müssen. Die Neufassung paßt sich den veränderten staatsrechtlichen Verhältnissen im Deutschen Reich an. Ist eine Ausnahme von dem Grundsatz geboten, so soll sie durch eine ausdrückliche Verfügung der Reichsregierung, d. h. in diesem Falle wiederum des Reichsministers der Justiz im Benehmen mit dem Reichsminister des Auswärtigen, verfügt werden. Vor einer solchen Anordnung können Reichsangehörige der deutschen Gerichtsbarkeit gegenüber die rechtliche Sonderstellung nach § 18 nicht in Anspruch nehmen."

b) Vgl. zu der Neufassung auch den Aufsatz von M e t t g e n b e r g in der Deutschen Justiz 1934 1625 über „die Neuregelung der Exterritorialität", der auch einen geschichtlichen Überblick über die bisherigen Verbesserungsversuche enthält und eine erschöpfende Darstellung des neuen Rechtszustandes gibt.

2. Die Neuordnung verfolgt **drei Zwecke.**

a) Sie paßt die §§ 18, 19 an die Änderungen der staatsrechtlichen Verhältnisse im Deutschen Reiche an. Nachdem die gesamte Staatsgewalt auf das Reich übergegangen war, konnten diplomatische Vertretungen bei einem deutschen Lande nicht mehr in Frage kommen. Ebensowenig könnte eine rechtliche Sonderstellung von Vertretungen eines deutschen Landes in Frage kommen, die bei dem Reich oder bei einem anderen Lande tätig sind.

b) Gegenseitigkeit. Der weitere Zweck der Neuordnung besteht darin, die Rechte, die den Exterritorialen gegenüber der deutschen Gerichtsbarkeit gegeben werden, von den Zugeständnissen abhängig zu machen, die das fremde Land selbst der deutschen Vertretung gewährt.

c) Vollständigkeit des Inhalts. Das Gesetz strebt weiter an, die Frage des persönlichen Geltungsbereichs der deutschen Gerichtsbarkeit möglichst vollständig zu regeln. Soweit das nicht möglich ist, nennt es wenigstens die Rechtsquellen, die neben ihm in Betracht kommen, nämlich Staatsverträge (nicht einfache Verwaltungsabkommen) und die „allgemein anerkannten Regeln des Völkerrechts" (vgl. über diesen Begriff Mettgenberg a. a. O.).

3. Von den **Noten zu §§ 18, 19 alter Fassung** behalten die Noten 1, 2, 9—13 zu § 18 und die Noten zu § 19 im wesentlichen ihre Bedeutung. Zu § 18 Note 2c vgl. RGSt. **69** 54, 55. Danach sind die Geschäftsräume und die Wohnungen der beim Deutschen Reich beglaubigten diplomatischen Vertretungen nicht „Ausland" i. S. der Vorschriften über die räumliche Herrschaft der Strafgesetze. Eine Straftat, die in diesen Räumen von einer Person begangen wird, die der deutschen Gerichtsbarkeit unterliegt, ist daher im Deutschen Reiche verfolgbar. Die Entscheidung enthält auch Ausführungen über den Sinn und die Bedeutung der Exterritorialität.

4. **Verwaltungsvorschriften** — Die in Note 14 des Kommentars zu § 18 aufgeführten Verwaltungsvorschriften sind im wesentlichen überholt. Die maßgebenden Bestimmungen finden sich jetzt für das ganze Reich in den Amtl. Richtl. Nr. 288—298 (S. 107—113). Im einzelnen betreffen Nr. 288, 289 Ausweis der Zugehörigkeit zu einer diplomatischen Vertretung, Nr. 290 Verhalten gegenüber Ausweisinhabern, Nr. 291, 292 Zustellungen, Nr. 293, 294 Ladungen, Nr. 295, 296 Vernehmungen, Nr. 297 gerichtliche Maßnahmen in den Wohn- und Diensträumen, Nr. 298 die von der deutschen Gerichtsbarkeit befreiten, nicht zu diplomatischen Vertretungen gehörigen Personen.

§ 21.

S. 1226 zu Zeile 23:

Vgl. zu dem Vertrag mit den Vereinigten Staaten von Amerika die Bek. v. 14. Nov. 1934 (RGBl. II 1047).

Dritter Titel. Amtsgerichte.

§ 22.

S. 1227—1228:

I. Vgl. hierzu die **VO. zur einheitlichen Regelung der Gerichtsverfassung v. 20. März 1935** (RGBl. I 403). Sie hat, soweit sie hier in Betracht kommt, folgenden Wortlaut:

Artikel I

Gliederung der Gerichte

§ 1

(1) Die Errichtung und Aufhebung eines Gerichts und die Verlegung eines Gerichtssitzes wird durch Reichsgesetz angeordnet.

(2) Änderungen in der Abgrenzung der Gerichtsbezirke verordnet der Reichsminister der Justiz.

(3) Stadt- und Landgemeinden, die mit ihrem ganzen Gebiet einheitlich einem Amtsgericht zugeteilt sind, gehören dem Bezirk dieses Gerichts mit ihrem jeweiligen Gebietsumfang an.

§ 2

s. bei den Zusätzen zu §§ 58, 78, 92, 93, 120.

Artikel II
Amtsgerichte

§ 3

Der Reichsminister der Justiz kann anordnen, daß außerhalb des Sitzes eines Amtsgerichts Zweigstellen errichtet oder Gerichtstage abgehalten werden.

§ 4

(1) Bei den mit mehreren Amtsrichtern besetzten Amtsgerichten bestellt der Reichsminister der Justiz den aufsichtführenden Amtsrichter.

(2) Der Reichsminister der Justiz kann einen oder mehrere Amtsrichter zu ständigen Vertretern des aufsichtführenden Amtsrichters bestellen. Wird kein ständiger Vertreter bestellt oder ist dieser behindert, so wird der aufsichtführende Amtsrichter durch den dem Dienstalter, bei gleichem Dienstalter durch den der Geburt nach ältesten Amtsrichter vertreten. Der Reichsminister der Justiz kann Grundsätze für die Vertretung des aufsichtführenden Amtsrichters aufstellen.

§ 5

(1) Bei den mit mehreren Amtsrichtern besetzten Amtsgerichten verteilt der Landesgerichtspräsident vor Beginn des Geschäftsjahres für seine Dauer die Geschäfte und regelt in gleicher Weise die Vertretung der Amtsrichter in Behinderungsfällen.

(2) Ist das Amtsgericht mit einem Präsidenten besetzt, so trifft dieser an Stelle des Landesgerichtspräsidenten die im Abs. 1 bezeichneten Anordnungen. Der Reichsminister der Justiz kann noch für andere Gruppen von Amtsgerichten bestimmen, daß für die im Abs. 1 bezeichneten Anordnungen der aufsichtführende Amtsrichter zuständig ist.

(3) Der Reichsminister der Justiz kann Grundsätze für die Verteilung der Geschäfte bei den Amtsgerichten aufstellen.

§ 6

(1) Die auf Grund des § 5 getroffenen Anordnungen können im Laufe des Geschäftsjahres nur geändert werden, wenn dies wegen Überlastung, Wechsels oder dauernder Behinderung eines Richters erforderlich ist.

(2) Die Gültigkeit einer richterlichen Handlung wird nicht dadurch berührt, daß die Handlung nach der Geschäftsverteilung von einem anderen Richter vorzunehmen gewesen wäre.

Artikel III—V

s. bei den Zusätzen zu den §§ 59, 115, 148.

Artikel VI
Hilfsrichter

§ 10

(1) Die Richter an den Amtsgerichten und an den Landgerichten sind verpflichtet, richterliche Geschäfte an einem Gericht der ordentlichen oder der besonderen Gerichtsbarkeit im Bezirk des Landgerichts und am übergeordneten Oberlandesgericht wahrzunehmen.

(2) Soweit der Reichsminister der Justiz ein Bedürfnis anerkennt, können bei einem Gericht Richter beschäftigt werden, die bei ihm nicht planmäßig angestellt sind, bei den Landgerichten und Amtsgerichten auch Gerichtsassessoren. Sie werden vom Präsidenten des Oberlandesgerichts einberufen.

Artikel VII—VIII

Vgl. die Zusätze zu den §§ 36, 43, 57, 58, 77, 78, 84 und 86.

Artikel IX
Justizverwaltung

§ 13

Die Präsidenten der Gerichte, die aufsichtführenden Amtsrichter, der Oberreichsanwalt, die Leiter der Staatsanwaltschaften und die Vorsteher der Gefangenenanstalten haben nach näherer Anordnung des Reichsministers der Justiz die ihnen zugewiesenen Geschäfte der Justizverwaltung zu erledigen. Sie werden im Falle der Behinderung in diesen Geschäften durch ihren ständigen Vertreter vertreten und können die ihrer Dienstaufsicht unterstellten Beamten zu den Geschäften der Justizverwaltung heranziehen.

§ 14

(1) Die Dienstaufsicht üben aus:

1. der Reichsminister der Justiz über sämtliche Gerichte, Staatsanwaltschaften und Gefangenenanstalten,
2. die Präsidenten des Reichsgerichts und des Volksgerichtshofs über das Gericht, dem sie angehören,
3. der Oberlandesgerichtspräsident und der Landgerichtspräsident über die Gerichte ihres Bezirks mit Ausnahme der in Nr. 2 genannten,
4. der aufsichtführende Amtsrichter über das Amtsgericht,
5. der Oberreichsanwalt über die Reichsanwaltschaft,
6. der Generalstaatsanwalt beim Oberlandesgericht und der Oberstaatsanwalt beim Landgericht über die Staatsanwaltschaften, der Generalstaatsanwalt auch über die Gefangenenanstalten des Bezirks,
7. der Vorsteher des badischen Notariats, der Leiter der Amtsanwaltschaft und der Vorsteher der Gefangenenanstalt über die unterstellte Behörde.

(2) Dem Landgerichtspräsidenten steht die Dienstaufsicht über ein mit einem Präsidenten besetztes Amtsgericht nicht zu.

(3) Der Reichsminister der Justiz bestimmt, bei welchen Amtsgerichten der Präsident die Dienstaufsicht über andere zum Bezirk des übergeordneten

Landgerichts gehörige Amtsgerichte an Stelle des Landgerichtspräsidenten ausübt.

§ 15

Die Dienstaufsicht über eine Behörde erstreckt sich zugleich auf die bei ihr angestellten oder beschäftigten Beamten, Angestellten und Arbeiter. Die Dienstaufsicht des aufsichtführenden Amtsrichters beschränkt sich jedoch, wenn ihm nicht die Zuständigkeit für die im § 5 Abs. 1 bezeichneten Anordnungen übertragen worden ist, auf die bei dem Amtsgericht angestellten oder beschäftigten nichtrichterlichen Beamten, die Angestellten und Arbeiter; die Dienstaufsicht des Leiters der Amtsanwaltschaft, sofern er nicht Oberstaatsanwalt ist, beschränkt sich auf die nicht dem höheren oder dem Amtsanwaltsdienst angehörigen Beamten.

§ 16

(1) Wer die Dienstaufsicht über einen Beamten ausübt, ist Dientsvorgesetzter des Beamten.

(2) In der Dienstaufsicht liegt die Befugnis, die ordnungswidrige Ausführung eines Amtsgeschäfts zu rügen und zu seiner sachgemäßen Erledigung zu ermahnen.

§ 17

(1) Beschwerden in Angelegenheiten der Justizverwaltung werden im Dienstaufsichtswege erledigt.

(2) Über Aufsichtsbeschwerden, die sich gegen einen im ersten Rechtszuge vom Präsidenten eines Amtsgerichts erlassenen Bescheid richten, entscheidet der Oberlandesgerichtspräsident endgültig, wenn für Beschwerden dieser Art bestimmt ist, daß die Entscheidung des Landgerichtspräsidenten endgültig ist.

Artikel X
Schluß- und Übergangsvorschriften

§ 18

Der Reichsminister der Justiz kann die Ausübung der ihm in dieser Verordnung übertragenen Befugnisse auf die ihm unmittelbar nachgeordneten Präsidenten der Gerichte und Leiter der Staatsanwaltschaften übertragen.

§ 19

(1) Richter, die auf Grund des § 22 Abs. 2, § 59 Abs. 2 des Gerichtsverfassungsgesetzes oder des § 3 des Neunten Teils der Verordnung des Reichspräsidenten vom 1. Dezember 1930 (Reichsgesetzbl. I S. 517, 604) zugleich zu Richtern bei einem anderen Gericht ernannt worden sind, scheiden mit Ablauf des 30. April 1935 aus den Gerichten aus, bei denen sie keine Planstelle innehaben.

(2) siehe bei § 148.

§ 20

Vgl. den Zusatz zu S. 1486 nach Zeile 21.

§ 21

(1) Diese Verordnung tritt mit dem 1. April 1935 in Kraft.

(2) Die auf Grund der bisherigen Vorschriften getroffenen Anordnungen bleiben in Kraft, soweit nichts Abweichendes in dieser Verordnung bestimmt ist oder noch bestimmt wird.

II. **Ausführungsvorschriften.**

Vgl. zu den §§ 14, 16 der VO. vom 20. März 1935 noch folgende Ausführungsvorschriften:

1. Die **AV. d. RJM. v. 27. April 1935** (Deutsche Justiz 654) (betr. Dienstaufsicht über die Anerbengerichte und das Landeserbhofgericht).

2. Die **AV.** über **Dienstaufsicht und Erledigung der Verwaltungsgeschäfte bei den Amtsgerichten v. 2. April 1935** (Deutsche Justiz 549). Sie hat folgenden Wortlaut:

Durch die Verordnung zur einheitlichen Regelung der Gerichtsverfassung vom 20. März 1935 (RGBl. I 403) sind die bisher in Landesgesetzen getroffenen Bestimmungen über die Dienstaufsicht bei den Amtsgerichten und die bei ihnen zu erledigenden Angelegenheiten der Justizverwaltung aufgehoben und durch die entsprechenden Vorschriften der genannten Verordnung (§§ 4, 5, 14, 15, 16) ersetzt worden.

In Ausführung dieser Vorschriften ordne ich an:

I. Auf Grund des § 4 Abs. 1 der Verordnung vom 20. März 1935 bestelle ich die Landgerichtspräsidenten (§ 22 Abs. 3 GVG.) und die aufsichtführenden Richter, denen bisher die allgemeine Dienstaufsicht über ein Amtsgericht übertragen worden war, auch weiterhin zu aufsichtführenden Amtsrichtern bei diesen Amtsgerichten.

II. Auf Grund des § 4 Abs. 2 der Verordnung vom 20. März 1935 bestelle ich bei den mit mehr als 15 Richtern besetzten Amtsgerichten diejenigen Amtsrichter zu ständigen Vertretern des aufsichtführenden Amtsrichters, die auf Grund des letzten Satzes des § 22 Abs. 3 GVG. bisher neben dem die allgemeine Dienstaufsicht führenden Amtsrichter zu aufsichtführenden Richtern bestellt waren.

Bei dem Amtsgericht Berlin bestelle ich die bisherigen ständigen Vertreter des Amtsgerichtspräsidenten, bei den bisher bayerischen Amtsgerichten bestelle ich die Abteilungsvorsteher zu ständigen Vertretern des aufsichtführenden Amtsrichters.

Bei den Amtsgerichten, bei denen hiernach ein ständiger Vertreter des aufsichtführenden Amtsrichters nicht bestellt ist, behalte ich mir die Bestellung vor. Besteht Anlaß zur Bestellung eines oder eines weiteren ständigen Vertreters für den aufsichtführenden Amtsrichter, so haben die Oberlandesgerichtspräsidenten ihre Vorschläge, erstmals zum 1. Juli 1935, hierher einzureichen. Bei den mit 15 oder weniger Richtern besetzten Amtsgerichten wird regelmäßig die Bestellung eines ständigen Vertreters genügen. Kommt der dienstälteste, bei gleichem Dienstalter der der Geburt nach älteste Amtsrichter für die Bestellung zum ständigen Vertreter des aufsichtführenden Amtsrichters in Betracht, so bedarf es keines Vorschlags, da dieser nach § 4 Abs. 2 Satz 2 der Verordnung kraft Gesetzes ständiger Vertreter des aufsichtführenden Amtsrichters ist.

III. Für die Verwaltung des Amtsgerichts gilt folgendes:

1. Der aufsichtführende Amtsrichter ist allein für die gesamte Verwaltung verantwortlich.

2. Ist nur ein ständiger Vertreter bestellt, so hat dieser den aufsichtführenden Amtsrichter in den Fällen dienstlicher Abwesenheit, der Beurlaubung oder der Dienstunfähigkeit zu vertreten. Ihm können auch während der Zeit, in der der aufsichtführende Amtsrichter sich im Dienst befindet, mit Rücksicht auf den Umfang seiner dienstlichen Inanspruchnahme aber für einen Teil der ihm obliegenden Verwaltungsgeschäfte als behindert angesehen werden muß, Verwaltungsgeschäfte zur Bearbeitung zugeteilt werden. Entsprechendes gilt, wenn mehrere ständige Vertreter bestellt sind.

3. Bei den mit einem Präsidenten besetzten Amtsgerichten bestimmt der Amtsgerichtspräsident, im übrigen der Landgerichtspräsident, welcher Geschäftsbereich den ständigen Vertretern des aufsichtführenden Amtsrichters zur Bearbeitung zuzuweisen ist. Sind mehrere ständige Vertreter bestellt, so bestimmt er den ständigen Vertreter, der den aufsichtführenden Amtsrichter in Fällen der Abwesenheit allgemein zu vertreten hat.

4. Der aufsichtführende Amtsrichter ist befugt, die Bearbeitung einzelner Angelegenheiten, die in den seinem ständigen Vertreter zugewiesenen Geschäftsbereich fallen, an sich zu ziehen oder sich vorzubehalten. Die ständigen Vertreter des aufsichtführenden Amtsrichters haben bei Erledigung der ihnen zugewiesenen Verwaltungsgeschäfte den Weisungen des aufsichtführenden Amtsrichters zu folgen.

5. Soweit dem aufsichtführenden Amtsrichter nach § 5 und § 15 der Verordnung vom 20. März 1935 die Dienstaufsicht über die Richter des Amtsgerichts zusteht und soweit ihm die in § 5 Abs. 1 der genannten Verordnung bezeichneten Zuständigkeiten übertragen sind, sollen die hiermit verbundenen Geschäfte einem ständigen Vertreter des aufsichtführenden Amtsrichters zur selbständigen Erledigung nicht übertragen werden.

IV. Bei den bisher bayerischen Amtsgerichten bleiben die Abteilungen bestehen.

V. Auf Grund des § 5 Abs. 2 Satz 2 der Verordnung vom 20. März 1935 bestimme ich, daß bei den bisher bayerischen Amtsgerichten der aufsichtführende Amtsrichter für die in § 5 Abs. 1 der genannten Verordnung bezeichneten Geschäfte zuständig ist. Ihm steht daher nach § 15 dieser Verordnung die Dienstaufsicht auch über die Richter des Amtsgerichts zu. Er ist nach § 1 Nr. 1 der Verordnung vom 15. März 1935 (RGBl. I 379) ferner befugt, gegen die Richter des Amtsgerichts eine Warnung zu verhängen.

VI. Auf Grund des § 14 Abs. 3 der Verordnung vom 20. März 1935 bestimme ich, daß der Präsident des Amtsgerichts Berlin die Dienstaufsicht über die zum Bezirk des Landgerichts Berlin, der Präsident des Amtsgerichts Hamburg die Dienstaufsicht über die zum Bezirk des Landgerichts Hamburg gehörigen Amtsgerichte an Stelle des Landgerichtspräsidenten ausübt. Ihnen stehen für diese Amtsgerichte auch die sonstigen Befugnisse des Landgerichtspräsidenten zu.

3. Die **AV. über Mitteilungen in Dienststrafsachen und bei Erteilung von Rügen und Ermahnungen im Bereich der Justizverwaltung v. 25. März 1935** (Deutsche Justiz 479).

III. **Verhältnis der neuen Vorschriften zu § 22.** Hiernach ist der § 3 Neunter Teil d. VO. v. 1. Dez. 1930, der unter dem Text des § 22 abgedruckt ist, gegenstandslos geworden.

Die neuen Vorschriften treten an die Stelle der entsprechenden Vorschriften der Landesgesetze.

Ferner sind die Abs. 2, 3 des § 22 GVG. selbst gegenstandslos geworden. An ihre Stelle treten die Vorschriften des Art. II § 4, Art. VI § 10, Art. IX, Art. X § 19 der VO. v. 20. März 1935.

IV. **Zu den einzelnen Noten bei § 22.**

Note 1. a) Die Sätze 1—3 sind gegenstandslos geworden. Es gelten **jetzt** §§ 1, 3 der VO. v. 20. März 1935.

Vgl. hierzu AV. d. pr. JM. v. 31. Mai 1934 (Deutsche Justiz 724) über „**Aufgaben und Einrichtung der amtsgerichtlichen Zweigstellen**", sowie v. 19. Juni 1934 (Deutsche Justiz 794) über „Änderungen der Bezirke amtsgerichtlicher Zweigstellen".

Vgl. ferner AV. d. RJM. v. 28. März 1935 (Deutsche Justiz 550) über „**Gerichtstage der Amtsgerichte**". Sie hat folgenden Wortlaut:

„Auf Grund der §§ 3, 21 Abs. 2 der VO. zur einheitlichen Regelung der Gerichtsverfassung v. 20. März 1935 (RGBl. I 403) werden die bisherigen Gerichtstage der Amtsgerichte beibehalten, solange nicht für den Einzelfall Abweichendes angeordnet wird.

Die Einrichtung neuer Gerichtstage und die Aufhebung bestehender Gerichtstage behalte ich mir vor.

Auf Grund des § 18 der genannten VO. ermächtige ich die Oberlandesgerichtspräsidenten,

1. die Bezirke neu einzurichtender Gerichtstage festzusetzen und die Bezirke bestehender Gerichtstage zu ändern,
2. Zahl und Dauer der Tagungen zu bestimmen,
3. darüber zu entscheiden, ob der Gerichtstag durch einen Richter oder nur durch einen Urkundsbeamten der Geschäftsstelle wahrzunehmen ist."

Die für die Abhaltung von Gerichtstagen bestehenden Verwaltungsvorschriften sind im übrigen unberührt geblieben, soweit sie mit den neuen Bestimmungen im Einklang stehen.

b) Die Note b Abs. 1 behält ihre Bedeutung.

Zu Abs. 2. Die Verwendung von Gerichtsassessoren und anderen zum Richteramt befähigten Personen als **Hilfsrichter** regelt sich jetzt auf Grund der §§ 5, 7 der VO. über die Laufbahn für das Amt des Richters und des Staatsanwalts v. 29. März 1935 (RGBl. I 487). Er hat folgenden Wortlaut:

„§ 5. Wer in den Probedienst oder als Anwärter übernommen wird, ist einem Gericht oder einer Staatsanwaltschaft als Stammbehörde zuzuteilen. Er ist verpflichtet, bei jedem Gericht der ordentlichen und der besonderen Gerichtsbarkeit im Bereich der Reichsjustizverwaltung die Geschäfte eines Richters und bei jeder Statsanwaltschaft die Geschäfte eines Staatsanwalts wahrzunehmen.

§ 7. Im Falle des Bedarfs können der Oberlandesgerichtspräsident und der Generalstaatsanwalt andere Personen, die zum Richteramt befähigt sind, vorübergehend zu richterlichen oder staatsanwaltschaftlichen Geschäften heranziehen. Die Heranziehung bedarf der Genehmigung durch den Reichsminister der Justiz; die Genehmigung kann allgemein erteilt werden."

Hierzu sind noch die Durchführungsvorschriften v. 26. Juni 1935 (RGBl. I 812) zur Verordnung über die Laufbahn für das Amt des Richters und des Staatsanwalts zu vergleichen.

Für die Beschäftigung von Referendaren als Richter ist es einstweilen bei den bisherigen landesrechtlichen Vorschriften geblieben. Die Justizausbildungsordnung v. 22. Juli 1934 (RGBl. I 727) und die dazu ergangenen DurchfVO.en (RGBl. 1934 I 831, 845, 915, 1104, RGBl. 1935 I 342, 359) enthalten darüber keine Vorschriften.

Note 2. a) Die **Geschäftsverteilung** regelt sich jetzt ausschließlich nach der VO. v. 20. März 1935 §§ 5, 6, 21; die Vorschriften der Ausführungsgesetze darüber sind gegenstandslos geworden. In Kraft geblieben sind die Sondervorschriften für Berlin. Soweit bisher Grundsätze für die Geschäftsverteilung aufgestellt waren, sind sie unberührt geblieben. § 19 Abs. 2 JGG. ist unberührt geblieben.

b) Wegen der **Vertretung** der Richter bei den Amtsgerichten gelten jetzt gleichfalls die Vorschriften der VO. v. 20. März 1935 §§ 5, 6, 21. Die landesrechtlichen Vorschriften sind gegenstandslos geworden; die Verwaltungsvorschriften bleiben in Kraft, soweit sie mit der reichsrechtlichen Regelung vereinbar sind.

Note 3 ist gegenstandslos geworden. Vgl. auch den Zusatz zu § 59 (S. 1282—1283 zu Note 4).

Note 4. Für die **Dienstaufsicht** bei den Amtsgerichten gelten jetzt ausschließlich die Bestimmungen der VO. v. 20. März 1935. Vgl. auch die VO. über die Zuständigkeit in Justizverwaltungssachen v. 18. März 1935 (RGBl. I 402) und die wichtige AV. d. RJM. v. 2. April 1935 (Deutsche Justiz 549), abgedruckt vorstehend.

Note 5. Die Zuständigkeiten der „**Landesjustizverwaltung**" sind allgemein auf die **Reichsjustizverwaltung** übergegangen (§ 1 des dritten Ges. zur Überleitung der Rechtspflege auf das Reich v. 4. Jan. 1935 RGBl. I 68 und VO. zur einheitlichen Regelung der Gerichtsverfassung v. 20. März 1935 RGBl. I 403); vgl. auch die bei § 9 EGGVG. abgedruckte AV. d. RJM. v. 21. Mai 1935 (Deutsche Justiz 766) über die „Zuständigkeit zur Entscheidung landesrechtlich vorgesehener Beschwerden".

V. Zu § 22 ist ferner zu vergleichen das **Gesetz über die Zuständigkeit der Gerichte bei Änderungen der Gerichtseinteilung** v. 6. Dez. 1933 (RGBl. I 1037 ff.), abgedruckt im Anhang zur 19. Aufl. des Kommentars S. 1487—1489.

§ 24.

S. **1232** zu Zeilen 21—22:

Für schweren Aufruhr und schweren Landfriedensbruch ist unter den Voraussetzungen des § 5 Abs. 2 Nr. 2 der VO. zum Schutz von Volk und Staat v. 28. Febr. 1933 (RGBl. I 83) jetzt das Schwurgericht zuständig (soweit nicht das Sondergericht in Frage kommt) (RGSt. **69** 115).

S. **1233** Zeile 1: Statt „Reichsgericht" ist jetzt „Volksgerichtshof" zu setzen.

S. **1233** Zeile 4: ebenso.

S. 1233 zu Zeilen 40—45: Der Teil des Abs. nach „gilt" ist wie folgt zu ersetzen: jetzt für das ganze Reich die AV. d. JRM. über die Vereinheitlichung der Staatsanwaltschaft v. 18. Dez. 1934 (Deutsche Justiz 1608) Abschnitt IV.

S. **1234** zu Zeilen 7—12: Der Absatz ist wie folgt zu ersetzen:

Eine bestimmte gesetzliche Regelung gibt jetzt der durch das AG. z. GewohnhVerbrG. v. 24. Nov. 1933 (RGBl. I 1000) Art. 1 Nr. 1 in das GVG. neu eingefügte § 26a (vgl. Wortlaut der neuen Bestimmungen und Erläuterungen dazu in der 19. Aufl. des Kommentars, Anhang S. 1444); danach soll die StA. den Antrag auf Verhandlung beim Amtsrichter nicht stellen, wenn eine der dort bezeichneten Sicherungsmaßnahmen zu erwarten ist.

Im übrigen ist es Sache der Justizverwaltung, die erwähnten Grundsätze näher festzulegen. Vgl. jetzt für das ganze Reich Amtl. Richtl. S. 67—68, und zwar für die Erhebung der Anklage beim Einzelrichter Nr. 162, für die Erhebung der Anklage bei der großen Strafkammer Nr. 163, für die Anklage gegen Minderjährige Nr. 164.

S. **1234** Zeile 22 nach „a. a. O. 24": , RG. v. 29. Aug. 1935 3 D 429/35).

S. **1234** Zeile 39 nach „gewählten.": So ganz klar jetzt auch RG. v. 29. Aug. 1935 3 D 429/35 in einem Fall, in dem die StA. schriftlich erklärt hatte, daß sie die Anklage beim Schöffengericht zurücknehme und (sonst unverändert) bei der Strafkammer neu erhebe.

S. **1235** zu Zeile 2: Die Worte „§ 24 GAufhMilG." fallen weg.

S. **1236** letzte Zeile nach „Eisenbahntransportgefährdung": (vgl. jetzt aber Art. 8 Nr. 4 des Ges. v. 28. Juni 1935 RGBl. I 844).

S. **1237** Zeile 19 Zusatz: Das RG. hat sich in RGSt. **69** 49 der hier vertretenen Meinung angeschlossen. Dort eingehender Literaturnachweis.

S. **1237** zu Zeilen 20—28:

Der Abs. ist nicht mehr praktisch, da die Militärgerichtsbarkeit wieder eingeführt worden ist und keine Zuständigkeit der bürgerlichen Gerichte für Verbrechen und Vergehen usw. des MStGB. mehr in Frage kommt.

S. **1237** nach der letzten Zeile:

ε) Für **Landesverrat und Spionage** ist jetzt ausschließlich der Volksgerichtshof (das Oberlandesgericht) zuständig. Eine Zuständigkeit des Amtsgerichts und der Strafkammer gibt es auf diesem Gebiete nicht mehr, auch keine der Jugendgerichte (vgl. AV. d. RJM. v. 14. Mai 1934 Deutsche Justiz 341).

S. **1239** Zeile 26 nach „249)": i. d. F. des § 11 des Ges. v. 23. März 1934 (RGBl. I 213).

S. **1240** zu Zeile 29: Die Worte „für Preußen . . . 264" sind zu ersetzen durch die Worte „für das ganze Reich Amtl. Richtl. Nr. 229—236 (S. 85—87), insbes. Nr. 229, 230."

S. **1240** zu Zeile 43: Die Worte „das Oberlandesgericht oder das Reichsgericht " fallen weg.

S. **1240** zu Zeile 45:

Für Sachen, die zur Zuständigkeit des Volksgerichtshofs gehören, entfällt die Zuständigkeit der Jugendgerichte (vgl. die Zusätze zu § 134 GVG. sowie AV. d. RJM. v. 14. Mai 1934 Deutsche Justiz 630 zu II).

S. **1240** zu Zeile 47: Die Worte „und des Reichsgerichts (Oberlandesgerichts)" entfallen.

S. **1241** zu Zeilen 25—29:

Vgl. jetzt für das ganze Reich AV. d. RJM. v. 18. Dez. 1934 (Deutsche Justiz 1608) Abschn. IV (Geschäftsverteilung) § 23 Abs. 2, §§ 30, 31.

S. **1242** Zeile 8 Zusatz: — Für Bayern vgl. BayObLGSt. **33** 123.

§ 26.

S. **1243** zu Zeilen 33—34: Jetzt Amtl. Richtl. Nr. 162, 163 (S. 67 f.).

S. 1243 Zeile 40 Zusatz:

Für Gewohnheitsverbrecher vgl. jetzt den § 26a, der durch das AGGewohnhVerbrG. v. 24. Nov. 1933 (RGBl. I 1000) Art. 1 Nr. 1 neu in das GVG. eingefügt worden ist. Die neue Vorschrift ist im Anhang zur 19. Aufl. des Kommentars auf S. 1444 abgedruckt und erläutert worden.

S. 1243 Zeile 42 Zusatz: Vgl. dazu Amtl. Richtl. Nr. 162 Abs. 3 (S. 67).

S. 1244 Zeile 29 nach „§ 26": (RGSt. 69 49);

S. 1244 zu Zeilen 36—43:

Der mit den Worten „In Preußen" beginnende Satz ist wie folgt zu ersetzen: „Gemäß § 6 Abs. 2 der VO. zur einheitlichen Regelung der Gerichtsverfassung v. 20. März 1935 (RGBl. I 403) kann er das Verfahren vor dem Schöffengericht in diesem Falle auch selbst eröffnen". In dem folgenden Satz ist das, was in der Klammer steht, zu streichen. Die beiden danach folgenden Sätze fallen weg.

S. 1245 Zeile 4 Zusatz: Vgl. Amtl. Richtl. Nr. 162 Abs. 3 (S. 67).

§ 26a.

Der durch das AGGewohnhVerbrG. v. 24. Nov. 1933 (RGBl. I 1000) Art. 1 Nr. 1 in das GVG. neu eingefügte § 26a ist im Anhang zur 19. Aufl. des Kommentars S. 1444 abgedruckt und eingehend erläutert worden.

Vierter Titel. Schöffengerichte.

§ 28.

S. 1246 zu Zeilen 9—11:

Die sog. „Doppelrichter" sind durch die VO. zur einheitlichen Regelung der Gerichtsverfassung v. 20. März 1935 (RGBl. I 403) Art. X § 19 Abs. 1 beseitigt worden. Die Einrichtung ist durch Art. VI § 10 das. entbehrlich geworden.

§ 29.

S. 1246 nach Zeile 31:

Vgl. hierzu:

I. VO. d. RPräs. über Maßnahmen auf dem Gebiete der Rechtspflege und Verwaltung v. 14. Juni 1932 (RGBl. I 285) erster Teil Kapitel I Art. 1 § 4:

Ist bei Inkrafttreten dieses Kapitels das Hauptverfahren schon eröffnet, so bleibt das Gericht, vor dem das Hauptverfahren eröffnet worden ist, zuständig . . .

II. Ges. zur Änderung von Vorschriften des Strafverfahrens und des GVG. v. 28. Juni 1935 (RGBl. I 844) Art. 8 Nr. 5:

Soweit nach Kapitel I Artikel 1 § 4 des Ersten Teils der Verordnung des Reichspräsidenten über Maßnahmen auf dem Gebiete der Rechtspflege und Verwaltung vom 14. Juni 1932 (Reichsgesetzbl. I S. 285) die Zuständigkeit des erweiterten Schöffengerichts begründet ist, tritt an dessen Stelle die große Strafkammer.

Hierzu **Amtl. Begründung** (Nr. 10 der amtlichen Sonderveröffentlichungen der Deutschen Justiz S. 76):

Infolge der Vorschrift des Kapitels I Art. 1, § 4 des Ersten Teils der VO. v. 14. Juni 1932 besteht die Zuständigkeit des an sich mit dem 1. Juli 1932 aufgehobenen erweiterten Schöffengerichts in beschränktem Umfange noch fort. Die Frage, wieweit diese Zuständigkeit reicht, wird im Schrifttum und in der Rechtsprechung nicht einheitlich beantwortet; insbesondere bestehen Zweifel darüber, welches Gericht nach Anordnung der Wiederaufnahme gegen ein Urteil des erweiterten Schöffengerichts zuständig ist. Diese Zweifel beseitigt die Vorschrift des Art. 8 Nr. 5, indem sie aus Zweckmäßigkeitsgründen in allen Fällen die Entscheidung der großen Strafkammer zuweist. Daß in Jugendsachen an die Stelle des erweiterten Jugendschöffengerichts das Jugendgericht tritt (§ 17 des JGG.), bedurfte keiner besonderen Erwähnung.

S. **1246** Zeile 36 bis S. **1247** Zeile 14:.

Die Abs. 2 und 3 der Note 2 sind durch die vorstehend mit der Amtl. Begr. abgedruckte Vorschrift des Art. 8 Nr. 5 des Ges. v. 28. Juni 1935 (RGBl. I 844) gegenstandslos geworden.

S. **1247** nach Zeile 16:

4. Zu § 29 Abs. 3 vgl. die Note 3k zu § 24 und RGSt. **67** 123.

§ 30.

S. **1247** Zeile 6 von unten Zusatz:, Schröder Zur Schulung der Schöffen und Geschworenen DJZ. 1934 904; vgl. auch Trommer Auswahl, Schulung und Belehrung der Laienrichter JW. 1935 2595.

§ 31.

S. **1249** Zeile 6 nach „getreten ist.“: Vgl. dazu das Ges. v. 14. Juli 1933 (RGBl. I 480), die DurchfVO. dazu v. 26. Juli 1933 (RGBl. I 538), die VO. v. 5. Febr. 1934 (RGBl. I 85) und das Ges. v. 15. Sept. 1935 (RGBl. I 1146).

Vorbemerkungen zu §§ 32—35.

S. **1249** nach Zeile 26:

Lit.: Dörner Das Laienrichtertum in der Strafrechtspflege, ein rechtsgeschichtlicher und rechtsvergleichender Ausblick (Deutsche Justiz 1934 153).

§ 32.

S. **1251** Zeile 27 nach „**46** 77“: , **69** 65).

§ 34.

S. **1252** nach Zeile 35:

Ges. z. Änderung des Gerichtsverfassungsges. v. 13. Dez. 1934 (RGBl. I 1233) zu 2:
Im § 34 wird dem Abs. 1 als Nr. 8 hinzugefügt:

8. Wehrmachtsangehörige (Soldaten, Militärbeamte und Zivilbeamte der Wehrmacht), die nach *[§ 40a]* des Wehrgesetzes den für Soldaten geltenden gesetzlichen Bestimmungen ganz oder teilweise unterstellt sind.

S. **1253** zu Zeilen 1—2: Jetzt: **§ 9 Abs. 3 des Reichsstatthaltergesetzes v. 30. Jan. 1935** (RGBl. I 65).

S. 1253 Zeile 14 Zusatz:

Durch das Gesetz über das Staatsoberhaupt des Deutschen Reiches v. 1. Aug. 1934 (RGBl. I 747) ist das Amt des Reichspräsidenten mit dem des Reichskanzlers vereinigt worden; die Befugnisse des Reichspräsidenten sind auf den Führer und Reichskanzler übergegangen. Damit ist auch die Vorschrift des § 34 Nr. 1 auf ihn anwendbar geworden.

S. 1254 zu Zeilen 33—37: Die Zeilen sind wie folgt zu ersetzen:

9. Zu der durch das Ges. v. 13. Dez. 1934 neu eingefügten Nr. 8 betr. **Wehrmachtsangehörige** vgl. die amtliche Begründung des Ges. (mitgeteilt in der Deutschen Justiz 1934 1606):

Nach § 34 Abs. 1 Nr. 9 des GVG. v. 27. Jan. 1877 (RGBl. 41) sollten dem aktiven Heer oder der aktiven Marine angehörende Militärpersonen nicht zu dem Amt eines Schöffen berufen werden. Diese Vorschrift ist durch Art. II § 3 des Ges. betr. Aufhebung der Militärgerichtsbarkeit v. 17. Aug. 1920 (RGBl. 1579) aufgehoben worden. Der Grund für die Streichung dieser Vorschrift, der in der Aufhebung der Militärgerichtsbarkeit lag, ist durch das Ges. über Wiedereinführung der Militärgerichtsbarkeit v. 12. Mai 1933 (RGBl. I 264) i. Verb. mit der Bekanntmachung des Wortlauts der MStGO. und des EG. dazu v. 4. Nov. 1933 (RGBl. I 921) weggefallen. Die vorgeschlagene Änderung des § 34 GVG. trägt dem Rechnung. Danach sollen künftig auch die Wehrmachtsangehörigen nicht zu dem Amt eines Schöffen oder Geschworenen berufen werden. Um Zweifel zu vermeiden, sind auch die Zivilbeamten der Wehrmacht als Wehrmachtsangehörige i. S. der neuen Vorschrift bezeichnet, ebenso die Angestellten der Wehrmacht, die unter § 40a des Wehrgesetzes fallen.

Wegen der geänderten Fassung sind die Noten, die zu der früheren Nr. 9 in den älteren Auflagen des Kommentars enthalten waren, für die neue Nr. 8 nicht verwendbar.

§ 40a des alten Wehrgesetzes, auf den die Nr. 8 verweist, ist inzwischen durch § 35 des neuen Wehrgesetzes v. 21. Mai 1935 (RGBl. I 609) ersetzt worden.

§ 35.

S. 1255 zu Zeilen 34—37: Vgl. jetzt auch Art. VII § 11 der VO. zur einheitlichen Regelung der Gerichtsverfassung v. 20. März 1935 (RGB. I 403).

S. 1255 zu Zeilen 8—1 von unten:

Der Reichsrat ist durch das Ges. v. 14. Febr. 1934 (RGBl. I 89), der Reichswirtschaftsrat durch das Ges. v. 23. März 1934 (RGBl. II 115), die Landtage sind durch das Ges. v. 30. Jan. 1934 (RGBl. I 75) aufgehoben worden. Insoweit ist die Nr. 1 des § 35 also jetzt gegenstandslos.

Vorbemerkungen zu §§ 36—57.

S. 1256 zu Zeilen 10—7 von unten:

Vgl. jetzt § 6 Abs. 2 der VO. zur einheitlichen Regelung der Gerichtsverfassung v. 20. März 1935 (RGBl. I 403); danach gilt die Bestimmung, daß jeder Richter des Amtsgerichts ohne Rücksicht auf die Geschäftsverteilung jede richterliche Handlung wirksam vornehmen kann, die in den Geschäftsbereich des Amtsgerichts fällt, jetzt für das ganze Reich.

S. 1256 Zeile 6 von unten Zusatz:

Wegen der Zuständigkeit des Amtsrichters während einer Aussetzung der Hauptverhandlung vgl. RG. Deutsche Justiz 1934 943 = JR. 1934 Nr. 1574.

4. **Ausführungsvorschriften** — Zu den §§ 36—57 ist jetzt § 11 der VO. zur einheitlichen Regelung der Gerichtsverfassung zu vergleichen. Wieweit sie eingreift, wird bei den einzelnen Bestimmungen vermerkt werden.

Die **Verwaltungsvorschriften** der Länder sind bisher im wesentlichen unverändert geblieben. Vgl. für **Preußen** die AV. v. 13. Nov. 1933 (Deutsche Justiz 673) i. d. F. der AV. v. 15. Mai 1934 (Deutsche Justiz 659).

§ 36.

S. 1257 zu Zeilen 30—34:

Über den Zeitpunkt, bis zu dem die Urlisten aufzustellen und dem Amtsrichter einzureichen sind, bestimmt jetzt der Reichsminister der Justiz (§ 11 der VO. v. 26. März 1935 RGBl. I 403). Er hat aber bisher noch keine einheitliche neue Bestimmung getroffen, sondern es zunächst bei den Vorschriften belassen, die die Landesjustizverwaltungen darüber aufgestellt hatten.

S. 1258 nach Zeile 17:

c) Die Bestimmungen nach Abs. 3 zu treffen, ist der Oberlandesgerichtspräsident berufen (§ 11 Abs. 2 VO. v. 20. März 1934 RGBl. I 403).

§ 40.

S. 1259 zu Zeilen 21—27:

Gesetz zur Änderung des Gerichtsverfassungsgesetzes v. 13. Dez. 1934 (RGBl. I 1233) Nr. 3:

a) **§ 40 Abs. 3 fällt weg.**

b) **§ 40 Abs. 4 erhält folgende Fassung:**

Der Amtsrichter ernennt die Vertrauenspersonen. Er bestimmt dazu vornehmlich die Vorsteher der Gemeinden und der Gemeindeverbände seines Bezirks oder ihre Vertreter. Ferner bestimmt er dazu den Kreisleiter der Nationalsozialistischen Deutschen Arbeiterpartei seines Bezirks oder seinen Vertreter, falls diese nicht schon auf Grund des vorigen Satzes von ihm bestimmt sind; umfaßt der Amtsgerichtsbezirk mehrere Kreise der Nationalsozialistischen Deutschen Arbeiterpartei oder Teile von solchen, so schlägt der Gauleiter den vom Amtsgericht zu bestimmenden Kreisleiter vor.

S. 1260 Zeile 14 bis S. 1261 Zeile 11 wird wie folgt ersetzt:

Zu Abs. 3 i. d. F. des Ges. v. 13. Dez. 1934.

3. **Amtliche Begründung** zu der Neufassung (Deutsche Justiz 1934 1606):

„Nach dem Gerichtsverfassungsgesetz tritt zur Wahl der Schöffen und Geschworenen in jedem zweiten Jahre bei dem Amtsgericht ein Ausschuß zusammen. Der Ausschuß besteht aus dem Amtsrichter, einem Staatsverwaltungsbeamten und sieben Vertrauenspersonen.

Die Vertrauenspersonen werden nach § 40 des Gerichtsverfassungsgesetzes aus den Einwohnern des Amtsgerichtsbezirks gewählt, und zwar „nach näherer Bestimmung der Landesgesetze durch die Vertretungen der Kreise, Ämter, Gemeinden oder dergleichen Verbände; wenn solche Vertretungen nicht vorhanden sind, durch den Amtsrichter. Letzterer hat die Vertrauenspersonen vornehmlich aus den Vorstehern der vorbezeichneten Verbände zu wählen".

In einzelnen Ländern sind im Zusammenhang mit der Neuordnung des Gemeinderechts Zweifel darüber aufgetaucht, welche Stelle in Zukunft die Vertrauenspersonen auf Grund des § 40 zu wählen haben wird. Das Reichsgericht hat Veranlassung gehabt, sich mit der Bedeutung der Vorschrift zu befassen; in der Entscheidung vom 14. Febr. 1933 (RGSt. **67** 120) führt es aus, daß nach dem Wortlaut des Gesetzes in erster Linie nicht eine Staatsbehörde die Vertrauenspersonen zu wählen habe, sondern eine Körperschaft der Selbstverwaltung, „mithin ein Organ, auf dessen Zusammensetzung die Angehörigen der Kreise, Ämter oder Gemeinden usw. Einfluß ausüben"; nur wenn eine solche Körperschaft nicht vorhanden sei, solle die Wahl durch den Richter vorgenommen werden. Aus der Entstehungsgeschichte der Vorschrift führt die Entscheidung an, daß der Vorsitzende der Reichstagskommission ohne Widerspruch festgestellt habe, „unter Vertretungen seien nur die auf freier Wahl beruhenden, nicht die durch Ernennung eingesetzten zu verstehen".

Angesichts dieser Darlegungen ist es zweifelhaft geworden, ob die jetzigen Vertretungen der Gemeinden und der Kommunalverbände „Vertretungen" im Sinne des § 40 des Gerichtsverfassungsgesetzes sind. Erhebliche Gründe sprechen für die Bejahung dieser Frage. Die Entscheidung ist jedoch nicht unzweifelhaft. Es empfiehlt sich daher eine Änderung des Gesetzes, damit es vermieden wird, daß sich gegen die Gültigkeit der Wahl von Schöffen und Geschworenen Bedenken erheben.

Es erscheint zweckmäßig, die Vertrauenspersonen durch den Amtsrichter ernennen zu lassen und den Kreis der Personen, die zu Vertrauenspersonen ernannt werden können, unter Berücksichtigung der politischen Neuordnung zu begrenzen.

Der Entscheidung der Frage, ob und in welchem Umfange in der weiteren Zukunft Laien an der Strafrechtspflege teilnehmen sollen und nach welchen Grundsätzen und unter welchen Formen ihre Berufung zu erfolgen hat, wird durch dieses Gesetz nicht vorgegriffen. Für den Augenblick kommt es nur darauf an, eine Regelung zu treffen, die bis zum Inkrafttreten der neuen Strafprozeßordnung die erforderliche Klarheit schafft und praktisch brauchbar ist."

4. Vgl. zu Note 3 den Aufsatz von Hartung in Deutsche Justiz 1934 388.

S. 1261 zu Zeilen 13—14:

Vgl. jetzt § 11 Abs. 1 der VO. v. 20. März 1935 (RGBl. I 403). Danach bestimmt der RJM. jetzt den Wahltermin. Er hat indes von dieser Befugnis bisher noch keinen Gebrauch gemacht, sondern es einstweilen bei den von den Landesregierungen getroffenen Bestimmungen belassen.

S. 1261 zu Zeilen 16—20:

Jetzt gilt für das ganze Reich § 11 Abs. 3 der VO. zur einheitlichen Regelung der Gerichtsverfassung v. 20. März 1935 (RGBl. I 403). Danach hat der Präsident des Landgerichts die erforderliche Zahl der Hauptschöffen, Hilfsschöffen, Geschworenen und Hilfsgeschworenen zu bestimmen. Die Sonderregelung für Berlin bleibt unberührt.

S. 1261 zu Zeilen 26—33:

Die Vorschrift bleibt durch die Neuregelung unberührt. Nur hat der Amtsrichter jetzt die Vertrauenspersonen zu ernennen.

§ 42.

S. 1264 zu Zeilen 25—28:

Das Recht, derartige Bestimmungen zu treffen, ist jetzt auf den Reichsminister der Justiz übergegangen. Soweit er sie nicht ändert, bleiben die von den obersten Landesbehörden früher getroffenen Bestimmungen wirksam.

§ 43.

S. 1264 zu Zeilen 2—1 von unten: Die Note 2 ist wie folgt zu fassen:

2. Landesjustizverwaltung — Hierüber s. den Zusatz zu § 22 Note 5 sowie die Zusätze zu § 40 Note 5 (S. 1261).

Jetzt gilt § 11 Abs. 3 der VO. v. 20. März 1935 zur einheitlichen Regelung der Gerichtsverfassung (RGBl. I 403). Danach hat im ganzen Reich der Landgerichtspräsident die Bestimmung nach Abs. 1 zu treffen.

§ 45.

S. 1266 Zeile 17: Das Wort „Landesjustizverwaltung" ist durch „Justizverwaltung" zu ersetzen.

S. 1266 zu Zeilen 34—35:

Vgl. jetzt § 11 Abs. 1 der VO. zur einheitlichen Regelung der Gerichtsverfassung v. 20. März 1935 (RGBl. I 403). Danach hat jetzt der RJM. den Zeitpunkt der Auslosung zu bestimmen. Er hat von diesem Recht aber noch keinen Gebrauch gemacht, es vielmehr einstweilen noch bei den früheren Bestimmungen belassen.

§ 51.

S. 1272 nach Zeile 21:

Hierzu vgl. **Amtl. Richtl.** Nr. 193—195 (S. 75), insbes. Nr. 192.

S. 1273 zu Zeilen 10—17:

Wegen der **weltlichen Eidesform** vgl. den Zusatz zu § 66c StPO. (S. 1484 nach Zeile 35). Das dort Gesagte gilt auch hier.

§ 54.

S. 1275 Zeile 6 von unten. Zusatz:

— Der Amtsrichter entscheidet auch, und zwar allein, wenn während der Sitzung ein Fall des § 54 eintritt. Das gilt insbesondere, wenn die Hauptverhandlung ausgesetzt worden ist (vgl. RG. Deutsche Justiz 1934 943 = JW. 1934 Nr. 1574).

§ 55.

S. 1278 zu Zeilen 6—7:

Vgl. AV. d. RJM. v. 2. Juni 1934 (Deutsche Justiz 724) über „Reisekostenvergütung der ... Schöffen, Geschworenen, Vertrauenspersonen usw." Vgl. ferner die DurchfVfgn z. ReisekostenVO. v. 23. März und 14. Sept. 1934 (Deutsche Justiz 404, 1176).

§ 57.

S. 1280 Zeile 29 wird wie folgt ersetzt:

1. Zu § 57 vgl. jetzt § 11 Abs. 1 der VO. zur einheitlichen Regelung der Gerichtsverfassung v. 20. März 1935 (RGBl. I 403). Danach hat jetzt der RJM. die hier fraglichen Termine zu bestimmen. Er hat von dieser Befugnis aber bisher noch keinen Gebrauch gemacht, es vielmehr einstweilen bei der bisherigen landesrechtlichen Regelung belassen.

§ 58.

S. 1281 nach Zeile 9:

3. VO. zur einheitlichen Regelung der Gerichtsverfassung v. 20. März 1935 (RGBl. I 403).

§ 2.

Der Reichsminister der Justiz entscheidet über

1. die Zuweisung von Strafsachen aus den Bezirken mehrerer Amtsgerichte an ein Amtsgericht (§ 58 des Gerichtsverfassungsgesetzes),

. . . .

§ 11 Abs. 3:

Der Präsident des Landgerichts bestimmt die erforderliche Zahl der Hauptschöffen, Hilfsschöffen . . . . (§§ . . . . 58 . . . .); er verteilt, soweit erforderlich, die Zahl auf die Amtsgerichtsbezirke . . .

S. 1282 Zeile 14 Zusatz: , 836, 1934 466, 820, 1204, 1935 884, 1400.

Fünfter Titel. Landgerichte.

§ 59.

S. 1282 nach Zeile 25:

Vgl. hierzu die **VO. zur einheitlichen Regelung der Gerichtsverfassung v. 20. März 1935** (RGBl. I 403). Sie hat, soweit sie hier in Betracht kommt, folgenden Wortlaut:

Artikel I

Gliederung der Gerichte

§ 1

(Abgedruckt oben bei den Zusätzen zu § 22. Vgl. dort.)

§ 2

Der Reichsminister der Justiz entscheidet über

1. . . . . . (vgl. oben bei den Zusätzen zu § 58.)
2. . . . . . (vgl. unten bei den Zusätzen zu § 78.)
3. . . . . . (vgl. unten bei den Zusätzen zu § 92.)
4. . . . . . (vgl. unten bei den Zusätzen zu § 93.)

5., 6. . . . . .

Artikel III

Landgerichte

§ 7

(1) Der Reichsminister der Justiz kann Grundsätze für die Verteilung der Geschäfte bei den Landgerichten und für die Vertretung des Landgerichtspräsidenten aufstellen. Er bestellt den ständigen Vertreter des Präsidenten (§ 66 Abs. 2 des Gerichtsverfassungsgesetzes).

(2) Die Zahl der Zivil- und Strafkammern bei den Landgerichten bestimmt der Landgerichtspräsident; der Oberlandesgerichtspräsident kann ihm Weisungen hierfür erteilen.

(3) Die Untersuchungsrichter werden vom Oberlandesgerichtspräsidenten bestellt. In Fällen vorübergehenden Bedarfs können sie für kürzere Dauer als ein Geschäftsjahr bestellt werden.

(4) Die Vorsitzenden der Kammern für Handelssachen . . .

(5) . . . . . (Abgedruckt bei den Zusätzen zu § 78 vgl. dort.)

Artikel VI

Hilfsrichter

§ 10

(Abgedruckt oben bei den Zusätzen zu § 22; vgl. dort.)

Artikel VII—VIII

(Abgedruckt, soweit sie für die Landgerichte in Betracht kommen, bei den Zusätzen zu den §§ 77, 78, 84, 86 GVG.)

Artikel IX

Justizverwaltung

(Abgedruckt oben bei den Zusätzen zu § 22; vgl. dort.)

Artikel X

Schluß- und Übergangsvorschriften.

§ 18

(Abgedruckt oben bei den Zusätzen zu § 22; vgl. dort.)

§ 19

(1) . . . . . (abgedruckt oben bei den Zusätzen zu § 22; vgl. dort.)

§ 20

(Vgl. die Zusätze zu § 79 StPO. S. 1486.)

§ 21

(Abgedruckt oben bei den Zusätzen zu § 22; vgl. dort.)

S. **1282** zu Zeilen 34—35: Der Absatz ist wie folgt zu ersetzen:

Die Verwendung von Gerichtsassessoren und anderen Personen, die zum Richteramt befähigt sind, bei den Landgerichten regelt sich jetzt nach den §§ 5, 7 der VO. über die Laufbahn für das Amt des Richters und des Staatsanwalts v. 29. März 1935 (RGBl. I 487), abgedruckt bei den Zusätzen zu § 22 GVG.

Vgl. ferner den wichtigen § 10 der VO. zur einheitlichen Regelung der Gerichtsverfassung über **Hilfsrichter** (abgedruckt oben bei den Zusätzen zu § 22).

S. **1282** Zeilen 5—1 von unten bis S. **1283** Zeile 5 (Note 4):

Abs. 2 des § 59 ist durch die §§ 10 und 19 (Abs. 1) der VO. zur einheitlichen Regelung der Gerichtsverfassung v. 20. März 1935 (RGBl. I 403) (abgedruckt bei den Zusätzen zu § 22; vgl. dort auch den Zusatz zu Note 3) gegenstandslos geworden.

S. **1283** zu Zeilen 6—7:

Vgl. jetzt den § 1 der VO. zur einheitlichen Regelung der Gerichtsverfassung (RGBl. I 403) (abgedruckt bei den Zusätzen zu § 22).

S. **1283** zu Zeile 11: Die Worte „des zuständigen Justizministers" sind zu ersetzen durch die Worte „des Reichsjustizministers".

§ 60.

S. **1283** Zeile 22 nach „§ 24 GVG.)": sowie durch Art. 8 Nr. 5 des Ges. v. 28. Juni 1935 (RGBl. I 844) — vgl. dazu den Zusatz zu § 29 GVG. (S. 1246) —

S. **1284** zu Zeilen 1—4:

Vgl. jetzt § 7 Abs. 2 der VO. v. 20. März 1935 (abgedruckt bei den Zusätzen zu § 59; vgl. dort).

§ 61.

S. **1284** nach Zeile 37:

Vgl. zu § 61 den **§ 184 Abs. 2, 3 StPO.**, eingefügt durch Art. 4 Nr. 1 Buchst. d des **Ges. v. 28. Juni 1935** (RGBl. I 844), nach denen jetzt die Bestellung von **Hilfsuntersuchungsrichtern** zulässig ist. Vgl. die Zusätze zu § 184 StPO.

Zu Abs. 2 vgl. **§ 7 Abs. 3 der VO. zur einheitlichen Regelung der Gerichtsverfassung v.** 20. März 1935 (RGBl. I 403), abgedruckt bei § 59.

S. **1284** zu Zeilen 4—3 von unten: Die Note erhält folgende Fassung:

2. An die Stelle der **Landesjustizverwaltung** ist nach § 7 Abs. 3 der VO. v. 20. März 1935 (abgedruckt bei § 59) der **Oberlandesgerichtspräsident** getreten.

S. **1285** zu Zeile 19: Die Worte **„reichsgerichtliche Strafsachen"** sind durch die Worte **„Strafsachen des Volksgerichtshofs"** zu ersetzen.

§ 62.

S. **1286** Zeile 23 nach „295, 301;": RG. III CS. JR. 1934 Nr. 208;

S. **1286** Zeilen 2—1 von unten bis S. **1287** Zeile 1: Der Satz ist durch die Beseitigung der Gerichtsferien gegenstandslos geworden.

§ 63.

S. **1287** nach Zeile 33:

Vgl. hierzu den **§ 7 Abs. 1 der VO. zur einheitlichen Regelung der Gerichtsverfassung v. 20. März 1935** (abgedruckt bei den Zusätzen zu § 59).

S. **1287** Zeile 10 von unten nach „Geschäfte — a)": Nach dem neuen § 7 Abs. 1 der VO. v. 20. März 1935 kann der RJM. Grundsätze für die Verteilung der Geschäfte bei den Landgerichten aufstellen. Er könnte also z. B. bestimmen, daß die Geschäfte bei großen Landgerichten statt, wie üblich, nach Buchstaben nach der Art der Geschäfte, z. B. nach Deliktsgruppen, zu verteilen seien (sog. sachliche Teilung). Bisher hat der Minister von dieser Befugnis noch keinen Gebrauch gemacht.

In dem mit „Über die" beginnenden Satz ist hinter dem Worte „sich" das Wort „bisher" einzufügen.

S. **1287** Zeile 8 von unten nach „**28** 215":, RG. JR. 1934 Nr. 451 - JW. 1934 565 Nr. 22). Wegen der hierbei möglichen Gesichtspunkte vgl. insbesondere die letztgenannte Entscheidung. Danach ist es Sache des Präsidiums, einem willkürlichen Verfahren durch möglichst genaue Festlegung der Unterscheidungsmerkmale vorzubeugen.

S. **1288** zu Zeilen 24—26: Die Einrichtung der sog. „Doppelrichter" ist beseitigt worden (vgl. den Zusatz zu § 59 S. 1282 Zeile 5—1 von unten).

S. **1289** zu Zeile 13: Note 10 fällt weg (die Gerichtsferien sind aufgehoben).

§ 64a.

S. **1291** Zeile 7 Zusatz: , Mostert DRZ. 1933 231.

S. **1292** Zeile 14 Zusatz:

Ist kein Vertreter des Präsidenten nach § 66 Abs. 2 bestimmt worden, so tritt nicht etwa ohne weiteres der älteste Direktor (der in diesem Falle nach § 66 Abs. 3 den Präsidenten vertritt) in das Präsidium ein. Er kann nur durch Wahl in das Präsidium gelangen (a. M. Mostert DRZ. 1933 231).

S. 1292 zu Zeilen 28—29: Für landesrechtliche Ausführungsbestimmungen ist nach der Überführung der Rechtspflege auf das Reich kein Raum mehr.

S. 1292 zu Zeilen 5—4 von unten: Doppelrichter gibt es nicht mehr (vgl. den Zusatz zu § 59 S. 1282 Zeile 5—1 von unten).

§ 65.

S. 1293 zu Zeile 8 von unten: Der mit „Unter" beginnende Satz fällt weg (Aufhebung der Gerichtsferien).

§ 66.

S. 1294 nach Zeile 34:

Vgl. hierzu § 7 Abs. 1 Satz 2 der VO. zur einheitlichen Regelung der Gerichtsverfassung v. 20. März 1935 (abgedruckt bei den Zusätzen zu § 59).

S. 1295 Zeile 9 nach „bestellen".: (So RGSt. **69** 321 in einem Falle, in dem bei Beginn des Geschäftsjahrs eine frei gewordene Direktorstelle noch nicht besetzt war.)

S. 1296 Zeile 1 nach „**56** 63,": **69** 321,

S. 1296 nach Zeile 13:

Nach RGSt. **69** 321 sollen das Präsidium oder der Präsident kraft ihrer Befugnis zur Geschäftsverteilung im voraus bestimmen können, in welchen Sitzungen der Vorsitzende als regelmäßig verhindert anzusehen ist und demgemäß der Vertreter den Vorsitz zu führen hat.

S. 1297 zu Zeilen 14—45: In den Noten 6 und 7 ist das Wort „Landesjustizverwaltung" überall durch „Reichsjustizverwaltung" zu ersetzen. In den Zeilen 18—19 fällt der in Klammer stehende Satzteil weg.

§ 67.

S. 1298 zu Zeilen 19—25: Vgl. den Zusatz zu § 70 Note 8.

§ 70.

S. 1299 nach Zeile 29:

Vgl. zu § 70 jetzt den § 10 der VO. zur einheitlichen Regelung der Gerichtsverfassung v. 20. März 1935 (RGBl. I 403), abgedruckt bei den Zusätzen zu § 22 GVG. Er regelt jetzt erschöpfend die Zuziehung von Hilfsrichtern bei den Landgerichten. Der Abs. 1 befaßt sich mit der Heranziehung fest angestellter Richter als Hilfsrichter beim Landgericht. Nach ihm sind die Richter an den Amtsgerichten und an den Landgerichten verpflichtet, richterliche Geschäfte bei den Landgerichten wahrzunehmen. Abs. 2 regelt die Heranziehung von Richtern, die nicht bei dem Landgericht selbst angestellt sind, und von Gerichtsassessoren.

Wegen der Verwendung von Gerichtsassessoren und von anderen zum Richteramt befähigten Personen, die nicht als Richter angestellt sind, bei den Landgerichten vgl. ferner die §§ 5, 7 der VO. über die Laufbahn für das Amt des Richters und des Staatsanwalts v. 29. März 1935 (RGBl. I 487), abgedruckt bei den Zusätzen zu § 22 GVG.

Die Abs. 1 und 2 des § 70 werden durch die neuen Vorschriften nur insofern beeinflußt, als jetzt in Abs. 1 statt „Landesjustizverwaltung" zu lesen ist: „Reichsjustizverwaltung nach den Vorschriften der VO. v. 20. März 1935". Wegen des Verhältnisses des Abs. 3 zu § 10 der VO. vgl. weiter unten den Zusatz zu Note 8.

S. 1308 zu Zeile 25: Statt „Die Landesjustizverwaltung" ist „Der Landgerichtspräsident" zu setzen.

S. 1308 zu Zeile 30: Statt „die Landesjustizverwaltung" ist „der Landgerichtspräsident" zu setzen.

Sechster Titel. Schwurgerichte.

§ 80.

S. 1309 zu Zeile 28: Für die Worte „das Reichsgericht" ist einzusetzen „den Volksgerichtshof".

S. 1309 zu Zeilen 34—38: Die Zeilen sind zu streichen. Es gibt keinen Hochverrat gegen ein Land mehr.

S. 1310 Zeile 29 Zusatz: Vgl. RGSt. **69** 115.

S. 1310 zu Zeile 6 von unten: Statt „Reichsgerichts" muß es jetzt „Volksgerichtshofs" heißen.

§ 82.

S. 1312 zu Zeilen 9—10: Note 10 ist gegenstandslos geworden. Die Verfügung ist aufgehoben (Deutsche Justiz 1934 757).

§ 83.

S. 1315 nach Zeile 32:

Die Vorschrift, daß die Tagungen „nach Bedarf" festzusetzen sind, schließt natürlich nicht aus, daß der Präsident von vornherein bestimmte Termine für die voraussichtlich notwendige Anzahl von Tagungen „in Aussicht nimmt" (ohne sie bestimmt festzulegen) und das auch nach außen verlautbart. Es darf dann nur nicht, wenn sich die vorgesehene Zahl von Tagungen als unzulänglich erweist und die Festsetzung weiterer Tagungen nötig wird, nach Abs. 3 verfahren werden; vielmehr ist für die „eingeschobene" Tagung die Richter- (und Geschworenen-)gruppe heranzuziehen, die für die zeitlich nächste Tagung vorgesehen war. Erweist sich, daß eine der „vorgesehenen" Tagungen wegfallen muß, weil kein Stoff vorhanden ist, so fällt die Richter- (und Geschworenen-) gruppe, die für die „ausgefallene" Tagung vorgesehen war, nicht einfach weg, sondern sie ist für die nächste Tagung heranzuziehen. Ein Verfahren nach § 48 Abs. 1 GVG. ist beim Schwurgericht unbekannt. § 83 Abs. 3 gilt nur für den Fall, daß die nach Abs. 1, 2 getroffenen Maßnahmen nicht ausreichen, daß etwa die Zahl der vorgesehenen Richter- (und Geschworenen-)gruppen nicht ausreicht, was höchstens am Ende eines Jahres vorkommen kann.

§ 84.

S. 1316:

Vgl. zu dem § 84 den **Art. VII § 11 Abs. 1, 3 der VO. zur einheitlichen Regelung der Gerichtsverfassung v. 20. März 1935** (RGBl. I 403). Er hat, soweit er hier in Betracht kommt, folgenden Wortlaut:

(1) Der Reichsminister der Justiz bestimmt, bis zu welchem Tage... die ... Geschworenen auszulosen sind (§§ .. 84, 86 des GVG.).

(3) Der Präsident des Landgerichts bestimmt die erforderliche Zahl der ... Geschworenen und Hilfsgeschworenen (§§ ... 84 des GVG.); er verteilt, soweit erforderlich, die Zahl auf die Amtsgerichtsbezirke und bestimmt, welcher Ausschuß im Falle des § 77 Abs. 2 Satz 3 des GVG. die ... Hilfsgeschworenen zu wählen hat.

S. 1316 letzte Zeile: Statt der Worte: „v. 21. März 1933 I 109/33" ist zu setzen: „JR. 1933 Nr. 1282".

§ 86.

S. 1318: Vgl. zu § 86 den Art. VII § 11 Abs. 1, 3 der VO. zur einheitlichen Regelung der Gerichtsverfassung v. 20. März 1935 (RGBl. I 403), der bei dem Zusatz zu § 84 GVG. abgedruckt ist.

§ 91.

S. 1320 zu Zeile 33: Das Wort „Sitzungsperiode" ist durch „Tagung" zu ersetzen.

§ 92.

S. 1321:

Zu § 92 vgl. Art. 1 § 2 Nr. 3 der VO. zur einheitlichen Regelung der Gerichtsverfassung v. 20. März 1935 (RGBl. I 403). Er hat folgenden Wortlaut:

Der Reichsminister der Justiz entscheidet über
1., 2. . . .
3. die Zusammenlegung von Landgerichtsbezirken zu einem Schwurgerichtsbezirk (§ 92 des GVG.), . .

S. 1321 zu Zeilen 16—18: Vgl. jetzt § 2 Nr. 3 der VO. v. 20. März 1935 (vorstehend abgedruckt).

Siebenter Titel. Kammer für Handelssachen.

§ 93.

S. 1322:

Zu § 93 vgl. § 2 Nr. 4 der VO. zur einheitlichen Regelung der Gerichtsverfassung v. 20. März 1935 (RGBl. I 403) und AV. d. RJM. v. 1. April 1935 (Deutsche Justiz 549).

Achter Titel. Oberlandesgerichte.

Vorbemerkungen.

S. 1327 zu Zeile 6: Die Worte „(zugleich oberstes Landesgericht)" fallen weg.

§ 115.

S. 1327 nach Zeile 16:

Vgl. zu § 115 und den folgenden Paragraphen aus der VO. zur einheitlichen Regelung der Gerichtsverfassung v. 20. März 1935 (RGBl. I 403 — berichtigt 489 —) den § 1 (abgedruckt bei den Zusätzen zu § 22 GVG.), den § 2 Nr. 5 (abgedruckt bei den Zusätzen zu § 120 GVG.), den § 2 Nr. 6 (für Angelegenheiten der freiwilligen Gerichtsbarkeit), den § 10 (Hilfsrichter), die §§ 12—18, 21 (abgedruckt bei § 22 GVG.), sowie den Artikel IV (Oberlandesgericht) § 8, der folgenden Wortlaut hat:

(1) Der Reichsminister der Justiz kann Grundsätze für die Verteilung der Geschäfte bei den Oberlandesgerichten und für die Vertretung des Oberlandesgerichtspräsidenten aufstellen. Der ständige Vertreter des Präsidenten (§ 66 Abs. 2, § 117 des GVG.) ist der Vizepräsident des Oberlandesgerichts.

(2) Die Zahl der Zivil- und Strafsenate bei den Oberlandesgerichten bestimmt der Oberlandesgerichtspräsident. Der Reichsminister der Justiz kann ihm hierfür Weisungen erteilen.

§ 117.

S. 1327 zu Zeilen 35—37:

Die Note ist von den Worten „in Preußen" an gegenstandslos geworden, teils durch § 10 der VO. v. 20. März 1935 (s. den Zusatz zu § 115), teils durch § 5 der VO. zur vorläufigen Regelung des Dienststrafrechts im Bereich der Justizverwaltung v. 15. März 1935 (RGBl. I 379).

§ 118.

S. 1327 letzte Zeile Zusatz:

Vgl. jetzt § 10 der VO. v. 20. März 1935 (s. den Zusatz zu § 115). Er hat den § 115 nicht abgeändert, sondern nur ergänzt.

§ 120.

S. 1328—1330:

Der Inhalt des § 120 ist durch die neuere Rechtsentwicklung — ohne daß er in seinem Wortlaut ausdrücklich geändert worden wäre — in mehreren Richtungen beeinflußt worden.

I. Im Vordergrunde steht hierbei das **Ges. v. 24. April 1934** (RGBl. I 341) **zur Änderung von Vorschriften des Strafrechts und des Strafverfahrens.** Dieses Gesetz hat auf dem Gebiete des sachlichen Rechts die Strafvorschriften über Hochverrat und Landesverrat (einschließlich des militärischen Landesverrats) völlig neu gefaßt. Auf dem Gebiete des Strafverfahrens hat es die Zuständigkeit für Strafsachen der hier fraglichen Art, die nach dem GVG. beim Reichsgericht lag, auf den neu eingerichteten **Volksgerichtshof** — Anklagebehörde bleibt der Oberreichsanwalt — übertragen und ferner das Verfahren (im wesentlichen unter Übernahme der Vorschriften der VO. v. 28. Febr. 1933 RGBl. I 85 und v. 18. März 1933 RGBl. I 131) neu geordnet (s. das Nähere darüber bei den Zusätzen zu § 134 GVG.).

Für die **Oberlandesgerichte** ist dabei von Bedeutung, daß die Möglichkeit der **Abgabe** an die Staatsanwaltschaft bei dem Oberlandesgericht und der **Überweisung** an das Oberlandesgericht selbst stark eingeschränkt worden ist. (Näheres auch hierüber bei § 134.) Das **Verfahren der Abgabe und der Überweisung** ist dagegen unverändert geblieben. **Art. III § 4 Abs. 3, Art. IV § 5 Abs. 3 des Ges. v. 24. April** bestimmt darüber:

> § 120 des GVG. findet entsprechende Anwendung.

Vgl. hierzu auch die Amtl. Begr., abgedruckt in der Deutschen Justiz 1934 598.

II. Ferner ist der Inhalt des § 120 durch die **Überleitung der Rechtspflege auf das Reich** beeinflußt worden, teils nur der Form nach (eine „Landes"-Staatsanwaltschaft gibt es nicht mehr; das bayerische Oberste Landesgericht ist durch die VO. v. 19. März 1935 RGBl. I 383 aufgehoben worden), teils aber auch (in Abs. 2) sachlich. Es bestimmt nämlich der **Art. I § 2 der VO. zur einheitlichen Regelung der Gerichtsverfassung v. 20. März 1935** (RGBl. I 403) folgendes:

> Der Reichsminister der Justiz entscheidet über
> 1—4 . . .
> 5. die Zuweisung von Hoch- und Landesverratssachen aus den Bezirken mehrerer Oberlandesgerichte an ein Oberlandesgericht,
> 6. . . .

III. Hiernach wird **§ 120 GVG.** nunmehr etwa **wie folgt zu lesen** sein:

Die Oberlandesgerichte sind zur Verhandlung und Entscheidung in erster und letzter Instanz in den Strafsachen zuständig, die gemäß Art. III § 4 Abs. 1 des Ges. v. 24. April 1934 (RGBl. I 341) von dem Oberreichsanwalt an die Staatsanwaltschaft bei dem Oberlandesgericht abgegeben werden, oder in denen der Volksgerichtshof gemäß § 4 Abs. 2 des genannten Gesetzes die Verhandlung und Entscheidung dem Oberlandesgericht überweist. In den von dem Oberreichsanwalt an die Staatsanwaltschaft bei dem Oberlandesgericht abgegebenen Sachen trifft das Oberlandesgericht auch die im § 73 Abs. 1 bezeichneten Entscheidungen.

Für den Gerichtsstand gelten in diesen Fällen die allgemeinen Vorschriften. Der Reichsminister der Justiz kann die Hoch- und Landesverratssachen aus den Bezirken mehrerer Oberlandesgerichte einem Oberlandesgericht zuweisen.

IV. Vgl. zu § 120 GVG. noch den **Art. 8 Nr. 6 des Ges. zur Änderung von Vorschriften des Strafverfahrens und des Gerichtsverfassungsgesetzes v. 28. Juni 1935** (RGBl. I 844); sie enthält eine Sonderregelung für die **Gebühren** der Rechtsanwälte, die als **Verteidiger** vor dem Oberlandesgericht in erstinstanzlichen Sachen auftreten.

S. 1328 zu Zeilen 26—38:

Die VO. v. 18. März 1933 (RGBl. I 131) ist durch Art. VIII Nr. 5 des Ges. v. 24. April 1934 (RGBl. I 341) aufgehoben worden. (Daß die Aufhebung auch den Art. 3 § 3 — der eine Änderung des § 120 GVG. enthält — betreffen soll, ist nicht anzunehmen.) An die Stelle der Art. 2 und 3 der VO. v. 18. März 1933 sind die entsprechenden Vorschriften des Art. IV §§ 4, 5 des Ges. v. 24. April 1934 getreten. Von ihnen ist durch das Ges. v. 28. Juni 1935 (RGBl. I 844) Art. 9 § 4 der § 4 beseitigt und der § 5 geändert worden; an die Stelle des § 4 ist der § 178 StPO. in der Fassung des Art. 4 Nr. 1a des Ges. v. 28. Juni 1935 getreten (vgl. die neue Fassung bei den Zusätzen zu § 178 StPO.); die neue Fassung des § 5 ist bei den Zusätzen zu § 134 GVG. abgedruckt.

S. 1328 Zeile 39—41 bis **S. 1329** Zeilen 1—37:

Die in der Note 1 aufgeführten Bestimmungen sind durch die (oben im Wortlaut mitgeteilte) Bestimmung des § 2 Nr. 5 der VO. v. 20. März 1935 nicht berührt worden (vgl. § 21 Abs. 2 daselbst). Der RJM. hat von seiner Befugnis, die bestehenden Bestimmungen zu ändern, bisher keinen Gebrauch gemacht.

S. 1329 zu Zeile 10 von unten: Statt „Landesstaatsanwalt" ist zu setzen „Generalstaatsanwalt bei dem OLG.".

S. 1329 Zeile 6 von unten nach „10a": und die Zusätze dazu.

S. 1329 zu Zeile 5 von unten: Statt „das Reichsgericht" muß es heißen „den Volksgerichtshof".

S. 1329 zu Zeilen 4—3 von unten: Vgl. wegen der Ermittlungsrichter jetzt den Art. IV § 1 des Ges. v. 24. April 1934 (abgedruckt bei § 134).

S. 1329 Zeilen 3—1 von unten bis **S. 1330** Zeile 4: Vgl. jetzt den Zusatz zu S. 1328 Zeilen 26—38.

S. 1330 zu Zeile 5 und 7: Statt „Reichsgerichts" und „das Reichsgericht" ist „Volksgerichtshofs" und „den Volksgerichtshof" zu setzen.

S. 1330 zu Zeilen 10—15: Die Note 5 ist durch den Übergang der Rechtspflege auf das Reich gegenstandslos geworden.

§ 121.

S. 1331 nach Zeile 11:

Eingeschränkt wird die **Zuständigkeit der Oberlandesgerichte für Revisionen in Strafsachen** ferner durch den **§ 347a StPO.**, der durch **Art. 3 Nr. 1c des Ges.** zur Änderung des Strafverfahrens und des Gerichtsverfassungsgesetzes **v. 28. Juni 1935** (RGBl. I 844) neu eingestellt worden ist. Danach entscheidet auf Antrag der Staatsanwaltschaft statt des Oberlandesgerichts das Reichsgericht, wenn die Staatsanwaltschaft geltend macht, daß in dem angefochtenen Urteil „die **entsprechende Anwendung eines Strafgesetzes** zu Unrecht erfolgt oder nicht erfolgt sei". Text und Erläuterung der neuen Vorschrift siehe bei den Zusätzen zu S. 951.

In **Nr. 2** ist (auf Grund des Ges. v. 24. April 1934 RGBl. I 341) **Art.** III, IV dahin ergänzt zu denken, daß neben dem Reichsgericht auch der **Volksgerichtshof** aufgeführt ist. (Näheres vgl. in dem Zusatz zu Note 8b.)

S. **1331** Zeile 23 nach „zuständig": , soweit nicht § 347a StPO. eingreift.

S. **1331** Zeile 27 nach „zuständig).": Das Reichsgericht entscheidet ferner im Falle des § 347a StPO.

S. **1331** zu Zeilen 32—33: Die Worte „und des Reichsgerichts" fallen weg.

S. **1331** zu Zeilen 34—39: Vgl. jetzt aber die Zusätze zu § 29 GVG.

S. **1332** Zeile 3 nach „kommen": , es sei denn im Falle des § 347a StPO.

S. **1332** zu Zeilen 11—16: Diese Vorschriften sind durch die neuere Rechtsentwicklung bisher unberührt geblieben.

S. **1332** Zeilen 32—51 und S. **1333** Zeilen 1—31: Diese Regelung wird durch den Übergang der Rechtspflege auf das Reich nicht berührt.

S. **1334** zu Zeilen 5—9. Note 8b erhält folgende Fassung:

b) Eine **Zuständigkeit des Reichsgerichts** für Beschwerden in Strafsachen kommt nur noch nach § 159 GVG. in Frage. Der **Volksgerichtshof** ist für Beschwerden insofern zuständig, als er in den Sachen, die zu seiner Zuständigkeit gehören, die Geschäfte wahrzunehmen hat, die in § 73 Abs. 1 der Strafkammer zugewiesen sind (Art. III § 3 Abs. 1 des Ges. v. 24. April 1934 RGBl. I 341); vgl. ferner Art. IV § 1 Abs. 2 (§ 2 Nr. 4) desselben Gesetzes; die Vorschriften sind bei den Zusätzen zu § 134 GVG. abgedruckt.

S. **1334** zu Zeilen 21—22: Statt „Reichsgericht" ist „Volksgerichtshof", statt „Landesstaatsanwaltschaft" ist „Staatsanwaltschaft beim Oberlandesgericht" zu lesen.

Neunter Titel. Reichsgericht.

Vorbemerkungen.

S. **1335** zu Zeilen 3—5: Die Zitate „§ 134" und „§ 172 Abs. 3, § 209 Abs. 1, § 462 Abs. 3" fallen weg.

S. **1335** zu Zeilen 16—17: Das Zitat des „§ 18 des G. gegen den Verrat militärischer Geheimnisse ..." fällt weg.

S. **1335** zu Zeilen 17—18: Der Art. 13 Abs. 2 RVerf. und das zu seiner Ausführung ergangene Gesetz sind durch die neueste Entwicklung des deutschen Staatsrechts gegenstandslos geworden.

S. **1335** zu Zeile 18: jetzt § 31 Abs. 1 WehrG. v. 21. Mai 1935 (RGBl. I 609).

S. **1335** zu Zeilen 19—20: jetzt § 7 der Militärrichterdienststrafordnung v. 14. März 1934 (RGBl. I 207).

S. 1335 Zeile 32 nach „§ 90 RAnwO.": i. d. F. d. G. v. 28. März 1934 (RGBl. I 252).

S. 1335 zu Zeilen 33—34: Die Bestimmungen über den Staatsgerichtshof sind gegenstandslos geworden.

S. 1335 Zeile 34 nach „(RGBl. 905)": ; wegen der Besetzung des Dienststraffenats für die Beamten der Reichsjustizverwaltung s. §§ 3—5 der VO. zur vorläufigen Regelung des Dienststrafrechts im Bereich der Reichsjustizverwaltung v. 15. März 1935 (RGBl. I 139).

S. 1335 zu Zeile 38: Das bayerische Oberste Landesgericht ist aufgehoben worden. Vgl. die Zusätze zu § 9 EGGVG.

§ 124.

S. 1335. Einzufügen nach der letzten Zeile:

Vgl. hierzu **§ 13, § 14 Abs. 1 Nr. 1, 2, §§ 15—18 der VO. zur einheitlichen Regelung der Gerichtsverfassung v. 20. März 1935** (RGBl. I 403) betr. die **Dienstaufsicht** und die **Justizverwaltung** beim Reichsgericht (abgedruckt bei den Zusätzen zu § 22 GVG.).

§ 125.

S. 1336 nach Zeile 10:

Die Vorschrift des Abs. 1 ist durch die Änderung der staatsrechtlichen Verhältnisse (vgl. Ges. betr. die Aufhebung des Reichsrats v. 14. Febr. 1934 RGBl. I 80 und Ges. über das Staatsoberhaupt des Deutschen Reiches v. 1. Aug. 1934 RGBl. I 747) überholt. Zuständig ist jetzt der Führer und Reichskanzler, der an die Stelle des Reichspräsidenten getreten ist (vgl. auch den Erlaß v. 1. Febr. 1935 RGBl. I 74 und die Anordnung d. RJM. v. 20. März 1935 RGBl. I 391, die aber für die Reichsgerichtsmitglieder nicht gelten, da für sie der § 125 als Sondergesetz bestehen bleibt). Vgl. den Zusatz zu § 149.

S. 1336 zu Zeilen 12—18: Die Streitfrage ist durch § 16 Abs. 1 der VO. v. 20. März 1935 (RGBl. I 403) entschieden.

§ 130.

S. 1338 zu Zeilen 2—5: Der mit den Worten „Die Fälle" beginnende und der folgende Satz werden wie folgt ersetzt:

Die Fälle, in denen die Großen Senate oder die vereinigten Großen Senate (§ 131a GVG.) entscheiden, sind in den §§ 136, 137 bestimmt. Für die Erledigung gewisser innerer Angelegenheiten des Gerichtshofs ist das Plenum zuständig (§§ 126, 127, 129, 140).

S. 1338 zu Zeilen 7—10: In der Note 2 ist in Satz 1 der in Klammer stehende Satzteil sowie der Satz 2 zu streichen.

S. 1338 zu Zeilen 13—19: Die Note 5 ist für das Reichsgericht gegenstandslos geworden. Wegen des Volksgerichtshofs vgl. die Zusätze zu § 134.

§ 131.

S. 1338 zu Zeile 33:

Der Vizepräsident ist daher nur in Angelegenheiten der Justizverwaltung ständiger Vertreter des Präsidenten (vgl. § 13 der VO. v. 20. März 1935 RGBl. I 403). Vgl. aber jetzt den neu eingefügten § 131a, der dem Vizepräsidenten als solchem auch Aufgaben der Rechtsprechung zuweist.

§ 131 a.

S. 1338 nach Zeile 33:

Artikel 3 des Ges. zur Änderung von Vorschriften des Strafverfahrens und des Gerichtsverfassungsgesetzes v. 28. Juni 1935 (RGBl. I 844):

Bildung von Großen Senaten beim Reichsgericht.

1. Das Gerichtsverfassungsgesetz wird wie folgt geändert:

a) Als § 131a wird folgende Vorschrift eingefügt:

§ 131 a. Beim Reichsgericht werden ein Großer Senat für Zivilsachen und ein Großer Senat für Strafsachen gebildet.

Jeder Große Senat besteht aus dem Präsidenten, dem Vizepräsidenten und sieben Mitgliedern.

Die Mitglieder, ihre Vertreter und der Vertreter des Vizepräsidenten werden von dem Reichsminister der Justiz aus der Reihe der Senatspräsidenten und der Räte jeweils für die Dauer von zwei Geschäftsjahren bestellt.

Die vereinigten Großen Senate bestehen aus dem Präsidenten, dem Vizepräsidenten und sämtlichen Mitgliedern der Großen Senate.

Den Vorsitz in den Großen Senaten und den vereinigten Großen Senaten führt der Präsident des Reichsgerichts. Ihn vertritt bei seiner Verhinderung der Vizepräsident, und falls auch dieser verhindert ist, sein Vertreter.

In den Fällen des § 136 können die Präsidenten der beteiligten Senate, in den Fällen des § 137 der Präsident des erkennenden Senats, oder ein von ihnen bestimmtes Mitglied ihres Senats an den Sitzungen des Großen Senats oder der vereinigten Großen Senate mit den Befugnissen eines Mitglieds teilnehmen.

Bei Stimmengleichheit gibt die Stimme des Vorsitzenden den Ausschlag.

Die **Erläuterung** zu dem § 131 a vgl. weiter hinten bei den Zusätzen zu den §§ 136—138 GVG.

§ 132.

S. 1338 zu Zeilen 34—47:

Daß der Gesetzgeber den § 132 durch Art. VI § 10 Abs. 2 der VO. zur einheitlichen Regelung der Gerichtsverfassung v. 20. März 1935 (RGBl. I 403) hat ersetzen wollen, ist nicht anzunehmen (ebenso die Textausgaben der StPO. von Lehmann und Doerner).

§ 134.

S. 1339—1347:

I. Der § 134 ist **zwar nicht förmlich aufgehoben aber gegenstandslos geworden** durch das **Ges. zur Änderung von Vorschriften des Strafrechts und des Strafverfahrens v. 24. April 1934** (RGBl. I 341), das seinerseits in einigen Beziehungen wieder durch das Ges. v. 28. Juni 1935 (RGBl. I 844) geändert worden ist (Art. 9 Nr. 4).

Das Gesetz v. 24. April 1934 hat auf dem Gebiete des sachlichen Strafrechts die Bestimmungen über Hochverrat und Landesverrat (einschließlich des Verrats militärischer Geheimnisse) von Grund auf neu gestaltet.

Auf dem Gebiete des Verfahrensrechts hat es die Rechtsprechung in Hoch- und Landesverratssachen, die bisher im wesentlichen in der Hand des Reichsgerichts lag, einem neugeschaffenen Gerichtshof, dem **Volksgerichtshof**, zugewiesen, mit der Möglichkeit, in gewissem Umfange gemäß § 120 (vgl. dort) auch fernerhin die Zuständigkeit der Oberlandesgerichte zu begründen. Anklagebehörde ist der Oberreichsanwalt geblieben. Das Verfahren ist (unter Übernahme der bereits in den VO.en v. 28. Febr. und 18. März 1933 RGBl. I 85, 131 enthaltenen Rechtsgedanken) in verschiedenen Richtungen von dem sonstigen Verfahren abweichend gestaltet worden. Die beiden vorgenannten Verordnungen sind aufgehoben worden.

A. Das Ges. v. 24. April 1934 (i. d. F. des Art. 9 Nr. 4 des Ges. v. 28. Juni 1935) hat in den hier interessierenden Teilen folgenden Wortlaut:

Artikel III
Volksgerichtshof

§ 1

(1) Zur Aburteilung von Hochverrats- und Landesverratssachen wird der Volksgerichtshof gebildet.

(2) Der Volksgerichtshof entscheidet in der Hauptverhandlung in der Besetzung von fünf Mitgliedern, außerhalb der Hauptverhandlung in der Besetzung von drei Mitgliedern, einschließlich des Vorsitzenden. Der Vorsitzende und ein weiteres Mitglied müssen die Befähigung zum Richteramt haben. Es können mehrere Senate gebildet werden.

(3) Anklagebehörde ist der Oberreichsanwalt.

§ 2

Die Mitglieder des Volksgerichtshofs und ihre Stellvertreter ernennt der Reichskanzler auf Vorschlag des Reichsministers der Justiz für die Dauer von fünf Jahren.

§ 3

(1) Der Volksgerichtshof ist zuständig für die Untersuchung und Entscheidung in erster und letzter Instanz in den Fällen des Hochverrats nach §§ 80 bis 84, des Landesverrats nach §§ 89 bis 92, des Angriffs gegen den *[Reichspräsidenten]* nach § 94 Abs. 1 des Strafgesetzbuchs und der Verbrechen nach § 5 Abs. 2 Nr. 1 der Verordnung des Reichspräsidenten zum Schutze von Volk und Staat vom 28. Febr. 1933 (RGBl. I 83). In diesen Sachen trifft der Volksgerichtshof auch die im § 73 Abs. 1 des Gerichtsverfassungsgesetzes bezeichneten Entscheidungen.

(2) Der Volksgerichtshof ist auch dann zuständig, wenn ein zu seiner Zuständigkeit gehörendes Verbrechen oder Vergehen zugleich den Tatbestand einer anderen strafbaren Handlung erfüllt.

(3) Steht mit einem Verbrechen oder Vergehen, das zur Zuständigkeit des Volksgerichtshofs gehört, eine andere strafbare Handlung in tatsächlichem Zusammenhang, so kann das Verfahren wegen der anderen strafbaren Handlung gegen Täter und Teilnehmer im Wege der Verbindung bei dem Volksgerichtshof anhängig gemacht werden.

§ 4

(1) Der Oberreichsanwalt kann in Strafsachen wegen der in den §§ 82 und 83 des Strafgesetzbuchs bezeichneten Verbrechen der Vorbereitung zum Hochverrat und wegen der in den §§ 90b bis 90e des Strafgesetzbuchs be-

zeichneten landesverräterischen Vergehen die Strafverfolgung an die Staatsanwaltschaft bei dem Oberlandesgericht abgeben. Der Oberreichsanwalt kann die Abgabe bis zur Eröffnung der Untersuchung zurücknehmen.

(2) Der Volksgerichtshof kann in den im Abs. 1 bezeichneten Sachen die Verhandlung und Entscheidung dem Oberlandesgericht überweisen, wenn der Oberreichsanwalt es bei der Einreichung der Anklageschrift beantragt.

(3) § 120 des Gerichtsverfassungsgesetzes findet entsprechende Anwendung.

§ 5

(1) Auf das Verfahren finden, soweit nicht etwas anderes bestimmt ist, die Vorschriften des Gerichtsverfassungsgesetzes und der Strafprozeßordnung über das Verfahren vor dem Reichsgericht in erster Instanz Anwendung.

(2) Gegen die Entscheidungen des Volksgerichtshofs ist kein Rechtsmittel zulässig.

Artikel IV

In den Strafsachen wegen der im Artikel III § 3 Abs. 1 bezeichneten strafbaren Handlungen gelten die folgenden besonderen Vorschriften:

§ 1

(1) Die im vorbereitenden Verfahren dem Amtsrichter obliegenden Geschäfte können, solange die Zuständigkeit des Volksgerichtshofs begründet ist, auch durch einen oder mehrere besondere Ermittlungsrichter des Volksgerichstshofes vorgenommen werden. Die Bestellung sowie die Verteilung der Geschäfte unter mehrere Ermittlungsrichter erfolgt durch den Reichsminister der Justiz auf die Dauer eines Geschäftsjahres. Zum Ermittlungsrichter kann jedes Mitglied eines deutschen Gerichts und jeder Amtsrichter bestellt werden.

(2) Über die Beschwerde gegen eine Verfügung des Ermittlungsrichters entscheidet der Volksgerichtshof.

§ 2

Ist eine Druckschrift nach § 23 des Gesetzes über die Presse vom 7. Mai 1874 (RGBl. 65) oder nach § 8 der Verordnung zum Schutze des Deutschen Volkes vom 4. Febr. 1933 (RGBl. I 35) beschlagnahmt worden, weil der Inhalt der Schrift den Tatbestand einer zur Zuständigkeit des Volksgerichtshofs gehörenden strafbaren Handlung begründet, so gelten, wenn ein Ermittlungsrichter des Volksgerichtshofs bestellt ist, folgende Vorschriften:

1. Über die Bestätigung oder Aufhebung der vorläufigen Beschlagnahme hat an Stelle des Amtsrichters der Ermittlungsrichter des Volksgerichtshofs zu entscheiden.
2. Die Entscheidung muß unverzüglich herbeigeführt werden. Die Behörde, die eine Beschlagnahme ohne Anordnung des Oberreichsanwalts verfügt hat, muß die Absendung der Verhandlung an den Oberreichsanwalt spätestens binnen zwölf Stunden bewirken. Der Oberreichsanwalt hat den Antrag auf gerichtliche Bestätigung, wenn er die Beschlagnahme selbst angeordnet hat, binnen vierundzwanzig Stunden nach der Anordnung der Beschlagnahme, andernfalls binnen vierund-

zwanzig Stunden nach dem Empfang der Verhandlungen an den Ermittlungsrichter abzusenden, sofern er nicht die Wiederaufhebung der Beschlagnahme mittels einer sofort vollstreckbaren Verfügung anordnet. Der Ermittlungsrichter hat die Entscheidung binnen vierundzwanzig Stunden nach Empfang des Antrags zu erlassen.

3. An die Stelle der im § 24 Abs. 4 des Gesetzes über die Presse bestimmten Frist tritt eine Frist von sieben Tagen.
4. Gegen den Beschluß des Ermittlungsrichters, der die vorläufige Beschlagnahme aufhebt, steht dem Oberreichsanwalt die sofortige Beschwerde zu. Die Beschwerde hat aufschiebende Wirkung.
5. Die Vorschrift des § 26 des Gesetzes über die Presse findet keine Anwendung.

§ 3

Die Wahl des Verteidigers bedarf der Genehmigung durch den Vorsitzenden des Gerichts. Die Genehmigung kann zurückgezogen werden; wird sie in der Hauptverhandlung zurückgezogen, so ist § 145 der Strafprozeßordnung entsprechend anzuwenden.

§ 4

(Aufgehoben durch Art. 9 Nr. 4 des Ges. v. 28. Juni 1935 RGBl. I 844.)

§ 5

(Abs. 2 Satz 3 in der Fassung des Ges. v. 28. Juni 1935 RGBl. I 844 Art. 9 Nr. 4.)

(1) Es bedarf keines Beschlusses über die Eröffnung des Hauptverfahrens. An die Stelle des Antrags der Staatsanwaltschaft auf Eröffnung des Hauptverfahrens tritt der Antrag auf Anordnung der Hauptverhandlung.

(2) Nach Ablauf der gemäß § 201 der Strafprozeßordnung bestimmten Frist ordnet der Vorsitzende, wenn er die gesetzlichen Voraussetzungen für gegeben erachtet, die Hauptverhandlung an. Er beschließt zugleich über die Anordnung oder Fortdauer der Untersuchungshaft. Trägt der Vorsitzende Bedenken gegen die Anordnung der Hauptverhandlung, so ist eine Entscheidung des Gerichts herbeizuführen.

(3) Einer Entscheidung des Gerichts bedarf es, wenn der Oberreichsanwalt die Überweisung an das Oberlandesgericht beantragt. Der Volksgerichtshof ordnet in diesem Falle zugleich mit der Überweisung die Hauptverhandlung vor dem Oberlandesgericht an.

(4) Die in der Strafprozeßordnung an die Eröffnung des Hauptverfahrens geknüpften Wirkungen treten mit der Einreichung der Anklageschrift ein. Die Wirkungen, die nach der Strafprozeßordnung an die Verlesung des Eröffnungsbeschlusses geknüpft sind, treten mit dem Beginn der Vernehmung des Angeklagten zur Sache ein.

(5) Für die Eröffnung des Hauptverfahrens vor einem Gericht niederer Ordnung behält es bei den Vorschriften der Strafprozeßordnung über den Eröffnungsbeschluß sein Bewenden.

§ 6

Die Vorschriften des zweiten Abschnittes des Jugendgerichtsgesetzes finden keine Anwendung.

Artikel V—VII . . . .

Artikel VIII

Mit dem Inkrafttreten dieses Gesetzes treten folgende Vorschriften außer Kraft:

1. . . . . .
2. . . . . .
3. . . . . .
4. die Verordnung des Reichspräsidenten gegen Verrat am deutschen Volke und hochverräterische Umtriebe vom 28. Febr. 1933 (RGBl. I 85),
5. die Verordnung des Reichspräsidenten zur Beschleunigung des Verfahrens in Hochverrats- und Landesverratssachen vom 18. März 1933 (RGBl. I 131).

Artikel IX

Soweit in Gesetzen oder anderen Bestimmungen auf Vorschriften verwiesen wird, die durch dieses Gesetz außer Kraft gesetzt sind, treten an deren Stelle die entsprechenden Vorschriften dieses Gesetzes.

Soweit Gesetze oder andere Bestimmungen das Reichsgericht in seiner Eigenschaft als Gericht erster Instanz (§ 134 des Gerichtsverfassungsgesetzes) betreffen, tritt an seine Stelle der Volksgerichtshof.

Artikel X

Der Reichsminister der Justiz erläßt die zur Durchführung und Ergänzung dieses Gesetzes erforderlichen Rechts- und Verwaltungsvorschriften. Er kann das Verfahren vor dem Volksgerichtshof abweichend von den Vorschriften dieses Gesetzes regeln.

Artikel XI

Das Gesetz tritt mit dem zweiten Tag nach der Verkündung in Kraft.

Artikel XII

Der Reichsminister der Justiz bestimmt den Zeitpunkt, zu dem der Volksgerichtshof zusammentritt. Bis zu diesem Zeitpunkt übt das Reichsgericht die Befugnisse des Volksgerichtshofs aus.

Mit dem Zusammentritt des Volksgerichtshofs gehen auf ihn die bei dem Reichsgericht anhängigen Sachen in der Lage über, in der sie sich befinden; eine begonnene Hauptverhandlung ist vor dem Reichsgericht zu Ende zu führen.

Über einen Antrag auf Wiederaufnahme eines durch Urteil des Reichsgerichts in erster Instanz geschlossenen Verfahrens entscheidet der Volksgerichtshof.

Artikel XIII

Verbüßt jemand nach dem Inkrafttreten dieses Gesetzes auf Grund eines vor diesem Zeitpunkt ergangenen Urteils eine Freiheitsstrafe und wäre die Anordnung der Sicherungsverwahrung zulässig gewesen, wenn die Vorschrift des § 93 des Strafgesetzbuchs in der Fassung des Artikels I dieses Gesetzes schon bei der Aburteilung gegolten hätte, so kann das Gericht auf Antrag der Staatsanwaltschaft die Sicherungsverwahrung nachträglich anordnen, wenn die öffentliche Sicherheit es erfordert.

Zuständig für die Entscheidung ist das Gericht, das auf die Strafe erkannt hat; an die Stelle des Reichsgerichts tritt der Volksgerichtshof.

Die Staatsanwaltschaft kann die nachträgliche Anordnung der Sicherungsverwahrung beantragen, solange die Strafe nicht verbüßt, bedingt ausgesetzt, verjährt oder erlassen ist.

Auf das Verfahren findet § 429b Abs. 1, 2 der Strafprozeßordnung entsprechende Anwendung.

B. Verordnung über den Volksgerichtshof. Vom 12. Juni 1934 (RGBl. I 492):

Auf Grund der Artikel X und XII des Gesetzes zur Änderung von Vorschriften des Strafrechts und des Strafverfahrens vom 24. April 1934 (RGBl. I 341) wird verordnet:

§ 1

Der Volksgerichtshof erhält seinen Sitz in Berlin; er tritt am 2. Juli 1934 zusammen.

§ 2

Der Reichsminister der Justiz bestimmt die Vorsitzenden der Senate und einen von ihnen zum Präsidenten des Volksgerichtshofs.

§ 3

(1) Die Mitglieder des Volksgerichtshofs und ihre Stellvertreter haben vor ihrer ersten Dienstleistung einen Richtereid dahin zu leisten, daß sie die Pflichten eines Richters des Volksgerichtshofs getreulich erfüllen und ihre Stimme nach bestem Wissen und Gewissen abgeben werden.

(2) Die Tatsache der Eidesleistung ist schriftlich festzustellen.

§ 4

Die §§ 136 und 138 des Gerichtsverfassungsgesetzes finden auf das Verfahren vor dem Volksgerichtshof keine Anwendung.

§ 5

Ist in einer beim Zusammentritt des Volksgerichtshofs anhängigen Sache ein Untersuchungsrichter des Reichsgerichts bestellt, so führt er in dieser Sache sein Amt als Untersuchungsrichter des Volksgerichtshofs weiter.

§ 6

Der Geschäftsgang des Volksgerichtshofs wird von dem Präsidenten des Volksgerichtshofs durch eine Geschäftsordnung geregelt. Die Geschäftsordnung ist dem Reichsminister der Justiz zur Genehmigung vorzulegen.

C. Zweite Verordnung über den Volksgerichtshof. Vom 29. Juni 1934 (RGBl. I 617):

Auf Grund der Artikel X und XII des Gesetzes zur Änderung von Vorschriften des Strafrechts und des Strafverfahrens vom 24. April 1934 (RGBl. I 341) wird verordnet:

„Die Bedeutung der vor dem Volksgerichtshof und den Oberlandesgerichten in erster Instanz zu verhandelnden Strafsachen für das Wohl des Reichs rechtfertigt es, für die Zulassung des Wahlverteidigers außer den allgemeinen Voraussetzungen der Strafprozeßordnung eine Genehmigung durch den Vorsitzenden des Gerichts vorzuschreiben. An den Grundsätzen des Prozeßrechts über die unabhängige und ungehinderte Tätigkeit des Verteidigers wird durch diese Formvorschrift nichts geändert. Die Verteidigung wird auch nicht auf eine Auswahl listenmäßig zugelassener Anwälte beschränkt. Der Kreis der Personen, aus dem der Beschuldigte den Verteidiger wählen kann, soll weit bleiben. Entschließt sich der Vorsitzende, aus Zweckmäßigkeitsgründen die Erteilung der Genehmigung im voraus für eine größere Zahl von Rechtsanwälten in Aussicht zu stellen, so wird der Beschuldigte dadurch nicht gehindert, einen anderen Verteidiger seines Vertrauens zu wählen und für ihn die Genehmigung nachzusuchen."

III. Noten zu § 134 GVG. im Kommentar.

Die **Note 3** ist mit Ausnahme der Abschnitte d, f und h gegenstandslos geworden.

Zu Note 4. Das in dieser Note Gesagte gilt für den Volksgerichtshof nur mit gewissen Einschränkungen. Der Volksgerichtshof ist ein reichsrechtlich bestelltes Sondergericht. Anders als sonst im Verhältnis zwischen den ordentlichen und den Sondergerichten ist aber gegenseitige Verweisung nach den Vorschriften der §§ 209, 270 StPO. zulässig (RGSt. **69** 155).

Die **Note 5** ist gegenstandslos geworden (vgl. die Ausführungen zu II).

Die **Note 6** Abs. 1a ist gegenstandslos geworden; für den Volksgerichtshof gelten hinsichtlich der Besetzung und der Geschäftsverteilung eigene Vorschriften. Zu b, c und d enthält das Ges. v. 24. April 1934 gleichfalls eigene (inhaltlich unveränderte) Vorschriften. Die Abs. 2, 3 sind gegenstandslos geworden.

Die **Note 7** ist auch für das Verhältnis zwischen den ordentlichen Gerichten und dem Volksgerichtshof ohne weiteres zutreffend.

Note 8 ist im wesentlichen auch für den Volksgerichtshof noch zutreffend. — Zu a Abs. 2 ist auf den vorletzten Absatz der vorstehenden Ausführungen zu II zu verweisen. — Zu b Abs. 2 Zeile 14 ist das zu Note 6 Gesagte zu beachten. — Zu c vgl. Art. III § 5 Abs. 2 des Ges. v. 24. April 1934. — Zu d ist die dort angeführte AV. d. pr. JM. gegenstandslos geworden. — Abschn. e ist durch die Überleitung der gesamten Rechtspflege auf das Reich zum Teil überholt. — Zu f vgl. die Zusätze zu den Vorbem. 9—10 zum 2. Titel. — Zu g vgl. noch Art. XII Abs. 3 des Ges. v. 24. April 1934.

Note 9. Abs. 1 ist für den Volksgerichtshof mit der Maßgabe anwendbar, daß Grundlage nicht mehr § 134 Abs. 1 Satz 2 und die VO. v. 28. Febr. 1933 sondern Art. III § 3 Abs. 1, Art. IV §§ 1, 2 bilden. Die Bemerkung in Abs. 2 trifft gleichfalls noch zu; nur liegt der Grund der Unwirksamkeit nicht mehr in einem unzulässigen „Eingriff in die Gerichtsbarkeit des Reichs", sondern in dem unzulässigen Übergreifen in die sachliche Zuständigkeit des Volksgerichtshofs.

Zu **Note 10. Abgabe an die Staatsanwaltschaft des Oberlandesgerichts. Überweisung an das Oberlandesgericht.**

Die Möglichkeit der Abgabe oder Überweisung hat ihre Grundlage jetzt ausschließlich in Art. III § 4 Abs. 1, 2 des Ges. v. 24. April 1934 (vgl. auch § 2 MStGO. i. d. F. d. Ges. v. 23. Nov. 1934 und v. 9. Oktober 1935). Sie ist gegenüber dem früheren Zustand stark eingeschränkt worden. Insbesondere kommt sie für das Unternehmen des Hochverrats und für die Verbrechen des Landesverrats nicht mehr in Betracht. In den Fällen, in denen die Zuständigkeit des Oberlandesgerichts gemäß § 120 GVG. bereits vor dem Inkrafttreten des Ges. begründet war, ist sie bestehen geblieben (das folgt als arg. e. c. insbesondere aus Art. XII Abs. 2 des Ges. v. 24. April 1934). (Vgl. AV. d. RJM. v. 14. Mai 1934 Deutsche Justiz 630.) Soweit zur Zeit des Inkrafttretens des Ges. das Verfahren zwar an die Staatsanwaltschaft beim Oberlandesgericht abgegeben, aber noch keine Anklage erhoben worden war, konnte dagegen die Zuständigkeit der Oberlandesgerichte nicht mehr über den sachlichen Rahmen der neuen Vorschriften hinaus begründet werden; vielmehr mußte die Sache an den Oberreichsanwalt zurückgegeben und von diesem weiter bearbeitet werden.

Von der **Note 10** ist der Abschnitt a gegenstandslos geworden; dagegen haben die Abschnitte b, d ihre Bedeutung behalten, mit der Maßgabe, daß an die Stelle des Bayer. Obersten Landesgerichts das OLG. München getreten ist (VO. v. 19. März 1935 RGBl. I 383) und daß in Abschn. c statt „Landesstaatsanwaltschaft" zu sagen ist „Staatsanwaltschaft bei dem Oberlandesgericht".

§ 135.

S. **1347** nach Zeile 5 von unten:

Vgl. jetzt auch den **§ 347a StPO.**, eingefügt durch **Art. I Nr. 1c des Ges. v. 28. Juni 1935** (RGBl. I 844). Vgl. Text und Erläuterungen dazu in den Zusätzen zu S. 951.

S. **1348** zu Zeilen 3—9: Der Abs. ist zu streichen.

§§ 136—138.

S. **1348—1351:**

I. Die §§ 136—138 sind neu gefaßt worden durch **Artikel 3 Nr. 1b—d des Ges. zur Änderung von Vorschriften des Strafverfahrens und des Gerichtsverfassungsgesetzes v. 28. Juni 1935** (RGBl. I 844). Sie haben danach folgenden Wortlaut:

§ 136. Will in einer Rechtsfrage ein Zivilsenat von der Entscheidung eines anderen Zivilsenats oder des Großen Senats für Zivilsachen oder ein Strafsenat von der Entscheidung eines anderen Strafsenats oder des Großen Senats für Strafsachen abweichen, so entscheidet im ersten Falle der Große Senat für Zivilsachen, im zweiten Falle der Große Senat für Strafsachen.

Die vereinigten Großen Senate entscheiden, wenn ein Zivilsenat von der Entscheidung eines Strafsenats oder des Großen Senats für Strafsachen oder ein Strafsenat von der Entscheidung eines Zivilsenats oder des Großen Senats für Zivilsachen oder ein Senat von der früher eingeholten Entscheidung der vereinigten Großen Senate abweichen will.

§ 137. Der erkennende Senat kann in einer Rechtsfrage von grundsätzlicher Bedeutung die Entscheidung des Großen Senats herbeiführen, wenn nach seiner Auffassung Fortbildung des Rechts oder Sicherung einer einheitlichen Rechtsprechung es erfordern.

Hält in einer Strafsache der Oberreichsanwalt aus diesen Gründen die Entscheidung durch den Großen Senat für erforderlich, so hat auf seinen Antrag der erkennende Senat die Verweisung auszusprechen.

§ 138. Die Großen Senate und die vereinigten Großen Senate entscheiden ohne vorherige mündliche Verhandlung nur über die Rechtsfrage.

Vor der Entscheidung des Großen Senats für Strafsachen oder der vereinigten Großen Senate sowie in Ehe- und Entmündigungssachen und in Rechtsstreitigkeiten, welche die Feststellung des Rechtsverhältnisses zwischen Eltern und Kindern oder die Anfechtung einer Todeserklärung zum Gegenstande haben, ist der Oberreichsanwalt zu hören. Der Oberreichsanwalt kann auch in der Sitzung seine Auffassung darlegen.

Die Entscheidung ist in der vorliegenden Sache für den erkennenden Senat bindend.

Erfordert die Entscheidung der Sache eine erneute mündliche Verhandlung vor dem erkennenden Senat, so sind die Beteiligten unter Mitteilung der ergangenen Entscheidung der Rechtsfrage zu der Verhandlung zu laden.

II. Vgl. hierzu ferner folgende Bestimmungen des **Ges. zur Änderung von Vorschriften des Strafverfahrens und des Gerichtsverfassungsgesetzes v. 28. Juni 1935** (RGBl. I 844):

Artikel 2

Befreiung des Reichsgerichts von Bindungen an alte Urteile

Das Reichsgericht als höchster deutscher Gerichtshof ist berufen, darauf hinzuwirken, daß bei der Auslegung des Gesetzes dem durch die Staatserneuerung eingetretenen Wandel der Lebens- und Rechtsanschauung Rechnung getragen wird. Damit es diese Aufgabe ungehindert durch die Rücksichtnahme auf die aus einer anderen Lebens- und Rechtsanschauung erwachsene Rechtsprechung der Vergangenheit erfüllen kann, wird folgendes bestimmt:

Bei der Entscheidung über eine Rechtsfrage kann das Reichsgericht von einer Entscheidung abweichen, die vor dem Inkrafttreten dieses Gesetzes ergangen ist.

Artikel 3

Bildung von Großen Senaten beim Reichsgericht

1. . . . . . (s. die Neufassung der §§ 131a, 136—138 GVG.)

2. § 45 des Arbeitsgerichtsgesetzes in der Fassung der Bekanntmachung vom 10. April 1934 wird gestrichen.

Artikel 9

Übergangs- und Schlußvorschriften

1. 2. . . . . .

3. Die Mitglieder des Großen Senats und ihre Vertreter werden erstmals in der Weise bestellt, daß drei am 31. Dez. 1936 und die übrigen am 31. Dez. 1937 ausscheiden.

4—6 . . . . .

7. Dieses Gesetz tritt am 1. Sept. 1935 in Kraft.

III. Vgl. hierzu auch den **neu eingefügten § 131a** (bei den Zusätzen zu S. 1338).

IV. Die **Amtliche Begründung** zu den Vorschriften zu I—III (Amtl. Sonderveröffentlichungen der Deutschen Justiz Nr. 10) hat folgenden Wortlaut:

„Befreiung des Reichsgerichts von Bindungen an alte Urteile, Bildung von Großen Senaten beim Reichsgericht.

Der durch den Staatsumbruch eingetretene Wechsel der Lebens- und Rechtsanschauungen weist dem Reichsgericht als dem höchsten deutschen Gerichtshof die Aufgabe zu, die Rechtsansichten, die er in den unter ganz anderen weltanschaulichen, politischen und wirtschaftlichen Voraussetzungen ergangenen Entscheidungen in früherer Zeit geäußert hat, nachzuprüfen und mit den in der Gegenwart wirkenden Anschauungen in Einklang zu bringen. Dieser Aufgabe, die an Wichtigkeit noch dadurch gewinnt, daß die Rechtsprechung des Reichsgerichts den Instanzgerichten den Weg zur eigenen Umbildung und Fortentwicklung des Rechtes weisen soll, ist damit allein nicht gedient, daß die Mitglieder des Reichsgerichts in innerer Verbundenheit mit den Zielen der neuen Staatsführung bereit sind, nach ihren Kräften zur Erneuerung des Rechtes beizutragen. Nach § 137 GVG. a. F. sind die Senate gehalten, die Entscheidung der vereinigten Senate oder die Entscheidung des Plenums einzuholen, wenn sie in einer Rechtsfrage von der Entscheidung eines anderen Senats abweichen wollen. Wie die Erfahrung gezeigt hat, birgt diese Vorschrift, die vornehmlich im Interesse der Einheitlichkeit der Rechtsprechung erlassen war, die Gefahr in sich, daß aus Scheu vor der Anrufung der vereinigten Senate oder des Plenums an Entscheidungen festgehalten wird, deren grundlegende Ausführungen bei den veränderten Verhältnissen nicht mehr vertretbar sind. Aus ähnlichen Gründen ist im Schrifttum verschiedentlich, auch aus den Reihen der Mitglieder des Reichsgerichts, angeführt worden, daß mit dem Inkrafttreten eines neuen Strafgesetzbuchs eine gesetzliche Bestimmung erforderlich sei, die das Reichsgericht von den Bindungen an frühere Urteile befreie. Diese Anregung macht sich die Vorlage zu eigen in der Erwägung, daß die Neuerungen, die auf fast allen Gebieten des Rechtslebens seit dem Staatsumschwung getreten sind und sich fortlaufend weiter vollziehen, es schon jetzt angezeigt erscheinen lassen, dem Reichsgericht die unbeschränkte Möglichkeit zu bieten, die von ihm zu entscheidenden Rechtsfragen unter dem Gesichtspunkte geläuterter Erkenntnis frei von bestehenden Bindungen nachzuprüfen. Deshalb wird im Art. 2 bestimmt, daß das Reichsgericht bei der Entscheidung einer Rechtsfrage von einer Entscheidung abweichen kann, die vor dem Inkrafttreten des vorliegenden Gesetzes ergangen ist. Daß mit dieser auf die Vergangenheit ausgerichteten vorübergehenden Freierstellung des Reichsgerichts ein erhebliches Anwachsen der Revisionen und damit eine dem Ansehen der Rechtspflege schädliche Belastung des Reichsgerichts eintreten werde, ist nicht zu befürchten. Es entspräche jedenfalls nicht dem erstrebten Ziele, wenn von unteren Gerichten oder den am Verfahren Beteiligten ohne berechtigten Anlaß der Versuch unternommen würde, eine Rechtsfrage, die innerlich unverändert fortbesteht, unter dem Vorwande, sie sei dem Wechsel unterworfen, von neuem aufzurollen. Die Vorschrift gestattet auch lediglich das Abweichen von einer in früherer Zeit ergangenen Entscheidung; sie bricht aber nicht mit dem auf den Prozeßgesetzen beruhenden Grundsatz, daß in derselben Sache der entscheidende Senat an die im ersten Revisionsurteil vertretene Rechtsansicht gebunden ist, wenn die Sache abermals an das Revisionsgericht gelangt.

Wie schon bemerkt, hat die Regelung des geltenden § 136 GVG. sich nicht bewährt. Das ist nicht nur auf die Schwerfälligkeit des Verfahrens zurückzuführen, sondern vor allem auf die Größe der Zahl der Mitglieder, die an der Entscheidung mitzuwirken haben. In einem derart umfangreichen Gerichtskörper, wie dem der gegenwärtigen vereinigten Senate oder des Plenums, ist die Beratung außerordentlich erschwert. Hinzu kommt die empfindliche Störung des regelmäßigen Geschäftsganges, die eine häufigere Inanspruchnahme so zahlreicher Mitglieder des Reichsgerichts verursacht. Für die Zukunft war daher eine Regelung zu treffen, die einerseits an der grundsätzlichen Bindung der Senate festhält, andererseits aber für den Fall, daß ein Abweichen erforderlich ist, eine schnelle und sichere Entscheidung der strittigen Rechtsfrage gewährleistet. Diesen Voraussetzungen entspricht nur ein Senat, der in der Zahl seiner Mitglieder stark eingeschränkt ist. Auch von den vereinigten Großen Senaten, die nur in Ausnahmefällen zusammentreten werden, kann erwartet werden, daß die Zahl ihrer Mitglieder die Sicherheit und Einheitlichkeit der Rechtsprechung nicht stören wird.

Bei der Bedeutung, die dem Großen Senat im Gegensatz zu den bisherigen vereinigten Senaten zukommt, und die bei einem Teil seiner Tätigkeit sich eng mit den Aufgaben des Gesetzgebers berührt, erschien es angebracht, den Präsidenten und den Vizepräsidenten des Reichsgerichts an den Entscheidungen ständig teilnehmen zu lassen. Sie führen den ordentlichen oder stellvertretenden Vorsitz. Hiergegen war bei dem bereits berührten Zusammenhang zwischen den Aufgaben des Senats und den Aufgaben der Gesetzgebung die Bestellung der Mitglieder (7), ihrer Vertreter und des Vertreters des Vizepräsidenten dem Reichsminister der Justiz vorzubehalten. Seinem

Ermessen bleibt es dabei überlassen, inwieweit er Senatspräsidenten und Räte zu Mitgliedern berufen will. Die Amtszeit der Mitglieder beträgt zwei Jahre und ist, wie aus der Übergangsvorschrift (Art. 9 Nr. 3) sich ergibt, so geregelt, daß umschichtig drei bzw. vier der Mitglieder ausscheiden. Ferner erschien es zweckmäßig, den beteiligten Senaten, deren Mitglieder in der Regel mit der strittigen Rechtsfrage besonders vertraut sein werden, einen unmittelbaren Einfluß auf die zu treffende Entscheidung einzuräumen. Deshalb ist vorgesehen, daß die Präsidenten der beteiligten Senate oder je ein von ihnen bestimmtes Mitglied an den Entscheidungen des Großen Senats als vollberechtigte Mitglieder (Mitglieder mit Stimmrecht) teilnehmen können. Entsprechendes gilt für den Fall, daß gemäß § 137 in einer Rechtsfrage von grundsätzlicher Bedeutung die Entscheidung des großen Senats herbeigeführt wird. Die Notwendigkeit der Streichung des § 45 des Arbeitsgerichtsgesetzes (Art. 3 Nr. 2) ergibt sich aus der Änderung der Zusammensetzung des Großen Senats.

Die Fälle, in denen die Anrufung der Großen Senate oder der vereinigten Großen Senate erforderlich ist, entsprechen dem geltenden Recht. Darüber hinaus aber gibt Art. 3 (§ 137) die Möglichkeit, eine Rechtsfrage von grundsätzlicher Bedeutung alsbald dem Großen Senat zu unterbreiten, dann nämlich, wenn die Fortbildung des Rechts, z. B. eine entsprechende Gesetzesanwendung oder die Sicherung einer einheitlichen Rechtsprechung es erfordert. Bei dem Ansehen, das das Reichsgericht genießt, wird auf diese Weise der gesunden Fortbildung des im Volke wurzelnden Rechts am ehesten gedient und zugleich vermieden, daß ein ungeklärter Zweifel über eine grundsätzliche Rechtsfrage längere Zeit das Rechtsleben beeinflußt. Zwar ist nicht zu verkennen, daß es unter Umständen erwünscht sein mag, das Reichsgericht erst dann zur Entscheidung auf den Plan zu rufen, nachdem eine zweifelhafte Rechtsfrage in der Rechtsprechung der unteren Gerichte und in der Rechtslehre eingehend erörtert worden ist. Diesem Bedürfnis genügt die Vorschrift in der Weise, daß sie die Anrufung des Großen Senats in das Ermessen des erkennenden Senats stellt. Die Auffassung des erkennenden Senats darüber, ob die Voraussetzungen für die Anrufung des Großen Sentas gegeben sind, bindet jedoch den Großen Senat; diesem selbst steht insoweit eine Nachprüfung nicht zu. Auch der Oberreichsanwalt kann unter den erwähnten Voraussetzungen in einer Strafsache die Entscheidung des Großen Senats herbeiführen, wobei ebenfalls dem Großen Senat eine Nachprüfung verwehrt ist, ob die vom Oberreichsanwalt bejahten Voraussetzungen für die Anrufung gegeben sind.

§ 138 entspricht inhaltlich im wesentlichen dem geltenden Recht; insbesondere ist daran festgehalten worden, daß nur über Rechtsfragen zu entscheiden ist. Neu ist lediglich die Bestimmung, daß der Oberreichsanwalt in der Sitzung selbst seine Auffassung zur Geltung bringen kann.

V. Literatur.

Vgl. zu den vorgenannten Bestimmungen die Aufsätze von Ministerialdirektor Schäfer in der Deutschen Justiz 1935 991, insbes. 993 und Ministerialrat Lehmann ebenda 999, insbes. 1000.

VI. Erläuterungen.

1. Der § 136 ist in seinem entscheidenden Wortlaut (... **will** ... **abweichen** ...) gegenüber dem früheren Recht nicht geändert worden. Es sind auch in der neuen Fassung keinerlei bindende Richtlinien für die Auslegung dieses Satzes enthalten. Dem reinen Wortlaut nach stände also nichts entgegen, die Rechtsprechung, die sich unter dem alten Recht an diese Worte geknüpft hat (vgl. die Noten 3, 4 zu § 136 in der 19. Aufl. des Kommentars), auch unter dem neuen Recht beizubehalten. Eine derartige Handhabung hieße aber offenbar, den Sinn der neuen Vorschriften verkennen. Der Gesetzgeber verfolgt mit der Neuregelung ausgesprochenermaßen die Absicht, diese Rechtsprechung, die der „horror pleni" erzeugt hat, unmöglich zu machen, indem er den Grund jenes „horror", die Unhandlichkeit des Entscheidungskörpers, beseitigt. Das RG. würde daher dem Willen des Gesetzgebers nicht gerecht werden, wenn es auch unter den neuen Vorschriften seine frühere Richtung weiter verfolgen würde. Es würde ihm kaum anstehen, wenn es in seinen Entscheidungen auch künftig noch alle Mittel des Scharfsinns aufböte, um Entscheidungen der

Großen Senate zu vermeiden. Insbesondere werden die Einschränkungen, die Note 4 b c des Kommentars macht (soweit sie sich auf die Entscheidungen der Feriensenate beziehen, sind sie durch die Abschaffung der Gerichtsferien ohnehin gegenstandslos geworden), kaum noch aufrechterhalten werden können. Selbstverständlich wird es aber einer Entscheidung des Großen Senats auch in Zukunft nicht bedürfen, wenn der Senat, von dessen Entscheidung ein anderer abweichen will, auf Anfrage erklärt, daß er nicht mehr an seiner Entscheidung festhalte. Auch an den übrigen Einschränkungen, die in Note 4a des Kommentars erörtert werden, wird festzuhalten sein, aber immer doch nur, wenn der Fall ganz offenbar ist, wenn also etwa ein anderer Senat die abweichende Ansicht nur ganz nebenbei und ohne nähere Begründung geäußert hat. Dasselbe gilt, wenn die Senate nicht in der Entscheidung sondern nur in der Art der Begründung voneinander abweichen, wenigstens dann, wenn sich nicht tiefergehende sachliche Meinungsverschiedenheiten in der verschiedenen Begründung offenbaren. Dasselbe gilt schließlich, wenn der Senat, von dessen Entscheidung ein anderer abweichen will, selbst von einer älteren Entscheidung eines anderen Senats abgewichen ist; immerhin wird in diesem Falle der Große Senat jedenfalls dann anzurufen sein, wenn der abweichende Senat seine Ansicht eingehend begründet hat.

Als Grundsatz wird festzuhalten sein: Sobald eine Entscheidung den erk. Senat dazu nötigt, sich in den Gründen ernstlich mit einer nach dem 31. Aug. 1935 erlassenen Entscheidung eines anderen Senats auseinanderzusetzen, ist — jedenfalls, wenn er zu einem anderen Ergebnis als der andere Senat kommen würde — der Große Senat anzurufen.

Die neuen Vorschriften nötigen die Senate, in weit größerem Umfange als bisher ihre Ansichten und Meinungen fortlaufend miteinander auszutauschen. Der Gesetzgeber (und das Volk in seiner Gesamtheit) wünscht, daß der höchste Gerichtshof in sich geschlossen nach außen auftritt, daß er **Zweifel und Streit**, die innerhalb des Gerichtskörpers bestehen mögen, intra muros bereinigt und **nicht in seinen Urteilen austrägt.**

2. Die **Noten 5—8**, die in der 19. Auflage des Kommentars zu § 136 enthalten waren, behalten auch für die Neuregelung ihre Bedeutung, Note 8 mit Ausnahme des letzten Satzes, der gegenstandslos geworden ist. Note 2 ist durch die Beseitigung der erstinstanzlichen Zuständigkeit des RG. gegenstandslos geworden. Für den Volksgerichtshof gelten, wie in den Zusätzen zu § 134 GVG. dargelegt worden ist, die Vorschriften der §§ 131a, 136—138 GVG. nicht. Die Noten 1, 5, 9 haben nur noch rechtsgeschichtliche Bedeutung.

§ 139.

S. 1351 zu Zeilen 4—7:

Satz 2 des § 139 ist gegenstandslos geworden. An die Stelle des Reichsgerichts ist als Gericht erster und letzter Instanz für Hoch- und Landesverratssachen der Volksgerichtshof getreten. Vgl. die Zusätze zu § 134 GVG.

S. 1351 zu Zeilen 17—20:

Abs. 2 des § 35 MStGO. ist durch Art. 2 Nr. 2 des Ges. v. 23. Nov. 1934 (RGBl. I 1165) gestrichen worden. Die Änderung steht im Zusammenhang mit der Übertragung der Zuständigkeit des RG. als erk. Gerichts des ersten Rechtszuges auf den Volksgerichtshof (vgl. die Zusätze zu § 134 GVG.).

S. 1351 zu Zeilen 22—25: Die Absatzzahl (3) ist durch die Absatzzahl (2) zu ersetzen (vgl. den vorigen Zusatz). Das Wort „Reichswehrminister" ist durch das Wort „Reichskriegsminister" ersetzt worden (Art. 2 Nr. 1 des Ges. v. 9. Okt. 1935 RGBl. I 1223), desgl. das Wort „Reichspräsidenten" durch die Worte „Führer und Reichskanzler" (Art. 2 Nr. 55 des Ges. v. 23. Nov. 1934 RGBl. I 1165).

S. 1351 zu Zeilen 31—32: Die Note 8 entfällt (vgl. den Zusatz zu Zeilen 4—7).

§ 140.

S. 1351 zu Zeilen 33—40:

Die Mitwirkung des Reichsrats ist für die Zukunft gegenstandslos. Der Reichsrat besteht nicht mehr (G. v. 14. Febr. 1934 RGBl. I 89).

Zehnter Titel. Staatsanwaltschaft.

Vorbemerkungen.

S. 1352 Zeile 16 Zusatz: ; Floegel Zur Geschichte der Staatsanwaltschaft in Deutschland (DRZ. 1935 166ff.); Töwe Der Reichsstaatsanwalt (DJZ. 1935 411).

S. 1352 zu Zeilen 17—22:

Im Zuge der Überführung der Rechtspflege auf das Reich sind eine Reihe von reichsrechtlichen Bestimmungen mit gesetzlicher Kraft ergangen, die die Vorschriften des Zehnten Titels des GVG. ergänzen und das Landesrecht, das auf diesem Gebiete noch galt, größtenteils ersetzt haben. Es handelt sich vor allem um die dritte AV. d. RJM. zur Durchführung des Zweiten Ges. zur Überleitung der Rechtspflege auf das Reich (Vereinheitlichung der Staatsanwaltschaft) v. 18. Dez. 1934 (Deutsche Justiz 1608), um die Art. V, VIII, IX der VO. zur einheitlichen Regelung der Gerichtsverfassung v. 20. März 1935 (RGBl. I 403) und um Art. 8 Nr. 2 des Ges. zur Änderung von Vorschriften des Strafverfahrens und des GVG. v. 28. Juni 1935 (RGBl. I 844); vgl. auch Ges. v. 13. Dez. 1934 (RGBl. I 1233). Sie werden nachstehend an den Stellen, die dafür in Betracht kommen, erörtert werden.

S. 1352 Zeile 25 nach „Gerichtsbarkeit": , im Dienststrafverfahren gegen Beamte der Reichsjustizverwaltung (§ 6 Abs. 3 der VO. v. 15. März 1935 RGBl. I 379)

S. 1352 zu Zeilen 33—38:

Für die Zukunft besteht dieses Recht der Landesgesetzgebung nicht mehr. Doch sind die Anordnungen, die vor der Überleitung der Rechtspflege auf das Reich getroffen worden sind, unberührt geblieben, soweit sie nicht durch reichsrechtliche Vorschriften außer Kraft gesetzt worden sind.

S. 1353 zu Zeile 2: Statt „§ 136 Abs. 4" muß es jetzt heißen „§§ 137, 138".

S. 1353 zu Zeilen 11—9 von unten: Vgl. jetzt § 1 der AV. zur Vereinheitlichung der StA. v. 18. Dez. 1934 (Deutsche Justiz 1608).

§ 141.

S. 1354 zu Zeilen 1—7:

Vgl. AV. zur Vereinheitlichung der StA. v. 18. Dez. 1934 (Deutsche Justiz 1608) § 6 (Errichtung von **Zweigstellen der StA.**).

§ 142.

S. 1354 nach Zeile 29:

Hierzu: **AV. d. RJM. zur Vereinheitlichung der StA. v. 18. Dez. 1934** (Deutsche Justiz 1608):

§ 1.

Die Geschäfte der Staatsanwaltschaft werden wahrgenommen:

1. bei der Staatsanwaltschaft bei dem Kammergericht durch den Generalstaatsanwalt bei dem Kammergericht;

2. ... (betraf die StA. bei den BayObLG., das durch die VO. v. 19. März 1935 RGBl. I 383 aufgehoben worden ist);
3. bei den Staatsanwaltschaften bei den Oberlandesgerichten durch Generalstaatsanwälte;
4. bei den Staatsanwaltschaften bei den Landgerichten durch Oberstaatsanwälte, in Berlin durch den Generalstaatsanwalt.

§ 2.

Soweit in den Ländern am Sitze von Amtsgerichten Amtsanwaltschaften errichtet oder Amtsanwälte im Haupt- oder Nebenamt, örtliche Stellvertreter des Amtsanwalts, örtliche Sitzungsvertreter u. dgl. bestellt sind, behält es bei der bestehenden Regelung mit den aus dieser Verfügung sich ergebenden Einschränkungen sein Bewenden.

§ 3.

Die Generalstaatsanwälte und Oberstaatsanwälte werden in ihren Geschäften durch planmäßig angestellte Staatsanwälte unterstützt. Nach Bedarf werden ihnen Hilfsarbeiter des höheren Dienstes zugeteilt.

Die landesrechtlichen Vorschriften über die Amtsbezeichnungen, die die Staatsanwälte führen, *[und über ihre beamtenrechtliche Stellung]** bleiben unberührt.

§ 4.

Die im § 1 bezeichneten Beamten sind die Leiter der ihnen unterstellten staatsanwaltschaftlichen Behörden. Sie haben ihren Dienstsitz am Sitze des Gerichts, für das sie bestellt sind, und führen im amtlichen Verkehr die im § 1 angegebene Dienstbezeichnung (z. B.: Der Oberstaatsanwalt bei dem Landgericht). Alle dienstlichen Verrichtungen, mit Ausnahme solcher des innerdienstlichen Verkehrs, erfolgen in ihrem Namen.

Vgl. ferner **Sondergerichtsverordnung v. 21. März 1933** (RGBl. I 136) **§ 5.**

S. **1354** Zeilen 6—1 von unten bis S. **1355** Zeile 1: Die Abschnitte a und b werden wie folgt ersetzt:

a) Das Recht der Aufsicht und der Leitung steht dem Reichsjustizminister über sämtliche staatsanwaltschaftlichen Behörden zu (vgl. § 147); er kann jederzeit durch Anweisungen in die Tätigkeit der ihm unterstellten Behörden eingreifen. b) Der Oberreichsanwalt hat über die anderen Staatsanwaltschaften keinerlei Aufsichts- und Leitungsrecht. Vgl. nur die Ausnahme, die das Ges. v. 28. Juni 1935 (RGBl. I 844) in Art. 8 Nr. 2 (unten bei § 146) geschaffen hat.

S. **1355** zu Zeile 17: Statt „die Landesjustizverwaltung" muß es jetzt heißen „der RJM.".

S. **1355** zu Zeilen 24—25: Der zweite Satz der Note 2 erhält folgende Fassung:

Im übrigen hat die AV. v. 18. Dez. 1934 in § 1 (oben abgedruckt) für die Behördenleiter die Amtsbezeichnungen bestimmt; für die sonstigen Beamten hat es § 3 Abs. 2 der genannten AV. bei den landesrechtlichen Amtsbezeichnungen einstweilen noch belassen.

S. **1355** zu Zeile 29 nach „StPO.": , § 2 der AV. d. RJM. v. 18. Dez. 1934 Deutsche Justiz 1608)

S. **1355** zu Zeilen 29—37: Der Teil der Note 2, der mit den Worten „In Württemberg" beginnt, bis „verliehen", ist gegenstandslos geworden.

S. **1355** zu Zeilen 37—51:

Die Vorschrift der preußischen Besoldungsordnung gilt nur noch für die Amtsbezeichnung der ständigen Vertreter der Generalstaatsanwälte, den Leiter der Amtsanwaltschaft Berlin, die

---

* Vgl. den Zusatz zu S. 1363 Zeilen 38—46.

Abteilungsvorsteher der StA. bei dem LG. Berlin, sowie für die sonstigen staatsanwaltschaftlichen Beamten, die nicht Behördenleiter sind.

S. **1355** nach der letzten Zeile:

Die **Vertretung der Behördenleiter** ist in §§ 7, 8 der AV. zur Vereinheitlichung der StA. v. 18. Dez. 1934 geregelt, die Einrichtung von **Abteilungen bei größeren staatsanwaltschaftlichen Behörden** in § 5 daselbst. Über **Zweigstellen** der Staatsanwaltschaften vgl. § 6 daselbst.

S. **1356** zu Zeilen 3—6: Abschnitt c fällt weg (s. den Zusatz zu § 143 Abs. 3). Abschnitt b erhält folgende Fassung:

die Strafverfolgung und die Strafvollstreckung in den Strafsachen, für die der Volksgerichtshof zuständig ist (Art. III § 1 Abs. 3 des Ges. v. 24. April 1934 RGBl. I 341, § 146 Abs. 2 GVG.);

S. **1356** Zeile 11 Zusatz:

g) die Mitwirkung in Dienststrafsachen gegen Beamte der Reichsjustizverwaltung (VO. v. 15. März 1935 RGBl. I 379 § 6 Abs. 3).

S. **1356** Zeile 16 bis S. **1357** Zeile 2:

Die landesrechtliche Regelung ist unberührt geblieben (vgl. § 2 der AV. zur Vereinheitlichung der StA. — oben abgedruckt —). Seit dem Übergang der Rechtspflege auf das Reich ist der RJM. an Stelle der Landesbehörden allein zuständig, die erforderlichen Bestimmungen zu treffen. Er hat das bisher nur für die Geschäftsverteilung zwischen Amtsanwaltschaft und Staatsanwaltschaft getan (§§ 23—31 der AV. zur Vereinheitlichung der StA. v. 18. Dez. 1934 Deutsche Justiz 1608). — Vgl. die Aufsätze von Schlottke Gegenwartsfragen des Amtsanwalts (Der deutsche Justizbeamte 1934 269) und Die Geschäftsverteilung zwischen Amts- und Staatsanwaltschaft (ebenda 1935 238).

S. **1357** zu Zeilen 10—15:

Die Vorschriften sind jetzt in die AV. d. RJM. zur Vereinheitlichung der StA. v. 18. Dez. 1934 (Deutsche Justiz 1608) übergegangen und damit für das ganze Reich verbindlich geworden (vgl. die §§ 25—31).

§ 143.

S. **1357** zu Zeile 4 von unten: Die Worte „und auch nicht an die Grenzen seines Landes" fallen weg.

S. **1358** Zeile 8 bis S. **1359** Zeile 2:

Der Abs. 3 des § 143 ist durch die Überleitung der Rechtspflege auf das Reich gegenstandslos geworden. Es gilt jetzt das, was in Note 6 gesagt ist, für das ganze Reich. Zuständig ist, wenn Staatsanwaltschaften verschiedener Oberlandesgerichtsbezirke streiten, der Reichsjustizminister. Der Oberreichsanwalt ist zur Entscheidung keinesfalls mehr berufen. Die Noten 7, 8 gelten nur noch mit dieser Maßgabe. Note 5 ist gegenstandslos.

§ 144.

S. **1359** nach Zeile 8:

Vgl. zu § 144 den § 4 Satz 3 der AV. zur Vereinheitlichung der StA. v. 18. Dez. 1934 (abgedruckt bei den Zusätzen zu § 142).

S. **1359** Zeile 15 Zusatz: Vgl. § 2 der AV. v. 18. Dez. 1934 (abgedruckt bei den Zusätzen zu § 142).

S. 1359 zu Zeilen 16—17: Vgl. jetzt für das ganze Reich die AV. d. RJM. v. 18. Dez. 1934 (Deutsche Justiz 1608) §§ 13—22.

S. 1359 nach Zeile 17:

5. Für **Jugendsachen** vgl. § 21 JGG.

§ 145.

S. 1359 zu Zeilen 35—37: Der Satz, der mit den Worten „In Bezirken" beginnt, ist zu streichen.

S. 1359 zu Zeilen 38—42: Vgl. jetzt den Zusatz zu § 142 Note 6. In Zeile 38 ist „Note 5" durch „Note 6" zu ersetzen.

S. 1359 zu den Zeilen 2—1 von unten: Die Worte **„die Zentralbehörden** der Länder und des Reichs" sind zu ersetzen durch die Worte „den **Reichsjustizminister**".

S. 1360 zu Zeilen 1—2: Die Worte „die Zentralbehörden" und „der Zentralbehörde" sind durch die Worte „den RJM. "und „dem RJM." zu ersetzen.

S. 1360 zu Zeile 11: Die Worte „der Länder" sind zu streichen; nach den Worten „zu den" ist das Wort „anderen" einzuschalten.

S. 1360 Zeile 12 Zusatz: Vgl. jetzt aber § 146 Abs. 2 Satz 2 (i. d. F. des Ges. v. 28. Juni 1935 RGBl. I 844 Art. 8 Nr. 2).

S. 1360 zu Zeile 23: Jetzt für das ganze Reich Amtl. Richtl. Nr. 261, 262 (S. 98).

§ 146.

S. 1361 nach Zeile 6:

I. Hierzu: **Gesetz zur Änderung von Vorschriften des Strafverfahrens und des Gerichtsverfassungsgesetzes v. 28. Juni 1935** (RGBl. I 844) **Art. 8:**

2. Im Gerichtsverfassungsgesetz erhält § 146 Abs. 2 folgenden zweiten Satz:

In Sachen, in denen das Reichsgericht als Revisionsgericht entscheidet, kann nach eingelegter Revision der Oberreichsanwalt die Beamten der Staatsanwaltschaft unmittelbar mit Weisungen versehen.

Vgl. hierzu auch **Amtl. Richtl.** Nr. 262 (S. 98), die auch nach dem Erlaß des Ges. v. 28. Juni 1935 unverändert aufrechterhalten worden ist (vgl. AV. d. RJM. v. 16. Sept. 1935 Deutsche Justiz 1375).

Hieraus ergibt sich jetzt auch das Recht des Oberreichsanwalts, die von einer Staatsanwaltschaft eingelegte Revision zurückzunehmen. Darin, daß der ORA. eine staatsanwaltschaftliche Revision (ganz oder in einzelnen Richtungen) nicht vertritt, liegt aber keine Zurücknahme der Revision.

II. **Abs. 2 Satz 1** des § 146 ist für das **Reichsgericht gegenstandslos** geworden, da das Reichsgericht keine Zuständigkeit erster Instanz mehr besitzt. Er gilt aber kraft der Vorschrift des Art. III § 5 Abs. 1 des Ges. v. 24. April 1934 (RGBl. I 341) nunmehr für die Sachen, in denen der **Volksgerichtshof in erster und letzter Instanz zuständig ist.** (§ 5 des genannten Ges. ist bei den Zusätzen zu § 134 GVG. abgedruckt.)

S. 1361 Zeile 10 nach „Note 1 c": und die Zusätze dazu.

S. 1361 zu Zeile 16: Statt „der Zentralbehörden (Justizministerien)“ ist zu setzen: „des Reichsjustizministers“.

S. 1362 zu Zeile 24: Statt „Reichsgerichts“ ist „Volksgerichtshofs“ zu setzen.

§ 147.

S. 1362 nach Zeile 35:

Zu § 147 vgl. den **„Justizverwaltung“** überschriebenen **Artikel IX der VO. zur einheitlichen Regelung der Gerichtsverfassung** v. 20. März 1935 (RGBl. I 403). Er ist bei den Zusätzen zu § 22 GVG. abgedruckt. Er ersetzt den § 147, mindestens dessen Nr. 2, die durch die Überleitung der Rechtspflege auf das Reich überholt ist.

Vgl. ferner die **AV. d. RJM. zur Vereinheitlichung der StA. v. 18. Dez. 1934** (Deutsche Justiz 1608) **§§ 9—12** „Aufsicht und Leitung“.

S. 1363 zu Zeilen 17—20: Der zweite Satz des Abschnitts b entfällt. Nach „§ 146 Abs. 2“ ist einzufügen: , insbesondere in dem neu zugefügten Satz 2 (vgl. dazu die Zusätze zu § 146). Vgl. auch Amtl. Richtl. Nr. 262 (S. 98). Wegen des Rechtes des Oberreichsanwalts, die von der Staatsanwaltschaft eingelegte Revision zurückzunehmen, vgl. den Zusatz I zu § 146 (S. 1361 nach Zeile 6).

S. 1363 zu Zeilen 21—23: Note 4 fällt weg (s. den Zusatz zu S. 1362 nach Zeile 35).

§ 148.

S. 1363 nach Zeile 37:

Vgl. zu Abs. 2 die **VO. zur einheitlichen Regelung der Gerichtsverfassung v. 20. März 1935** (RGBl. I 403) **Art. V § 9** (Staatsanwaltschaft):

> Die Beamten der Staatsanwaltschaft sind nichtrichterliche Beamte.

und **Art. X § 19 Abs. 2** (Schluß- und Übergangsbestimmungen):

> Soweit in Ländern das Amt eines Staatsanwalts von Richtern auf Grund eines Auftrages ausgeübt wird, treten diese Beamten mit Ablauf des 30. April 1935 endgültig zur Staatsanwaltschaft über. Bis zu diesem Zeitpunkt verbleibt es bei der landesrechtlichen Regelung.

Vgl. ferner die **Verordnung über die Laufbahn für das Amt des Richters und des Staatsanwalts v. 29. März 1935** (RGBl. I 487) sowie die anderen bei den Zusätzen zu § 2 GVG. angeführten neuen Bestimmungen.

S. 1363 zu Zeilen 38—46:

Durch Art. V § 9 der VO. v. 20. März 1935 (RGBl. I 403) ist die Frage jetzt für das ganze Reich einheitlich geordnet worden. Damit ist auch der Vorbehalt, den § 3 Abs. 2 Satz 2 der AV. zur Vereinheitlichung der StA. v. 18. Dez. 1934 (abgedruckt bei den Zusätzen zu § 142 GVG. S. 1354 nach Zeile 29) nach dieser Richtung noch enthielt, gegenstandslos geworden. Die Sonderregelung, die bisher noch in Oldenburg, Mecklenburg, Braunschweig und Schaumburg-Lippe bestand, ist beseitigt.

S. 1364 zu Zeilen 1—7:

Die landesrechtlichen Vorschriften, die auf Grund der bisherigen Gesetze erlassen worden waren, sind einstweilen bestehen geblieben. Vgl. darüber den — bei den Zusätzen zu § 142 (S. 1354 nach Zeile 29) abgedruckten — § 2 der AV. d. RJM. v. 18. Dez. 1934.

S. 1364 Zeile 13 Zusatz: und die Zusätze dazu.

S. 1364 zu Zeilen 14—18: Auch diese Vorschriften sind unberührt geblieben.

§ 149.

S. 1364 zu Zeilen 19—30:

An die Stelle des **Reichspräsidenten** ist auf Grund des Ges. über das Staatsoberhaupt des Deutschen Reiches v. 1. Aug. 1934 (RGBl. I 747) der **Führer und Reichskanzler** getreten. (Vgl. auch den Erlaß v. 1. Febr. 1935 RGBl. I 74 und die Anordnung des RJM. v. 20. März 1935 RGBl. I 391, die aber hier nicht gelten, sowie die AV. v. 30. März 1935 Deutsche Justiz 1935 545). Vgl. den Zusatz zu § 125.

Der **Reichsrat** ist durch Ges. v. 14. Febr. 1934 (RGBl. I 89) aufgehoben worden. Der Reichskanzler entscheidet daher jetzt allein.

§ 151.

S. 1365 zu Zeilen 10—24: Vgl. die Zusätze zu § 148.

§ 152.

S. 1365 nach Zeile 32:

Vgl. hierzu:

I. a) **Gesetz zur Änderung des Gerichtsverfassungsgesetzes v. 13. Dez. 1934** (RGBl. I 1233) **Nr. 4:**

Im § 152 Abs. 2 wird das Wort „Landesregierung" durch das Wort „Reichsregierung" ersetzt.

b) **Amtl. Begr.** hierzu (Deutsche Justiz 1934 1607):

Zur Nr. 4: Nach § 152 Abs. 2 GVG. obliegt den Landesregierungen die Bezeichnung der Beamtenklassen, die Hilfsbeamte der Staatsanwaltschaft sind. Diese Aufgabe soll jetzt mit Rücksicht auf die veränderten staatsrechtlichen Verhältnisse auf die Reichsregierung übertragen werden, um im Zuge der Vereinheitlichung der deutschen Justiz auch eine einheitliche Behandlung der mit der Bestellung der Hilfsbeamten der Staatsanwaltschaft zusammenhängenden Fragen zu gewährleisten. In Zukunft werden diese Hilfsbeamten durch den Reichsminister der Justiz im Einvernehmen mit den beteiligten Reichsministern bestimmt werden. Die bisher von den Landesregierungen getroffenen Bestimmungen bleiben in Kraft, bis der RJM. neue Bestimmungen erläßt.

II. **AV. d. RJM. zur Vereinheitlichung der StA. v. 18. Dez. 1934** (Deutsche Justiz 1608):

§ 32.

Die Bestellung von Beamten des Polizei- und Sicherheitsdienstes zu Hilfsbeamten der Staatsanwaltschaft erfolgt durch den Reichsminister der Justiz und die sonst beteiligten Reichsminister.

Die Bestellung ist jederzeit widerruflich und verbunden mit dem Hauptamt, das der Bestellte bekleidet. Sie ermächtigt den Bestellten, soweit nichts anderes bestimmt wird, zur Wahrnehmung der Befugnisse eines Hilfsbeamten innerhalb der örtlichen und sachlichen Zuständigkeit seines Hauptamtes. Ein Beamter, der nicht Hilfspolizeibeamter ist, kann nicht zum Hilfsbeamten der Staatsanwaltschaft bestellt werden. Die Bestellung einzelner Beamter für ihre Person findet grundsätzlich nicht statt, vielmehr werden regelmäßig nur die Angehörigen bestimmter Klassen oder Gruppen von Beamten allgemein zu Hilfsbeamten bestellt.

§ 33.

Beamte, die bisher in den Ländern Hilfsbeamte der Staatsanwaltschaft waren, behalten vorerst diese Eigenschaft, gleichviel ob sie für ihre Person oder als Angehörige einer bestimmten Klasse oder Gruppe von Beamten zu Hilfsbeamten bestellt worden waren.

Die Generalstaatsanwälte bei den preußischen Oberlandesgerichten werden ermächtigt, die Leiter von Landgemeinden (§ 5 Abs. 2 des Preußischen Polizeiverwaltungsgesetzes) für ihre Person auf Vorschlag der Kreispolizeibehörde zu Hilfsbeamten der Staatsanwaltschaft zu ernennen.

§ 34.

Die Leiter einer Staatsanwaltschaft, die nach Landesrecht befugt sind, gegen Hilfsbeamte der Staatsanwaltschaft Ordnungsstrafen zu verhängen, haben von dieser Befugnis erst Gebrauch zu machen, wenn die dem Hilfsbeamten im Hauptamte vorgesetzte Dienststelle erfolglos um Abhilfe ersucht worden ist.

III. a) **§ 23a RAbgO. i. d. F. d. Ges. v. 24. März 1934** (RGBl. I 235):

Denjenigen Amtsträgern (§ 22 Abs. 3 Satz 1) der Reichsfinanzverwaltung, die bei der Bekämpfung strafbarer Handlungen (insbesonders bei der Bekämpfung von Schmuggel, Steuerflucht, anderen Steuerzuwiderhandlungen, Monopolzuwiderhandlungen und Devisenzuwiderhandlungen) mitwirken, können die Rechte und Pflichten übertragen werden, die nach dem Gerichtsverfassungsgesetz und der Strafprozeßordnung den Hilfsbeamten der Staatsanwaltschaft zustehen.

b) Vgl. hierzu die **AV. d. RJM. v. 25. Juli 1934** (Deutsche Justiz 988) und **v. 20. Okt. 1934** (ebenda 1397).

S. **1365** zu Zeilen 4—2 von unten:

Die landesrechtliche Regelung und die Anordnungen, die auf dieser Grundlage getroffen worden sind, bleiben einstweilen in Kraft, soweit sie nicht geändert worden sind.

S. **1366** zu Zeilen 15—16: Statt „Reichsgerichts" muß es jetzt „Volksgerichtshofs" heißen. Das Zitat „(§ 134)" ist durch die Worte „(vgl. die Zusätze zu § 134)" zu ersetzen.

S. **1366** Zeile 27 nach „340".: Jetzt auch die mit Gesetzeskraft ausgestattete AV. d. RJM. zur Vereinheitlichung der StA. v. 18. Dez. 1934 § 32 Abs. 2 (Deutsche Justiz 608).

S. **1366** zu Zeilen 38—47:

Vgl. jetzt die Änderung des Abs. 2 des § 152, die das Ges. v. 13. Dez. 1934 gebracht hat, sowie die §§ 32, 33 der AV. d. RJM. v. 20. Dez. 1934 (vorstehend abgedruckt). Der zweite (auf § 443 StPO. verweisende) Satz der Note 3b ist zu streichen.

Der **Reichsminister der Justiz** hat bisher die GV. v. 12. März 1935 (Deutsche Justiz 394) erlassen, durch die Beamte der Luftaufsicht zu Hilfsbeamten der StA. bestellt worden sind. Vgl. auch die in den Zusätzen zu S. 1365 (nach Zeile 32) III und zu S. 1366 (Zeile 2 von unten) aufgeführten Verfügungen.

S. **1366** Zeile 2 von unten nach „zusammengestellt":, im Saargebiet eingeführt durch GV. d. RJM. v. 4. Sept. 1935 (Deutsche Justiz 1321).

S. **1366** letzte Zeile nach „Beamtenklassen":, zu I E geändert durch die GV. v. 9. März 1934 (Deutsche Justiz 341) und v. 20. Sept. 1934 (ebenda 1204).

S. 1367 zu Zeile 32: Vgl. jetzt auch AV. d. RJM. v. 20. Dez. 1934 § 32 Abs. 2 (vorstehend abgedruckt).

Elfter Titel. Geschäftsstelle.

§ 153.

S. 1367 nach Zeile 7 von unten:

Vgl. hierzu **Art. VIII § 12 der VO. zur einheitlichen Regelung der Gerichtsverfassung v. 20. März 1935** (RGBl. I 403):

Der Reichsminister der Justiz erläßt die allgemeinen Anordnungen für die Geschäftsstellen der Gerichte und der Staatsanwaltschaften und für die Gerichtsvollzieher.

S. 1368 zu Zeilen 17—27:

An reichsrechtlichen Vorschriften ist bisher die Aktenordnung für die deutschen Justizbehörden erlassen worden (Amtl. Sonderveröffentlichungen der Deutschen Justiz Nr. 6a).

Im übrigen sind die landesrechtlichen Vorschriften bisher im wesentlichen unverändert geblieben.

Zwölfter Titel. Zustellungs- und Vollstreckungsbeamte.

§ 154.

S. 1368 nach Zeile 34:

Vgl. hierzu **Art. VIII § 12 der VO. zur einheitlichen Regelung der Gerichtsverfassung v. 20. März 1935** (abgedruckt bei den Zusätzen zu § 153). Der RJM. hat bisher nur die **AV. v. 23. Mai 1935** (Deutsche Justiz 802) „Zur Geschäftsanweisung für die Gerichtsvollzieher" erlassen. Im übrigen sind die von den Ländern erlassenen Vorschriften mit der alsbald folgenden Maßgabe bisher unverändert geblieben.

S. 1368 Zeile 3 von unten nach „Geschäftsanweisung II).":

Vgl. hierzu die **AV. d. RJM. v. 23. Mai 1935** (Deutsche Justiz 805) zur Änderung der preußischen Geschäftsanweisung für die Gerichtsvollzieher.

Dreizehnter Titel. Rechtshilfe.

Vorbemerkungen.

S. 1370 Zeile 12 nach „921);": gegenüber den Parteigerichten der NSDAP. § 6 des Ges. zur Sicherung der Einheit von Partei und Staat v. 1. Dez. 1933 (RGBl. I 1016);

S. 1370 Zeile 25 nach „253)": ; Ges. über die Untersuchung von Seeunfällen v. 28. Sept. 1935 (RGBl. I 1183) § 32.

S. 1370 Zeile 27 nach „Nr. 227": ; RG. BayZ. 1934 210).

S. 1370 zu Zeilen 30—32: Der auf das Saargebiet bezügliche Satz fällt weg.

S. 1370 Zeile 35 bis S. 1371 Zeile 2:

Die Note 2 ist infolge des Übergangs der Rechtspflege auf das Reich gegenstandslos geworden. (Das Nähere vgl. in den Zusätzen zu §§ 162, 164.) Wieweit sie für § 167 noch Bedeutung hat, wird dort erörtert werden.

S. 1371 zu Zeilen 8—9. Einzufügen vor dem Worte „veröffentlicht": „und neuerdings in der Deutschen Justiz". Anstatt „fünf" muß es „sechs" heißen. Am Schluß der Klammer ist einzufügen: „Deutsche Justiz 1934 Heft 49 S. 1540 ff."

S. 1371 Zeile 16 nach „erschienen.":

Neuerdings hat der RJM. in Heft 4 der amtlichen Sonderveröffentlichungen der Deutschen Justiz eine **Zusammenstellung der Erklärungen ausländischer Regierungen sowie der Verträge und Vereinbarungen mit ausländischen Regierungen über den zwischenstaatlichen Rechtshilfeverkehr in Strafsachen** herausgegeben. Vgl. dazu den Aufsatz von Mettgenberg Die deutschen Verträge über die Rechtshilfe in Strafsachen, Deutsche Justiz 964. Seither sind noch folgende Sonderveröffentlichungen erschienen: Bek. über den Auslieferungsverkehr zwischen dem Deutschen Reich und Polen (betr. Anwendung des Grundsatzes der Spezialität) v. 11. Juni 1934 (Deutsche Justiz 754), Bek. d. RJM. über Ersuchen um vorläufige Festnahme im Auslieferungsverkehr mit den Niederlanden v. 27. Sept. 1934 (Deutsche Justiz 1232) und die Bek. über den Rechtshilfeverkehr in Strafsachen mit Rumänien (betr. sonstige Rechtshilfe) v. 29. Sept. 1934 (Deutsche Justiz 1232).

S. 1371 zu Zeile 16: Zu dem Art. 16 des Falschmünzereiabk. vgl. die Bek. d. RJM. v. 20. Juni 1934 (Deutsche Justiz 789).

S. 1371 zu Zeilen 17—19: Zu der intern. Übereinkunft v. 12. Sept. 1929 vgl. die Bek. d. RJM. v. 3. Juli 1934 (Deutsche Justiz 856).

S. 1371 zu Zeilen 24—32: Der mit den Worten „Über das Verfahren" beginnende Satz ist durch folgenden Absatz zu ersetzen:

Verfahren in Sachen der zwischenstaatlichen Rechtshilfe in Strafsachen:

aa) Im Zusammenhang mit dem Übergang der Rechtspflege auf das Reich hat der RJM. die **Zuständigkeiten** neu geregelt durch die Fünfte AV. zur Durchführung des zweiten Ges. zur Überleitung der Rechtspflege auf das Reich **(Regelung der Zuständigkeiten zur Entscheidung über die Ersuchen ausländischer Regierungen um Rechtshilfe in Strafsachen) v. 18. Dez. 1934** (Deutsche Justiz 1613). Vgl. dazu den Aufsatz von Mettgenberg Deutsche Justiz 1935 15.

bb) In den **Richtlinien für den Rechtshilfeverkehr mit dem Ausland in Strafsachen** (Heft Nr. 3 der Amtl. Sonderveröffentlichungen der Deutschen Justiz) — AV. v. 27. März 1934 — hat der RJM. nunmehr auch das **Verfahren in Auslieferungssachen** für das ganze Reich einheitlich geordnet. Vgl. dazu den Aufsatz von Mettgenberg Die Richtlinien für den Rechtshilfeverkehr mit dem Ausland in Strafsachen, ein Wort zur Einführung (Deutsche Justiz 1934 510). Die Vfg. ist inzwischen durch die AV. d. RJM. v. 16. Jan. 1935 (Deutsche Justiz 93) — im Anschluß an die Neuregelung der Zuständigkeiten (vorstehend unter aa) — in mehrfacher Beziehung geändert worden. Vgl. ferner die AV. d. pr. JM. v. 23. Juni 1934 (Deutsche Justiz 820); sie enthält eine Zusammenstellung der preuß. Verwaltungsvorschriften, die durch die Richtlinien ihre Bedeutung verloren haben (s. auch AV. d. RJM. v. 3. April 1934 Deutsche Justiz 438). Für Bayern vgl. Bek. v. 26. April 1934 (Deutsche Justiz 567).

Vgl. ferner die Bek. d. RJM. v. 20. Juni 1934 (Deutsche Justiz 789) über den Rechtshilfeverkehr auf Grund des Internationalen Abkommens zur **Bekämpfung der Falschmünzerei**, die Bek. d. RJM. v. 3. Juli 1934 (Deutsche Justiz 853) über Geschäftswege für den Rechtshilfeverkehr auf Grund des Internationalen Übereinkommens zur **Bekämpfung des Mädchenhandels** und die Bek. v. 3. Juli 1934 (Deutsche Justiz 856) über Geschäftswege für den Rechtshilfeverkehr auf Grund der Internationalen Übereinkunft zur Bekämpfung der Verbreitung und des Vertriebes **unzüchtiger Veröffentlichungen.**

cc) Wegen der Wiedereingliederung des **Saarlandes** in das deutsche Außenrecht vgl. den Aufsatz von Mettgenberg in Deutsche Justiz 1935 349.

dd) Die **Amtlichen Richtlinien für das Strafverfahren** (AV. d. RJM. v. 13. April 1935, Heft 7 der Sonderveröffentlichungen der Deutschen Justiz) enthalten in den Nrn. 299—305 (S. 113—115) einige wichtige Grundsätze über „Zwischenstaatliche Rechtshilfe und **sonstige das Ausland berührende Maßnahmen**": Nr. 299 Räumlicher Geltungsbereich der deutschen Strafgerichtsbarkeit, Nr. 300 Strafverfolgung wegen einer im Auslande begangenen Straftat, Nr. 301 Rechtshilfeverkehr mit dem Ausland (im wesentlichen Hinweis auf die vorstehend zu aa und bb behandelten Veröffentlichungen, Nr. 302 Inanspruchnahme der deutschen konsularischen Vertretungen im Auslande, Nr. 303 Nacheile und sonstige Entsendung von Beamten ins Ausland, Nr. 304 Postverkehr ins Ausland, Nr. 305 Strafverfolgungsersuchen.

S. 1371 zu Zeile 38: Die AV. d. pr. JM. v. 3. Juli 1900 ist durch die „Richtlinien für den Rechtshilfeverkehr" — oben zu bb — ersetzt worden.

S. 1373 zu Zeilen 6—8: Vgl. jetzt die in den Zusätzen zu S. 1371 Zeilen 24—32 zusammengestellten neuen reichsrechtlichen Vorschriften.

§ 156.

S. 1376 Zeile 21 Zusatz: Wegen der Rechtshilfe gegenüber den **Parteigerichten** der NSDAP. vgl. § 6 des Ges. v. 1. Dez. 1933 (RGBl. I 1016).

§ 159.

S. 1380 zweite Zeile von unten nach „Nr. 274": ; OLG. Düsseldorf DRZ. 1934 Nr. 427).

S. 1381 Zeile 13 nach „49/33": = BayZ. 1934 210,

§ 160.

S. 1381 Zeile 33 bis **S. 1383** Zeile 23:

Die Worte des § 160 „ohne Rücksicht darauf, ob die Handlungen ... oder in einem anderen deutschen Lande vorzunehmen sind" sind durch die Überleitung der Rechtspflege auf das Reich gegenstandslos geworden.

§ 162.

S. 1381 Zeile 34—45 bis **S. 1386** (ohne die drei letzten Zeilen):

I. Gesetz zur Änderung des Gerichtsverfassungsgesetzes. Vom 13. Dez. 1934 (RGBl. I 1233) **Nr. 5:**

§ 162 erhält folgende Fassung:

Hält sich ein zu einer Freiheitsstrafe Verurteilter außerhalb des Bezirkes der Strafvollstreckungsbehörde auf, so kann diese Behörde die Staatsanwaltschaft des Landgerichts, in dessen Bezirk sich der Verurteilte befindet, um die Vollstreckung der Strafe ersuchen.

II. **Amtliche Begründung** hierzu (abgedruckt in der Deutschen Justiz 1934 1607):

Nach § 162 GVG. sind im Wege der Rechtshilfe Freiheitsstrafen, welche die Dauer von sechs Wochen nicht übersteigen, in dem Lande zu vollstrecken, in dem der Verurteilte sich befindet.

Diese Bestimmung ist durch eine Vereinbarung der Länder dahin erweitert worden, daß Freiheitsstrafen bis zu drei Monaten und Restfreiheitsstrafen von nicht mehr als drei Monaten auf Ersuchen der zuständigen Strafvollstreckungsbehörde in dem Lande zu vollstrecken sind, in dem sich der Verurteilte aufhält (Bekanntmachung des Reichsministers der Justiz vom 7. Jan. 1925, RMBl. S. 11). Diese Vereinbarung ist im Jahre 1928 auf Freiheitsstrafen und Restfreiheitsstrafen, die die Dauer von sechs Monaten nicht übersteigen, erstreckt worden (Bekanntmachung des Reichsministers der Justiz vom 7. Juli 1928, RMBl. S. 393).

Diese Beschränkung der Vollstreckungshilfe auf kürzere Freiheitsstrafen soll nunmehr durch die Neufassung der Bestimmung beseitigt werden, um die Strafvollstreckung im Interesse der Verwaltung sowohl wie des Verurteilten selbst tunlichst zu vereinfachen und die mit nicht unerheblichen Kosten verbundenen Gefangenentransporte weitgehend zu vermindern.

Gemäß § 463a StPO. gilt die Neuregelung sinngemäß auch für Maßregeln der Sicherung und Besserung.

III. Von den **Noten, die zu § 162** in dem Kommentar enthalten sind, haben Nr. 3—9 — teils durch die Neufassung der Vorschrift, teils durch die Überleitung der Rechtspflege auf das Reich — im wesentlichen ihre Bedeutung verloren. Was davon noch beachtlich ist, wird zu IV erörtert werden. Auch von der Note 10 ist der erste Abs. gegenstandslos geworden. Die Noten 1, 2 und 10 Abs. 2 sind auch für die Neufassung zu beachten.

IV. Erläuterungen zu dem neuen Text.

1. Auch die neue Fassung stellt es in das pflichtmäßige Ermessen der Strafvollstreckungsbehörde, ob sie die Strafe in der für den Aufenthaltsort zuständigen Gefangenenanstalt oder ob sie sie in der zuständigen Gefangenenanstalt des eigenen Bezirkes vollstrecken will. Die Regel wird die **Vollstreckung am Aufenthaltsort** bilden; doch ist das eine reine Frage der verwaltungsmäßigen Zweckmäßigkeit, bei der allerdings auch die Interessen des Verurteilten mit zu berücksichtigen sind. Irgendein Recht des Verurteilten, daß die Strafe in dem einen oder dem anderen Bezirk vollstreckt werde, besteht nicht. Immerhin ist eine Aufsichtsbeschwerde gegen die Anordnung der Vollstreckungsbehörde als zulässig zu erachten.

2. In das pflichtmäßige Ermessen der Vollstreckungsbehörde ist es ferner gestellt, ob sie die Vollstreckung in der für den Aufenthaltsort zuständigen Gefangenenanstalt **selbst betreiben** oder ob sie dafür die **Amtshilfe** der örtlichen Staatsanwaltschaft in Anspruch nehmen will. Insoweit behält die Note 6 des Kommentars zu § 162 mit der Maßgabe Bedeutung, daß es nicht mehr auf die Landesgrenzen, sondern auf die Bezirksgrenzen der beteiligten Vollstreckungsbehörden ankommt. Die Regel wird bilden, daß die Vollstreckungsbehörde selbst die Strafvollstreckung betreibt, insbesondere selbst die Ladung zum Strafantritt erläßt und an die örtlich zuständige Anstalt die Vollzugsanweisung erläßt. Die Amtshilfe der für den Aufenthaltsort zuständigen Staatsanwaltschaft wird nur in besonders begründeten Ausnahmenfällen in Anspruch zu nehmen sein (z. B. Vollstreckung geringfügiger Freiheitsstrafen in unmittelbarem Zusammenhang mit der Vollstreckung anderer Strafen oder im Verlauf einer in anderer Sache verhängten Untersuchungshaft).

Soweit hiernach für die Vollstreckung am Aufenthaltsort Amtshilfe in Anspruch genommen werden soll, ist stets die Staatsanwaltschaft des Aufenthaltsortes zuständig, nicht etwa der Amtsrichter, soweit dieser Vollstreckungsbehörde ist.

3. Eine **Kostenerstattung** kommt seit dem Übergang der Rechtspflege auf das Reich für die Vollstreckung in dem fremden Bezirk keinesfalls mehr in Frage.

4. Vgl. ferner den § 163 und die Zusätze dazu, insbesondere über das **Verhältnis der §§ 162 und 163 zueinander.**

§ 163.

S. 1386 die drei letzten Zeilen bis S. 1388 Zeile 11:

Der sachliche Inhalt des § 163 ist zum Teil — soweit er die Rechtshilfe beim Vollzug der Freiheitsstrafen betrifft — in die neue Fassung des § 162 hinübergenommen worden. § 163 gilt nur noch für die **Amtshilfe zwecks Ablieferung.**

Die Noten, die der Kommentar zu § 163 enthält, behalten (mit Ausnahme der Note 10, die zu streichen ist) ihre Bedeutung, und zwar, soweit sie sich auf die Amtshilfe bei dem Vollzug beziehen, im Rahmen des § 162, soweit sie die Amtshilfe bei der Ablieferung betreffen, bei § 163.

Zu Note 7 a. E. vgl. den Aufsatz von Hartung Wieweit sind Maßnahmen der Gefängnisverwaltung der richterlichen Aufsicht zu unterwerfen? (ZStW. **55** 222).

Es ist zu wünschen, daß die §§ 162, 163, die eine reine Verwaltungsfrage regeln und mit Rechtshilfe — jedenfalls heute — nichts zu tun haben, in Zukunft aus dem GVG. gänzlich verschwinden und durch Verwaltungsvorschriften ersetzt werden.

§ 164.

S. **1388** Zeile 12 bis S. **1389** ohne die drei letzten Zeilen:

Die Vorschriften des § 164 sind bis auf Abs. 4 infolge der Überleitung der Rechtspflege auf das Reich in vollem Umfange gegenstandslos geworden. Er galt (vgl. Note 1 im Kommentar) nur für den Fall, daß die ersuchende und die ersuchte Behörde verschiedenen Ländern angehörten. Wie es unter den einzelnen beteiligten Reichsjustizbehörden mit den **Kosten der Rechtshilfe** zu halten ist, hat die Justizverwaltung zu bestimmen. Bisher sind keine Bestimmungen erlassen worden. Nach allgemeiner Verwaltungsregel finden keine Zahlungen aus einer Kasse desselben Fiskus in die andere statt. Dadurch wird aber selbstverständlich nicht die Pflicht der ersuchenden Behörde berührt, die Kosten, die durch die Leistung der Rechtshilfe bei ihr entstanden sind, der ersuchenden zu melden, soweit die Einziehung von einem dritten Zahlungspflichtigen in Frage kommt.

Abs. 4 bleibt, solange das Abgabenrecht der Länder in den dort angegebenen Beziehungen noch nicht einheitlich geregelt ist, noch wirksam. „Einregistrierungsgebühren" bestehen nicht mehr (vgl. Note 9 im Kommentar).

§ 165.

S. **1390** zu Zeilen 26—29: Die Note 3 ist gegenstandslos geworden.

§ 166.

S. **1391** zu Zeilen 18—19: Satz 1 der Note 2 ist gegenstandslos geworden.

§ 167.

S. **1391** Zeile 35 bis S. **1393** Zeile 7:

Der § 167 ist durch die Umgestaltung der staatsrechtlichen Verhältnisse, insbesondere durch das Ges. v. 30. Jan. 1934 (RGBl. I 75), bisher unberührt geblieben. Die Polizeiverwaltungen der Länder sind zwar vielfach unter gemeinsamer Spitze vereinigt; sie stehen aber noch organisatorisch getrennt nebeneinander. Auch das sachliche Polizeirecht ist bisher noch nicht reichsrechtlich geregelt. Solange dieser Zustand fortdauert, bleibt auch der § 167 bestehen, obwohl er dem Wesen des Einheitsstaates widerspricht.

Vierzehnter Titel. Öffentlichkeit und Sitzungspolizei.

Vorbemerkungen.

S. **1393** nach Zeile 33:

Für das Militärstrafverfahren vgl. §§ 204—213 MStGO. v. 4. Nov. 1933 (RGBl. I 924) i. d. F. d. Ges. v. 23. Nov. 1934 (RGBl. I 1165) Art. 2 Nr. 27—29 (Einfügung des § 205a, Änderung der §§ 206, 207) und des Ges. v. 9. Okt. 1935 (RGBl. I 1223) Art. 2 Nr. 1 (Änderung des § 210 Abs. 3).

§ 169.

S. **1395** Zeile 17 Zusatz:

Hat das Gericht beschlossen, die Öffentlichkeit während der Vernehmung eines bestimmten Zeugen auszuschließen, so bedarf es keines erneuten Gerichtsbeschlusses über die Ausschließung, wenn der Zeuge im Laufe der Verhandlung ein zweites und drittes Mal vernommen wird; der Beschluß wird auch nicht dadurch unwirksam, daß eine Zwischenvernehmung des Zeugen in öffentlicher Sitzung vor sich gegangen ist (RG. Deutsche Justiz 1934 1059).

§ 171a.

Die Vorschrift ist durch Art. 1 AGGewohnhVerbrG. v. 24. Nov. 1933 (RGBl. I 1000) in das GVG. eingefügt worden. Sie findet sich abgedruckt und erläutert in der 19. Aufl. des Kommentars auf S. 1445. Vgl. dort.

§ 172.

S. **1397** zu Zeilen 7—14: Vgl. jetzt näher eingehend Amtl. Richtl. Nr. 204, 205 (S. 78f.). (RGSt. **69** 253 steht nicht entgegen.)

S. **1397** zu Zeilen 41—45: Vgl. jetzt Amtl. Richtl. Nr. 203 (S. 78).

S. **1398** Zeile 4 Zusatz: Vgl. Amtl. Richtl. Nr. 201 (S. 77).

S. **1398** Zeile 17 nach „Nr. 2154).": Wird die Öffentlichkeit nur für die Dauer der Vernehmung des Angeklagten und der Zeugen ausgeschlossen, so bedeutet es einen Verstoß gegen die Vorschriften über die Öffentlichkeit, wenn der Vorsitzende die Öffentlichkeit erst nach den Schlußvorträgen wiederherstellt (RG. JR. 1935 822).

§ 173.

S. **1399** nach Zeile 26:

Die Verletzung der Vorschrift des § 173 Abs. 2 StPO. stellt aber — anders als die der Vorschriften der §§ 169, 172 — keinen zwingenden Revisionsgrund dar (so neuerdings RGSt. **69** 175 unter Aufgabe der früheren entgegenstehenden Rechtsprechung).

§ 174.

S. **1400** Zeile 4 Zusatz: Vgl. Amtl. Richtl. 201, 203 Abs. 1 (S. 77, 78).

S. **1400** Zeile 12 nach „236/26).": War die Öffentlichkeit für die Dauer der Vernehmung eines bestimmten Zeugen ausgeschlossen, so bedarf es keines erneuten Beschlusses über die Ausschließung, wenn der Zeuge in derselben Verhandlung später nochmals vernommen wird (RG. Deutsche Justiz 1934 1059).

S. **1400** zu Zeilen 19—23:

Ob diese Rechtsprechung aufrecht erhalten bleibt, ist zweifelhaft. Dem RG. liegt z. B. eine Sache vor, in der der ORA. die Ansicht vertreten hat, daß die Nichtanhörung keinen Verstoß i. S. des § 338 Nr. 6, sondern nur einen Verstoß gegen § 33 StPO. enthalte, bei dem es darauf ankomme, ob das angefochtene Urteil darauf beruhe (3 D 738/35).

S. **1400** Zeile 23 nach „2146": , JW. 1934 1365 Nr. 26).

S. **1400** Zeile 35 nach „343": , RG. JW. 1934 1365 Nr. 26).

S. **1400** Zeile 47 nach „502/26": , RG. JW. 1934 1365 Nr. 26).

S. **1401** zu Zeile 21:

Ist die Öffentlichkeit bereits wegen Gefährdung der Sittlichkeit ausgeschlossen und wird dann weiter beschlossen, sie auch wegen Gefährdung der Staatssicherheit auszuschließen (oder umgekehrt), so braucht der Beschluß hierüber nicht öffentlich verkündet zu werden; denn durch ihn kann keine weitere Beschränkung der Öffentlichkeit mehr eintreten; die Ausschließung, die auf Grund des ersten Beschlusses besteht, gilt für alle Prozeßhandlungen, die während der Ausschließung vorzunehmen sind, auch für den hier fraglichen Beschluß (RG. JR. 1935 Nr. 1283 = JW. 1935 2496 Nr. 11).

S. 1401 Zeile 11 von unten nach „Schweigebefehl.": (Vgl. dazu Amtl. Richtl. Nr. 202 S. 77 f.)

S. 1402 nach Zeile 7:

13. Amtl. Richtl. Nr. 202 (S. 77 f.) machen darauf aufmerksam, daß es sich öfter empfehlen wird, auf die Gerichtsberichterstatter dahin einzuwirken, daß sie bestimmte Tatsachen nicht verbreiten.

§ 175.

S. 1402 nach Zeile 3 von unten. Als neuer Absatz ist einzufügen:

Vgl. zu § 175 Abs. 1 jetzt auch Amtl. Richtl. 203 Abs. 2 (S. 78).

§ 176.

S. 1403 Zeile 36 Zusatz: ; Wild Die Sitzungspolizei in Strafsachen (Diss.) 1933; Hartung Verteidiger und Sitzungspolizei Deutsche Justiz 1934 1121.

S. 1404 zu Zeilen 31—36: So neuerdings auch RG. in dem von Hartung Verteidiger und Sitzungspolizei Deutsche Justiz 1934 1121 berichteten Fall.

S. 1405 zu Zeilen 6—9: Vgl. jetzt Amtl. Richtl. Nr. 191 (S. 74).

S. 1405 Zeile 21 Zusatz: Über Zeichnen und Photographieren im Gerichtssaale vgl. jetzt Amtl. Richtl. Nr. 198 (S. 76), über die Unterstützung des Vorsitzenden durch den Gerichtswachtmeister ebenda Nr. 199 (S. 77).

§ 177.

S. 1406 Zeile 28 Zusatz:

Andere Parteivertreter, die nicht Rechtsanwälte oder Verteidiger sind, ebenso Beistände von Parteien, sind den Parteien gleich zu achten (OLG. Darmstadt JW. 1935 2073 Nr. 48).

S. 1407 zu Zeilen 34—37:

Vgl. über die Stellungnahme des Staatsanwalts zu Fragen der Sitzungspolizei und über seine Mitwirkung hierbei jetzt Amtl. Richtl. Nr. 197 (S. 76).

S. 1407 zu Zeile 43: Vgl. OLG. Darmstadt JR. 1934 Nr. 920 und JW. 1935 2073 Nr. 48.

§ 178.

S. 1408 Zeile 22 nach „264": , jetzt auch RG. in dem Falle, den Hartung in der Deutschen Justiz 1934 1121 berichtet).

S. 1408 Zeile 25 nach „322": ; OLG. Darmstadt JW. 1935 2073 Nr. 48).

S. 1408 zu Zeile 30: Die Worte „oder eines deutschen Landtags" fallen weg (Ges. v. 30. Jan. 1934 RGBl. I 75).

S. 1409 Zeile 7 nach „316": ; OLG. Darmstadt JW. 1934 705 Nr. 8).

S. **1409** Zeile 8 nach „34": , OLG. Darmstadt JW. 1935 2073 Nr. 48;

S. **1409** Zeile 17 nach „316": , OLG. Darmstadt JW. 1935 2073 Nr. 48).

S. **1409** zu Zeile 2 von unten: Verweigerung des deutschen Grußes als Ungebühr KG. JR. 1935 Nr. 1182 = JW. 1935 1507 Nr. 25; vgl. auch den Aufsatz von Hartung Deutsche Justiz 1934 1121.

S. **1410** Zeile 5 von unten nach „28 59,": OLG. Darmstadt JR. 1934 Nr. 920 und JW. 1935 2073 Nr. 48,

S. **1411** Zeile 13 Zusatz: Vgl. jetzt Amtl. Richtl. Nr. 197 (S. 76).

§ 180.

S. **1412** letzte Zeile nach „Nr. 27": , OLG. Darmstadt JR. 1934 Nr. 920).

S. **1413** Zeile 3 vor „oder": , des Volksgerichtshofs

§ 181.

S. **1414** zu Zeile 17 nach „314": , OLG. Darmstadt JW. 1935 2073 Nr. 48).

S. **1414** zu Zeilen 34—37: Dasselbe gilt jetzt entsprechend für den Volksgerichtshof (vgl. die Zusätze zu § 134 GVG.).

§ 182.

S. **1415** Zeile 16 nach „129," : 33 79,

S. **1415** Zeile 17 nach „1380": , JR. 1935 Nr. 823;

Fünfzehnter Titel. Gerichtssprache.

§ 185.

S. **1419** Zeile 32 Zusatz:

— Ist der Vorsitzende der Fremdsprache selbst mächtig, so soll es zulässig sein, daß er zur Abkürzung der Verhandlung die Rolle des Dolmetschers selbst übernimmt, sofern er nur die Verhandlung, die er mit dem Sprachfremden führt, auch wirklich getreu ins Deutsche überträgt (KG. JR. 1935 Nr. 991). Vgl. dazu die Note 1 zu § 190 und die Note 2 zu § 191.

S. **1419** letzte Zeile nach „Nr. 683).": Vgl. aber RG. v. 10. Jan. 1935 3 D 1150/34 zu I 2.

§ 186.

S. **1421** Zeile 10 nach „4224": , RG. v. 17. Okt. 1935 3 D 678/35).

S. **1421** zu Zeilen 34—37: Über die Behandlung Schwerhöriger und Taubstummer vor Gericht vgl. jetzt Amtl. Richtl. 27 (S. 17).

§ 189.

S. **1422** Zeile 8 bis S. **1423** Zeile 14:

I. Die Vorschriften des § 189 sind durch die Änderung der Vorschriften über die Zeugen- und Sachverständigenvereidigung, die das **Ges. zur Einschränkung der Eide im Strafverfahren v.**

24. Nov. 1933 (RGBl. I 1008) eingeführt hat (vgl. 19. Aufl. des Kommentars S. 1475 ff., insbes. den neuen § 79 dortſ. S. 1485 f., und die Zusätze dazu) **nicht berührt** worden. Sie entsprechend anzuwenden, geht bei der Verschiedenheit der Verhältnisse nicht an. Es muß angenommen werden, daß der Gesetzgeber die Ausdehnung der neuen Vorschriften auf den Dolmetschereid nicht für angezeigt gehalten hat.

Es bleibt daher insbesondere bei der Notwendigkeit der Vereidigung in jedem einzelnen Falle und bei der Vorausvereidigung. Das Gericht darf nicht nach seinem Ermessen von der Vereidigung absehen; auch ein Verzicht der Beteiligten macht die Vereidigung nicht unnötig. Bleibt der Dolmetscher entgegen dem § 189 unvereidigt, so kann darauf die Revision gestützt werden; das Beruhen wäre kaum je zu verneinen. Auch wenn der Dolmetscher entgegen § 189 nachträglich — anstatt im voraus — vereidigt wird, so liegt darin ein Verfahrensverstoß; auf diesem Verstoß könnte allerdings das Urteil kaum je beruhen (RG. v. 17. Okt. 1935 3 D 729/35).

II. Dagegen ist der Abs. 2 (**Allgemeine Vereidigung**) durch den Art. X § 20 der VO. zur einheitlichen Regelung der Gerichtsverfassung v. 20. März 1935 (RGBl. I 403) — vgl. auch die AV. d. RJM. v. 11. April 1935 (Deutsche Justiz 613) — gegenstandslos geworden.

III. Demgemäß sind die **Noten 4, 6** zu § 189 als überholt anzusehen, während die übrigen Noten ihre Bedeutung behalten haben.

IV. Den Literaturangaben S. **1422** Zeile 13 ist nachzutragen: , Meyer-Collings KrimMH. 1934 106.

§ 190.

S. **1423** Zeile 20 nach „tätig sein:" (a. M. KG. JW. 1935 991).

§ 191.

S. **1424** zu Zeilen 5—29: Vgl. die Zusätze zu § 189.

Sechzehnter Titel. Beratung und Abstimmung.

§ 192.

S. **1425** zu Zeilen 7—10:

Nach den neuen, durch Art. 3 des Ges. v. 28. Juni 1935 (RGBl. I 844) eingeführten Vorschriften ist auch die Zahl der Mitglieder der Großen Senate bestimmt. Ein beweglicher Faktor ist nur noch insofern vorhanden, als nach § 131a Abs. 6 auch Mitglieder der beteiligten Senate teilnehmen können (aber nicht notwendig teilnehmen müssen). S. die Zusätze zu §§ 131a, 136—138.

§ 193.

S. **1427** Zeile 11 nach „**46** 374,": RG. JW. 1934 Nr. 1331,

S. **1427** Zeile 17 nach „vorzunehmen.": Das gilt auch für den Amtsrichter, der allein zur Entscheidung berufen ist (vgl. Amtl. Richtl. 218 S. 82).

S. **1427** zu Zeilen 36—39:

Vgl. jetzt für das ganze Reich die VO. über die Laufbahn für das Amt des Richters und des Staatsanwalts v. 29. März 1935 (RGBl. I 487), insbes. §§ 2—6, 8, ferner die DurchfVorschr. v. 26. Juni 1935 zu der genannten VO. (RGBl. I 812), insbes. §§ 5—9. Die in den Probedienst (und erst recht die in das Anwärterverhältnis) übernommenen Assessoren sind bei den Gerichten, denen sie überwiesen werden, nicht zu ihrer weiteren Ausbildung (diese ist mit der zweiten Staatsprüfung abgeschlossen), sondern als Richter oder Staatsanwälte auf Probe beschäftigt. Sie gehören daher nicht zu den Personen, die „zu ihrer juristischen Ausbildung bei dem Gericht beschäftigt" sind.

S. 1427 Zeile 43 nach „252).":

Ein Rechtsverstoß, auf dem das Urteil beruhen kann, liegt vor, wenn ein Student der Rechte, der bei einem Amtsgericht zur Ausbildung zugelassen ist, bei der Beratung der Strafkammer in einer Sache teilnimmt, in der er als Protokollführer mitgewirkt hat (RG. v. 9. Febr. 1934 4 D 252/33). In einem Fall, in dem der allein entscheidende Amtsrichter mit einem beim Amtsgericht beschäftigten Studenten eine „Beratung" abgehalten hatte, hat das KG. keinen Verstoß gegen § 193 gefunden (JR. 1935 Nr. 1107 = JW. 1935 1256 Nr. 11).

§ 194.

S. 1429 zu Zeile 10:

Vgl. dazu jetzt Amtl. Richtl. Nr. 217 (S. 82), die sich insbesondere mit der Beratung der Gerichtskörper befaßt, zu denen Schöffen oder Geschworene gehören.

S. 1433 zu Zeilen 16—17: Der Hinweis auf die Abstimmung der vereinigten Strafsenate des Reichsgerichts ist gegenstandslos geworden (vgl. die Zusätze zu §§ 136—138).

S. 1433 nach Zeile 25:

6. Nach Amtl. Richtl. Nr. 219 (S. 82) soll bei **Todesurteilen** das Gericht schon bei der Urteilsberatung zu der Gnadenfrage Stellung nehmen und seine Auffassung schriftlich niederlegen. Der Vorsitzende hat diese Entschließung aber nicht bekannt zu geben, sondern bis zur Rechtskraft des Urteils verschlossen aufzubewahren; erst nach Rechtskraft des Urteils wird sie der Stelle zugeleitet, die die Gnadenfrage zu bearbeiten hat.

§ 198.

S. 1437 Zeile 14 nach „I 746/24": , v. 25. Okt. 1927 1 D 736/27

Siebzehnter Titel. Gerichtsferien.

S. 1437 Zeile 18 bis S. 1439:

Der Titel ist durch das Ges. v. 7. März 1935 (RGBl. I 352) aufgehoben worden. Vgl. dazu den Aufsatz von Staud Deutsche Justiz 1935 447.

Ausführungsgesetz zu dem Gesetz gegen gefährliche Gewohnheitsverbrecher und über Maßregeln der Sicherung und Besserung.

Vom 24. November 1933 (RGBl. I 1000).

Artikel 1. Änderung des Gerichtsverfassungsgesetzes.

. . . . . .

Artikel 2. Änderung der Strafprozeßordnung.

§ 80a.

S. **1446** nach Zeile 25:

3. Wegen des Zusammenhangs der Vorschrift mit § 246a und der Bedeutung, die sie in diesem Zusammenhange gewinnt, vgl. RGSt. **68** 198, 327, **69** 129, 132 ff., RG. JR. 1935 405, JW. 1935 542 Nr. 48, 1416 Nr. 16, RG. v. 20. Dez. 1934 5 D 537/34.

4. Zu der Frage, wieweit es zur Vorbereitung einer Entscheidung über Anordnung der **Sicherungsverwahrung** nötig ist, einen Sachverständigen zuzuziehen, vgl. RG. JR. 1935 Nr. 65.

§ 81.

S. **1447** Zeile 9 Zusatz: Vgl. die Zusätze zu S. 265 Zeile 1 und Zeile 36, S. 267 Zeilen 35—37 und S. 268 nach Zeile 3.

§§ 81a, 81b.

S. **1447** nach Zeile 22:

Lit.: Hartung Körperliche Durchsuchung, körperliche Untersuchung und Augenschein am menschlichen Körper KrimMonH. 1934 25.

§ 126a.

S. **1450** zu Zeile 26:

Die dort vermißte vorläufige Sicherungsverwahrung für Schwerverbrecher hat das Ges. v. 28. Juni 1935 (RGBl. I 844) Art. 5 in dem dort verordneten Zusatz zu § 112 StPO. geschaffen. Vgl. die Zusätze zu § 112 (S. 337 nach Zeile 30).

S. **1450** Zeile 46 Zusatz:

Vgl. zu dem Begriff „die öffentliche Sicherheit erfordert", die umfangreiche Rechtsprechung, die sich zu diesem Begriffsmerkmal bei den §§ 42a ff. StGB. entwickelt hat, insbesondere RGSt. **68** 149.

S. **1451** Zeile 8 Zusatz: Gl. M. Amtl. Richtl. Nr. 83 (S. 39).

S. **1451** zu Zeilen 12—13: Der Absatz ist zu streichen (vgl. den Zusatz zu S. 365—374).

S. **1451** nach Zeile 13:

Wegen der Zulässigkeit weiterer Beschwerde vgl. OLG. Breslau JW. 1934 Nr. 1728. Dort wird auch der **Unterschied der Unterbringung nach § 126a von der des § 81** klar herausgearbeitet.

S. **1451** nach Zeile 22:

Vgl. für Preußen die AV. d. JM. v. 29. Dez. 1933 (Deutsche Justiz 1934 17), für Bayern Bek. d. StM. d. J. v. 23. Febr. 1934 (Deutsche Justiz 314).

S. **1451** nach Zeile 24:

7. **Amtl. Richtl.** Nr. 82 (S. 39): „Der Staatsanwalt kann davon absehen, die einstweilige Unterbringung eines Beschuldigten (§ 126a StPO.) zu beantragen, wenn dieser bereits auf Veranlassung der Verwaltungsbehörde in Anstaltsverwahrung genommen worden ist; er ersucht jedoch in einem solchen Falle die Verwaltungsbehörde, ihm eine etwa in Aussicht genommene Entlassung des Beschuldigten rechtzeitig mitzuteilen" und 83: „Im übrigen finden auf die einstweilige Unterbringung die Vorschriften der Nrn. 71—78, 80—81 sinngemäße Anwendung."

8. Im **Militärstrafverfahren** gilt jetzt § 100a MStGO., eingefügt durch Art. 2 Nr. 8 (vgl. auch Nr. 9—11) des Ges. v. 23. Nov. 1934 (RGBl. I 1165).

§ 131.

S. **1451** Zeilen 36—44, S. **1452** Zeilen 1—17:

Die nötigen Zusätze finden sich bei § 131 a. F. (S. 442 ff.).

Gesetz zur Einschränkung der Eide im Strafverfahren.

Vom 24. November 1933 (RGBl. I 1008).

Vorbemerkungen.

S. 1476 nach Zeile 7:

3. **Literatur.** Lehmann RVerwBl. 1934 135, Steinert BayZ. 1934 101.

§ 57.

S. 1476 nach Zeile 28:

3. § 57 enthält, ebenso wie § 60 a. F. (RGSt. 56 67), nur Ordnungsvorschriften, deren Nichtbefolgung die Revision nicht begründet (RG. Beschl. v. 5. Juni 1934 1 D 374/34 = JR. 1934 Nr. 1644).

§ 58.

S. 1476 nach Zeile 42:

3. Daß die Vorschrift des Abs. 1 eine bloße **Ordnungsvorschrift** ist und der Vernehmung von Personen, die der bisherigen Zeugenvernehmung — etwa im Zuhörerraum — gefolgt sind, nicht entgegensteht, hat das RG. auch für die neue Fassung bereits mehrfach bestätigt (RG. JR. 1934 Nr. 1081, JW. 1934 3286 Nr. 28, 1935 541 Nr. 45). Einem Sachverständigen, der zugleich als Zeuge vernommen werden soll, kann gestattet werden, vor seiner eigenen Vernehmung bei der Vernehmung anderer Zeugen anwesend zu sein; § 80 Abs. 2 geht der Vorschrift des § 58 Abs. 1 in diesem Falle vor (RG. JR. 1934 Nr. 1081).

§ 59.

S. 1477 nach Zeile 25:

Der Nacheid braucht nicht unmittelbar nach der Vernehmung jedes einzelnen Zeugen abgenommen zu werden. Es ist zulässig, die Entscheidung der Frage der Vereidigung und die Eidesleistung selbst für sämtliche Zeugen zurückzustellen, bis sich nach Vernehmung aller Zeugen die Beteiligten zusammenfassend zur Frage der Vereidigung geäußert haben (RG. v. 27. Nov. 1934 1 D 1158/34).

S. 1477 nach Zeile 30:

Der Grundsatz des Eideszwanges gilt auch nach der neuen Fassung der Vorschriften der §§ 57 ff. StPO. Er ist jetzt in § 59 verkörpert (RG. in RGSt. 68 394, 396 sowie DRZ. 1934 Nr. 241, JR. 1935 Nr. 909, JW. 1935 2976 Nr. 49, 50).

§ 60.

S. 1478 nach Zeile 10:

Zu den Literaturangaben und zu den Noten 6—14 zu § 57 a. F. im Komm. S. 211—219 ist folgendes nachzutragen:

S. 208 Zeile 4 von unten. Zusatz: , Schläger Nichtbeeidigung eines Zeugen wegen Teilnahme an der Straftat JR. 1932 28.

S. **211** Zeile 32 nach „**66** 495": und für das neue Recht RG. JR. 1934 Nr. 1498).

S. **211** Zeile 39 nach „**40** 158":, RG. JW. 1935 2817 Nr. 13).

S. **211** Zeile 9 von unten nach „III 273/31":, RG. JR. 1934 Nr. 225). Soweit die Entscheidung auf dem Ermessen des Tatrichters beruht, ist sie dagegen in der Revisionsinstanz nicht nachprüfbar, es sei denn, daß ein Ermessensmißbrauch erkennbar würde (RG. JR. 1934 Nr. 225). Vgl. auch den Zusatz zu S. 1482 Zeile 41 Note 3 Abs. 3.

S. **211** Zeile 6 von unten:

Der Grundsatz, daß über die Frage der Vereidigung oder Nichtvereidigung zunächst der Vorsitzende zu entscheiden hat und nur nach „Beanstandung" (§ 238) das Gericht, gilt auch für das neue Recht (RGSt. **68** 378, 394, 396; RG. JR. 1935 Nr. 475, JW. 1935 1250 Nr. 16).

S. **212** Zeile 9 von unten. Nach „**66** 523":, RG. v. 17. Okt. 1935 3 D 795/35).

S. **212** Zeile 7 von unten nach „**53** 137).": Auch ein allgemeiner Hinweis auf die „Gesundheitsbeschaffenheit" reicht nicht aus (RG. JR. 1934 Nr. 453).

S. **213** Zeile 2 nach „370"):, desgl. nicht moralische Minderwertigkeit, die das Vorstellungsvermögen nicht beeinflußt (RG. v. 17. Okt. 1935 3 D 795/35).

S. **213** Zeile 7 nach „**47** 297":, RG. JR. 1934 Nr. 453). — Darüber, ob die Merkmale, an die das Gesetz in Nr. 1 anknüpft, tatsächlich vorliegen, hat allein der Tatrichter zu entscheiden. Das Revisionsgericht prüft nur, ob die Entscheidung über die Vereidigung ohne Rechtsirrtum ergangen ist (RG. JW. 1935 2817 Nr. 13).

S. **213** Zeile 9 Zusatz:

Vgl. Opet Eidesfähigkeit der Chinesen in DJZ. 1933 1553.

S. **214** Zeile 36 Zusatz: Auch Beteiligung i. S. des § 49a StGB. genügt (RG. v. 17. Okt. 1935 3 D 795/35).

S. **215** Zeile 23 nach „1916 14).": Auch ein sog. „Polizeispitzel", der sich im Einverständnis mit der Polizei an der Tat beteiligt, handelt nicht strafbar (RG. BayZ. 1934 143).

S. **217** Zeile 6 nach „1926 7).": Für den Rechtszustand, wie er durch das Ges. z. Einschränkung der Eide geschaffen worden ist, hat der Feriensenat des RG. (RGSt. **68** 321) entschieden, daß diese Einschränkung nicht mehr haltbar sei; ihm hat sich der zweite Senat in dem Urt. v. 4. März 1935 2 D 107/35 angeschlossen. Vgl. dagegen Niethammer Das unbeeidigte Zeugnis in JR. 1935 13. Neuerdings hat der vierte Senat in RGSt. **69** 263 entschieden, daß die Einschränkung auch weiterhin gelte. Dieser Entscheidung wird zuzustimmen sein.

S. **217** Zeile 10 nach „Nr. 1902": = JW. 1933 432 Nr. 16).

§ 61.

S. **1478** Zeile 7 von unten. Nach „Vgl. unten Note 9.": Der Grundsatz, daß über die Frage der Vereidigung oder Nichtvereidigung zunächst der Vorsitzende zu entscheiden hat und nur nach Beanstandung (§ 238) das Gericht, gilt auch für das neue Recht (RGSt. **68** 378, 394, 396; RG. JR. 1935 Nr. 475; JW. 1935 1250 Nr. 16). Hat der ersuchte Richter einen Zeugen gemäß § 61 Nr. 4, § 66b unter Aussetzung der Vereidigung vernommen, so bedarf es in der Hauptverhandlung eines

Gerichtsbeschlusses nur, wenn ein Beteiligter die Anordnung des ersuchten Richters beanstandet (RGSt. **68** 378).

S. **1479** Zeile 9 Zusatz:

Aus der Bezugnahme auf § 52 ergibt sich sowohl für § 61 Nr. 2 wie für § 61 Nr. 3, daß als „Ehegatte" auch der frühere Ehegatte anzusehen ist, obwohl das in § 61 selbst nicht nochmals ausdrücklich gesagt worden ist (RGSt. **68** 275). Daß sich eine Zeugin als Verlobte des Angeklagten bezeichnet, reicht nicht aus; das Gericht muß prüfen, ob das Verlöbnis wirklich besteht (RG. JR. 1935 Nr. 546).

S. **1479** nach Zeile 34:

Im Strafverfahren gegen den Zuhälter ist die Dirne nicht „Verletzte" i. S. des § 61 Nr. 2 (RGSt. **69** 107); der Geschäftsführer einer GmbH. ist auch, wenn er selbst Gesellschafter ist, nicht Verletzter, wenn die Gesellschaft durch Betrug geschädigt worden ist (RGSt. **69** 127); ebenso bei der AG. und bei der Kommanditges. a. A., anders bei der Gesellschaft des bürgerlichen Rechts und bei der offenen Handelsgesellschaft (RG. ebenda); mittelbare Schädigung reicht nicht aus (RG. ebenda); der Umstand, daß die richterliche Entscheidung, die auf einem Meineid beruht, u. U. zum Nachteil eines anderen wirkt, macht den so Betroffenen noch nicht zum Verletzten i. S. des § 61 Nr. 2 (RG. JW. 1935 2379 Nr. 34).

c) Sinn der Vorschrift. Die Entscheidung, durch die von der Vereidigung nach § 61 Nr. 2 Abstand genommen wird, muß erkennen lassen, daß die Vereidigung unterbleibt, weil die Besorgnis besteht, eine dem Angeklagten feindselige Gesinnung des Zeugen könne das Zeugnis von der Wahrheit ablenken (RGSt. **68** 310, RG. JW. 1935 1416 Nr. 15 2976 Nr. 49, JR. 1935 Nr. 909; Niethammer JR. 1935 13).

S. **1479** Zeile 35 Zusatz:

Von der Vereidigung kann aus einem der Gründe, die § 61 Nr. 3 anführt, nur Abstand genommen werden, wenn das Gericht nach seinem Ermessen die Vereidigung nicht für angezeigt hält (RGSt. **68** 394).

S. **1480** Zeile 35 Zusatz:

Aus der Sitzungsniederschrift muß deutlich erkennbar sein, welcher Teil der Aussage beschworen worden ist und welcher nicht (RG. JR. 1935 Nr. 1195, JW. 1935 2436 Nr. 17).

S. **1480** nach Zeile 38:

f) Sinn der Vorschrift. § 61 Nr. 4 beruht auf der Erwägung, daß auch ein Zeuge, der (möglicherweise trotz eines Zeugnisverweigerungsrechts nach § 55) auf eine Frage der hier in Rede stehenden Art Antwort gibt, in der Regel geneigt sein wird, von der Wahrheit abzuweichen. Vor der Gefahr, die dem Zeugen aus der Vereidigung droht, will das Gesetz ihn schützen. Das führt zu folgender Regel: Die Vereidigung ist anzuordnen, wenn das Gericht kein Anzeichen dafür findet, daß sich der Zeuge durch die Furcht, sich selbst oder Angehörige zu belasten, von der Wahrheit habe abbringen lassen; von der Vereidigung darf nur abgesehen werden, wenn das Zeugnis durch diese Furcht beeinflußt erscheint (RG. JR. 1935 Nr. 1195, JW. 1935 2436 Nr. 17, 2976 Nr. 49).

S. **1481** Zeile 19 nach „zu § 57": ; vgl. für das alte Recht noch RGSt. **67** 252, 287)

S. **1481** nach Zeile 33:

Die Sitzungsniederschrift muß klar erkennen lassen, welcher der beiden in § 61 Nr. 5 vorgesehenen Fälle — Unerheblichkeit oder offenbare Unglaubwürdigkeit — vorliegt; sie muß ferner ergeben, daß das Gericht der Überzeugung gewesen, auch unter Eid sei keine wahre oder keine erhebliche Aussage zu erwarten, und sie muß schließlich ergeben, daß der Beschluß einstimmig gefaßt worden ist. Eine bloße Bezugnahme auf die Gesetzesvorschrift genügt nicht (RG. Deutsche Justiz 1934 943 = JR. 1934 Nr. 1497, JW. 1935 541 Nr. 46, 1250 Nr. 15, JR. 1935 Nr. 546, 547; RG. v. 13. Dez. 1934 3 D 1115/34, v. 18. Febr. 1935 3 D 1420/34, v. 22. Aug. 1935 3 D 406/35; OLG. Düsseldorf DRZ. 1935 Nr. 123 = GA. n. F. 2 90.) Nach RG. 1 D 88/35 v. 4. Okt. 1935 soll es zur Abstandnahme von der Vereidigung genügen, wenn das Gericht einstimmig den wesentlichen Kern der Aussage für offenbar unglaubwürdig hält; in diesem Falle soll der als glaubhaft erachtete Teil der Aussage bei der Urteilsfindung benutzt werden dürfen.

e) Unerheblich ist eine Aussage nur, wenn sie ihrem Inhalte nach weder für die Entscheidung der Schuldfrage noch für die Strafbemessung Bedeutung haben kann, nicht aber schon, wenn die Aussage aus anderen Gründen neben dem sonstigen Beweisergebnis für die Bildung der Überzeugung des Gerichtes überflüssig ist oder nicht ausreicht (RG. JR. 1935 Nr. 547).

f) Offenbare Glaubwürdigkeit des Zeugen gestattet für sich niemals, von der Vereidigung abzusehen (RG. JR. 1935 Nr. 547, RG. v. 13. Febr. 1934 4 D 87/34); sie wird aber in der Regel dazu führen, daß die Beteiligten auf die Vereidigung verzichten und das Gericht dann von der Vereidigung absieht.

S. 1481 Zeile 46 hinter „Gesagte“: (vgl. für das alte Recht noch RGSt. 67 252, 287)

S. 1481 nach Zeile 46:

Der Verzicht der Beteiligten entbindet das Gericht nicht von der Pflicht, von sich aus zu prüfen, ob die Vereidigung geboten ist (RG. JW. 2976 Nr. 50).

Zur Begründung der Nichtvereidigung ist für ausreichend zu erachten, daß nach der Sitzungsniederschrift „auf die Vereidigung im allseitigen Einverständnis verzichtet worden ist“. Daraus ergibt sich (jedenfalls in der Regel) mit genügender Deutlichkeit, das Gericht habe es nach dem Verzicht der Beteiligten für angemessen erachtet, von der Vereidigung abzusehen; keinesfalls bedarf es einer näheren Darlegung der Gründe, die für die Ermessensentscheidung des Gerichts maßgebend gewesen sind (RG. JW. 1935 542 Nr. 47, 2976 Nr. 50; RG. v. 23. Aug. 1934 4 D 839/34).

Der Verzicht braucht nicht ausdrücklich erklärt zu werden, sondern kann sich schlüssig aus dem Verhalten der Beteiligten — etwa aus dem Schweigen auf eine Frage des Vorsitzenden hin, ob die Beeidigung gewünscht werde — ergeben (RG. v. 7. Febr. 1935 3 D 1366/34); Stillschweigen des Angeklagten zu dem Verzicht des Verteidigers wird aber als eigener Verzicht nur aufgefaßt werden dürfen, wenn der Angeklagte weiß, daß ihm ein eigenes, von dem des Verteidigers unabhängiges Recht, die Vereidigung zu verlangen, zusteht, und wenn er weiß, daß es außer auf den Verzicht des Verteidigers auch auf seinen eigenen ankommt (RG. JW. 1935 1250 Nr. 14).

Ein Verzicht, der nach Vernehmung eines Zeugen ausgesprochen wird, bezieht sich grundsätzlich nur auf die bereits abgegebene Aussage. Wird der Zeuge in derselben Verhandlung noch einmal gehört, so muß er, wenn nicht besondere Gründe (etwa ein neuer Verzicht) für die Nichtvereidigung vorliegen, auf die neue Aussage vereidigt werden (RGSt. 68 394, RG. JR. 1935 Nr. 1194).

§ 62.

S. 1482 nach Zeile 15:

Das Verfahren leidet an einem Fehler, wenn in Übertretungssachen die Entscheidung darüber, ob ein Zeuge vereidigt werden soll, von einer falschen Ansicht über die Zulässigkeit der Vereidigung überhaupt beeinflußt ist (BayObLG. BayZ. 1934 228).

§ 63.

S. 1482 Zeile 21 Zusatz:

Der hier in Bezug genommenen Note 5 zu § 58 a. F. S. 220 der 19. Aufl. des Kommentares ist zuzufügen:

S. **220** Zeile 7 nach „1928 2142;“: RG. JR. 1934 Nr. 767;

S. **220** Zeile 9 nach „I 218/26“:, RG. JR. 1934 Nr. 767;

S. **1482** nach Zeile 21:

Unter dem „Ehegatten“ des Beschuldigten ist hier auch der frühere Ehegatte zu verstehen (vgl. Zusatz zu Note 4 bei § 61 n. F. S. 1479 und RGSt. **68** 275).

Wegen des „Verlobten“ vgl. den Zusatz zu Note 4 bei § 61 n. F. S. 1479 und RG. JR. 1935 Nr. 546.

§ 64.

S. **1482** nach Zeile 41:

3. Bedeutung der Vorschrift. Der Angeklagte hat ein **Recht** darauf, zu erfahren, ob das Gericht die Frage der Vereidigung geprüft hat und welche Gründe für den Entschluß, von der Vereidigung abzusehen, maßgebend gewesen sind; es bedarf daher bei Nichtvereidigung eines verkündeten Gerichtsbeschlusses oder einer Kundgabe der entsprechenden Entschließung des Vorsitzenden (RG. v. 8. Jan. 1935 4 D 1444/34).

Die Vorschrift des § 64 ist eine reine **Ordnungsvorschrift;** Verstöße dagegen können an sich niemals die Revision begründen, weil das angefochtene Urteil nicht auf bloßen Mängeln der Sitzungsniederschrift beruhen kann (RG. JW. 1935 47 Nr. 20). Von Bedeutung wird die Niederschrift aber gemäß § 274 als Beweismittel für die Frage, ob das Gericht gemäß den Vorschriften der §§ 60—63 verfahren ist. Vgl. Note 6b zu § 57 S. 212 der 19. Aufl. des Kommentares.

Soweit die Entscheidung auf dem Ermessen beruht, bedarf es keiner Darlegung der Gründe, die für den Gebrauch des Ermessens maßgebend gewesen sind; insoweit ist die Entscheidung in der Revisionsinstanz nicht nachprüfbar (RG. JW. 1935 542 Nr. 47; vgl. auch den Zusatz zu S. 211 Zeile 9).

4. Besonderheiten der Begründung und Protokollfassung bei den einzelnen Fällen der §§ 60 bis 63 — a) Zu § 60 Nr. 3. Auch nach dem neuen Recht genügt es, wenn zur Begründung gesagt wird, der Zeuge sei der Teilnahme an der Tat verdächtig, die den Gegenstand der Untersuchung bildet; es bedarf keiner Begründung dahin, aus welchen Umständen der Verdacht hergeleitet wird (RG. JR. 1934 Nr. 1498).

b) Zu § 61 Nr. 2. Vgl. den Zusatz zu S. 1479 (nach Zeile 34) Abs. 2.

c) Zu § 61 Nr. 3. Wird von der Vereidigung abgesehen, so muß die Begründung erkennen lassen, daß das Gericht nach seinem Ermessen die Vereidigung nicht für angezeigt hält, und zwar so deutlich, daß das Revisionsgericht nachprüfen kann, ob die Vereidigung ohne Rechtsirrtum unterblieben ist (RGSt. **68** 394).

d) Zu § 61 Nr. 4. Bei teilweiser Vereidigung muß die Sitzungsniederschrift deutlich erkennen lassen, welcher Teil der Aussage unter Eid gestanden hat und welcher nicht (RG. JR. 1935 Nr. 1195, JW. 1935 2436 Nr. 17).

e) Zu § 61 Nr. 5. Wegen der besonderen Anforderungen, die in diesem Falle an die Begründung der Entscheidung und demgemäß an die Sitzungsniederschrift zu stellen sind, vgl. den Zusatz zu S. 1481 nach Zeile 33 und die dort aufgeführten Entscheidungen.

f) Zu § 61 Nr. 6. Vgl. wegen der Begründung der Entscheidung den Zusatz zu S. 1481 nach Zeile 46 (Note 10d) und die dort angeführten Entscheidungen.

§ 66b.

S. **1484** nach Zeile 21:

5. Hat der ersuchte Richter gemäß § 66b Abs. 1, § 61 Nr. 4 den Zeugen unter Aussetzung der Vereidigung vernommen, so ist ein Gerichtsbeschluß über die Vereidigung oder Nichtvereidigung in der Hauptverhandlung nur nötig, wenn die Anordnung des ersuchten Richters von irgend einer Seite beanstandet wird (RGSt. **68** 378). Ob der beauftragte oder ersuchte Richter die Vereidigung mit Recht unterlassen hat, muß in der HV. geprüft werden. Wird die Vereidigung unterlassen, so liegt darin ein Verstoß gegen den Grundsatz des Vereidigungszwanges; daß der Angekl. in der HV. keinen Antrag auf Vereidigung gestellt hat, ändert daran nichts (BayObLGSt. **33** 203).

§ 66c.

S. **1484** Zeile 35 Zusatz:

Wegen der **weltlichen Eidesform** bestimmen die Amtl. Richtl. Nr. 208 S. 79 (vgl. auch Deutsche Justiz 1934 S. 77):

„Zeugen und Sachverständige können bei dem von ihnen zu leistenden Eid zwischen der religiösen und der sogenannten weltlichen Eidesform wählen. Da die religiöse Beteuerungsformel erfahrungsgemäß die Regel bildet, soll ein besonderer Hinweis auf die andere Möglichkeit grundsätzlich unterbleiben. Es kann vielmehr dem Zeugen oder Sachverständigen überlassen bleiben, selbst einen entsprechenden Wunsch zu äußern. Ergibt sich der Verdacht, daß der Zeuge oder Sachverständige die religiöse Formel nur deshalb fortlassen will, weil seine Angaben nicht der Wahrheit entsprechen, so ist der ausdrückliche Hinweis angezeigt, daß auch der in weltlicher Form abgelegte Eid die gleichen strafrechtlichen Folgen nach sich ziehe."

Vgl. auch den Aufsatz von Wienstein RVerwBl. 1934 119.

§ 79.

S. **1486** Zeile 11 nach „(Gedankenstrich)": und 4

S. **1486** zu Zeile 12: Statt „Zeuge" muß es „Sachverständiger" heißen.

S. **1486** Zeile 14 nach „§ 68a neu": ; RG. v. 14. Mai 1934 2 D 397/34).

S. **1486** Zeile 19 Zusatz:

Die Regel bildet die Nichtvereidigung. Ein Zwang, zu der Frage der Vereidigung ausdrücklich Stellung zu nehmen, besteht nur, wenn ein Antrag auf Vereidigung gestellt wird (RG. v. 21. Okt. 1935 3 D 589/35).

S. **1486** nach Zeile 21:

7. Ist ein Sachverständiger gemäß § 79 Abs. 1 unvereidigt geblieben, so bedarf es nicht der Leistung des **Zeugeneides**, wenn er **Tatsachen** bekundet, die mit seinem Gutachten zusammenhängen (RGSt. **69** 97).

8. Allgemeine Vereidigung — Die Einrichtung der allgemeinen Vereidigung von Sachverständigen ist durch § 20 der VO. z. einheitlichen Regelung der Gerichtsverfassung v. 20. März 1935 (RGBl. I 403) beseitigt worden (vgl. dazu die AV. d. RJM. v. 11. April 1935 Deutsche Justiz 613). Damit ist der Abs. 3 des § 79 u. F. gegenstandslos geworden. Auch die Noten 8—16 haben dadurch ihre Bedeutung verloren. Wieweit etwa die in Note 10 daselbst erörterten Vorschriften, laut deren der Sachverständigeneid bei gewissen Beamten bereits in dem Diensteid enthalten sind, noch fortgelten, bedarf im Einzelfalle sorgfältiger Prüfung.

Durch die Aufhebung der Vorschriften über die allg. Vereidigung ist natürlich die Stellung der öffentlich bestellten Sachverständigen in keiner Weise berührt worden (AV. d. RJM. v. 11. April 1935 Deutsche Justiz 613 Abschn. IV).

Buchdruckerei Otto Regel GmbH., Leipzig

FSC
www.fsc.org
MIX
Papier | Fördert gute Waldnutzung
FSC® C083411

Kolibri 360 GmbH
Ferdinand-Jühlke-Straße 7
99095 Erfurt, Deutschland
produktsicherheit@kolibri360.de